中学生课外必读

古诗词三百首

王深根◎编著

中国文史出版社

图书在版编目（CIP）数据

中学生课外必读古诗词三百首 / 王深根编著 . -- 北京：中国文史出版社，2024.3

ISBN 978-7-5205-4436-8

Ⅰ.①中… Ⅱ.①王… Ⅲ.①古典诗歌—中国—中学—教学参考资料 Ⅳ.① G634.303

中国国家版本馆 CIP 数据核字（2023）第 213220 号

责任编辑： 高贝

出版发行 中国文史出版社

社　　址： 北京市海淀区西八里庄路 69 号院　邮编：100142

电　　话： 010-81136606　81136602　81136603（发行部）

传　　真： 010-81136655

印　　装： 廊坊市海涛印刷有限公司

经　　销： 全国新华书店

开　　本： 787mm×1092mm　1/16

印　　张： 22.75

字　　数： 346 千字

版　　次： 2024 年 5 月第 1 版

印　　次： 2024 年 5 月第 1 次印刷

定　　价： 59.80 元

现在的中学生大多只局限于诵读课本内的古诗词，而这显然是远远不够的。故此，编者从历代的中国古诗词中精选了三百首，编辑成这本用于中学生课外阅读的古诗词读本，以飨莘莘学子，补充课内阅读之不足。在古诗词遴选和解读中，本书着重注意突出了以下几点：

1. 注意所选古诗词的体裁、题材、风格的丰富性、多样性。各种诗体，如古体诗、近体诗（律诗、绝句等）、词、曲等等；各种题材，如写山水田园的、言情说理的、怀古咏史的等等；各种风格，如婉约的、豪放的等等，即凡需中学生了解、熟悉的诗词几乎都有涉及。这无疑有利于中学生拓宽知识面，增进对古代诗词的了解。

2. 注意所选古诗词的思想性、艺术性，确保入选的每一首古诗词都是精品，都能在思想上、文学上给中学生正面的、积极的影响。

3. 注意编写的内容确实是中学生学习、考试所必须了解、掌握的，是具有实际意义和作用的。出于这样的考虑，本书首先在每一位诗人、词人的简介中，重点介绍其诗词风格和代表作品（因为这些内容常出现在中学的语文试卷中）。再者，对每一首古诗词的赏析，努力做到抓住重点，简明扼要，通俗易懂。这样做，一是为了让中学生易于理解鉴赏的文字，借此去深入理解作品；二是为了让中学生从中悟得古诗词的鉴赏方法，然后迁移运用，举一反三，逐步提高独立阅读、鉴赏古诗词的能力。

中华民族历来崇尚"饱读诗书"，古诗词作为中华优秀传统文化的重要组成部分，中学生通过阅读背诵，不仅可以了解文化知识，还能陶冶情操、涤荡心灵，提升文学修养和艺术品位。青春年少的同学们，多读读古诗词吧！鹏程万里、锦绣前程就在你读的诗词中。

王深根

2023 年 9 月 19 日

诗　经

《诗经》是我国古代第一部诗歌总集。大约成书于春秋时期，共收诗歌三百零五篇。原称《诗》或《诗三百》，至西汉时才被儒家奉为经典，改称《诗经》。《诗经》按内容与风格分为风、雅、颂三类。"风"是地方民歌，"雅"是宫廷乐歌，"颂"是用于宗庙祭祀的乐歌。《诗经》是我国古典诗歌现实主义的源头，对我国后代诗歌的发展有着广泛和深远的影响。

桃　夭

桃之夭夭①，灼灼②其华③。
之子④于归⑤，宜⑥其室家⑦。
桃之夭夭，有蕡⑧其实⑨。
之子于归，宜其家室⑩。
桃之夭夭，其叶蓁蓁⑪。
之子于归，宜其家人⑫。

——《诗经·周南》

[注释]

①夭夭：花朵盛开、生机勃勃的样子。②灼灼：花朵色彩艳丽的样子。③华：同"花"。④之子：这位姑娘。之，这。子，指姑娘。⑤于归：出嫁。于，去、往。归，古时视女子出嫁为"归"。⑥宜：和顺。⑦室家：家庭。此指夫家。⑧有蕡（fén）：多而大。有，作词头，无义。⑨实：果实。⑩家室：指姑娘夫家。⑪蓁蓁：繁茂状。暗喻姑娘夫家多子多福。⑫家人：指姑娘夫家。

[诗意]

桃花盛开，花朵火红艳丽。这位姑娘今日出嫁，家庭和睦祥瑞临。桃花盛开，果实累累。这位姑娘今日出嫁，早生贵子喜成双。桃花盛开，桃叶满枝繁茂。这位姑娘今日出嫁，子嗣兴旺福盈门。

[赏析]

这是一首在姑娘出嫁时唱的祝福歌。每四句一章，每章都用桃花起兴。第一章先用桃花赞美姑娘的美丽，再称赞其品行，嫁过去能让夫家家庭和睦美满。第二章以即将成熟的桃实，暗喻对姑娘早生贵子的祝福。第三章借桃叶的繁茂，祝福姑娘婚后夫家多子多福，人丁兴旺。全诗从头至尾都是对姑娘出嫁的美好祝愿，语言平实，朗朗上口，生动鲜活。

黍　离（节选）

彼①黍②离离③，彼稷④之苗。

行⑤迈⑥靡靡⑦，中心⑧摇摇⑨。

知我者，谓⑩我心忧。

不知我者，谓我何求。

悠悠⑪苍天，此何人哉？

——《诗经·王风》

[注释]

①彼：那个、那些。②黍（shǔ）：一种农作物，即糜子，形似小米。③离离：行列貌。④稷（jì）：高粱。⑤行：走路。⑥迈：跨步。⑦靡（mǐ）靡：迟迟、缓慢的样子。⑧中心：心中，内心。⑨摇摇：心里恍惚不安。⑩谓：说。⑪悠悠：长远、高远的样子。

[诗意]

那些黍行行排列，那高粱长出新苗。慢慢地走，心里恍惚不安。了解我的人说我心中有忧愁，不了解我的人说我有什么追求。高远的苍天啊，我离家远行是谁造成的呢？

[赏析]

　　这首《黍离》原有三章，每章十句，共三十句，节选的是第一章。据原诗前的《毛诗序》说，此诗诗人为周大夫，因公务至京都镐京，见原宗庙宫室所在已遍是禾黍，因而万般感慨，写下此诗。节选的前两句以黍稷起兴，三到八句写行动、写心情，最后直抒胸臆，表达愁思与满腔的愤懑。诗句中的叠词"离离""靡靡""摇摇"甚为生动，激荡人心。诗作善用比兴，寓情于景，蕴含着作者深深的亡国之痛。

伐　檀（节选）

　　坎坎伐檀兮①，寘之河之干兮②。河水清且涟猗③。不稼不穑④，胡取禾三百廛兮⑤？不狩不猎⑥，胡瞻尔庭有县貆⑦兮？彼君子兮⑧，不素餐兮⑨。

——《诗经·魏风》

[注释]

　　①坎坎：伐木声。檀：青檀树，木质坚硬。古代用以制车。兮：语气助词，相当于"啊"。②寘：放置。之：前一个"之"，代词，代指檀。后一个"之"，结构助词"的"。干：岸。③涟：水的波纹。猗（yī）：语气助词，同"兮"。④稼：播种。穑（sè）：收割庄稼。⑤胡：何，为什么。禾：谷物。三百：表示很多，不是实数。廛（chán），通"缠"，束，捆。⑥狩：指冬天打猎。猎：夜间打猎。此诗中泛指打猎。⑦瞻：向前或向上看。尔：你，此指奴隶主。庭：院子。县：同"悬"，悬挂。貆（huān）：兽名，幼小的貉。⑧彼：那，他。君子：此为反话，泛指奴隶主等剥削者。⑨素餐：不劳而获。

[诗意]

　　伐木声坎坎啊，把砍倒的树放到河岸上啊。河水清澈，水面起了涟漪。不播种不收割，为什么要拿走几百捆的谷物？冬天不打猎，夜里不打猎，为什么你家庭院挂着小貉啊？那些剥削者啊，是不劳而获，吃白食啊！

[赏析]

　　《伐檀》全诗三章，节选的是第一章。这是劳动者在伐木时哼的歌。抨击了剥削者"不稼不穑"，却"取禾三百廛兮"，"不狩不猎"却"庭有县貆兮"的丑恶行径。诗歌表达了对剥削者不劳而获的不满与憎恨，语言直白，感情强烈。全诗采用重章叠句、反复歌唱的表现方法，具有鲜明的民歌特色。

屈　原（战国）

　　屈原（约前340—约前278）：名平，字原。丹阳（今湖北秭归）人。楚国诗人，曾为左徒、三闾大夫。秦破楚都城后，屈原极度悲愤，自沉汨罗江。他是中国历史上一位伟大的爱国诗人、"楚辞"的创立者，代表作品有《离骚》《九歌》等。

离　骚①（节选）

朝发轫②于苍梧③兮④，夕余至乎县圃⑤。
欲少留此灵琐⑥兮，日忽忽其将暮。
吾令羲和⑦弭节⑧兮，望崦嵫⑨而勿迫。
路漫漫其修⑩远兮，吾将上下而求索。

——（战国）屈　原

①离骚：屈原创作的一部长诗。离骚，遭到忧患的意思。离，通"罹"，遭遇。骚，忧愁。②发轫（rèn）：出发。③苍梧：传说舜之葬地。④兮：语气助词，与"啊"相似。⑤县圃：神话中的神山。⑥灵琐：神话中神灵住所的门。⑦羲和：神话中给太阳驾车的神。⑧弭节：放慢行车的速度。⑨崦嵫：神话中日落的地方。⑩修：长。

[诗意]

我早上从苍梧出发，傍晚到了县圃。本想在灵琐稍稍停留，但太阳很快就要下山，夜幕将临。我令羲和停车，希望不要很快天黑，我要走的路程还很漫长遥远，我将要上天下地去寻求、探索。

[赏析]

《离骚》是我国古代一首伟大的抒情长诗，分前后两部分。前半篇着重回顾屈原本人的生活经历，揭露楚国贵族集团的贪婪腐朽。后半篇主要阐述屈原对未来道路的探索、寻求。本文节选的内容是后半篇的前八句，总的意思是表示自己决心上天入地去寻求光明。主要表现了诗人坚持正义和理想，勇于追求光明的精神与志向。

李延年（西汉）

李延年（？—前101）：中山（今河北定州）人，西汉音乐家。他想把妹妹献给汉武帝，便在一次宫廷宴会上为武帝献唱了这首自编的《北方有佳人》的歌。其妹由此得幸，被封为李夫人。李延年也被任为协律都尉。他在音乐上很有才华和成就，这首歌词被后人视为五言诗的发端。

北方有佳人

北方有佳人，绝世①而独立②。
一顾③倾人城，再顾倾人国④。
宁⑤不知倾城与倾国，佳人难再得。

——（西汉）李延年

[注释]

①绝世：绝代，独一无二，举世无双。②独立：超俗出众。③顾：环视。④倾城、倾国：原指因女色而亡国，后借以形容女子容貌极美。⑤宁：岂。

[诗意]

北方有一位美人，举世无双，幽雅独处，超俗出众。看她一眼就会使城池倾覆，再看一眼会使一国灭亡。难道不知道她会倾覆都城和国家吗？只是因为佳人难得，不能再错过。

[赏析]

此诗开头用"北方有佳人"一句直入主题，接着用"绝世""独立"评价佳人的不同风貌，然后用"倾城""倾国"这种极为夸张的说法来形容佳人的美貌，从而让人心驰神往，迫不及待地想一睹芳容。最后却突然一转，故意引人在"倾城""倾国"与"佳人"之间作出抉择，其表现手法之巧妙，令人称绝。此诗虽仅六句，却一唱三叹，极耐回味。

蔡 邕（东汉）

蔡邕（yōng）（133—192）：字伯喈，陈留圉（今河南杞县）人。东汉文学家、书法家。历任河平县长、郎中、议郎等职。董卓当政时拜左中郎将，世称"蔡中郎"。其书法颇有成就，尤精篆书、隶书。他的诗、赋题材多样，内容贴近生活，语言平实。代表作有《翠鸟诗》《饮马长城窟行》等。

饮马长城窟行①

青青河畔草，绵绵思远道②。
远道不可思，宿昔③梦见之④。
梦见在我傍，忽觉⑤在他乡。
他乡各异县⑥，展转⑦不相见。
枯桑知天风，海水知天寒⑧。
入门各自媚，谁肯相为言⑨？
客从远方来，遗⑩我双鲤鱼⑪。
呼儿烹⑫鲤鱼，中有尺素书⑬。
长跪⑭读素书，书中竟何如？
上言加餐食，下言长相忆。

——（东汉）蔡 邕

[注释]

①饮马长城窟行：汉代乐府古题。传说古长城边有水窟，可供饮马，由此而得曲名。行，古诗体。②远道：远行，借指远行的丈夫。③宿昔：昨夜。

④之：代词，他，指远行的丈夫。⑤觉：睡醒。⑥异县：异地，别的地方。⑦展转：同"辗转"，身体翻来覆去。⑧枯桑知天风，海水知天寒：枯桑，叶落尽后的桑树。这两句是说枯桑虽然没有叶子，仍能感受到风吹；海水虽然不结冰，也能感到天冷。⑨入门各自媚，谁肯相为言：这两句意为同乡人回家与各自家人亲爱，没有人愿意代为传话。媚，爱。⑩遗（wèi）：赠予。⑪双鲤鱼：指藏书信的两块做成鱼形的木板，书信夹在两块木板之间。⑫烹：烧。此指拆信。⑬尺素书：写在短幅素帛上的书信。尺素，小幅的绢帛。⑭长跪：古人席地而坐时，两膝着地，臀部压在脚后跟上。所谓"长跪"，是指像上面这样坐时，腰股伸直，其意旨在表示庄重恭敬。

[诗意]

河边的青草，连绵不断地伸向远方，让我想起了远游的丈夫。远游的丈夫无法终日思念，但在昨夜的梦中我终于亲眼见到了他。梦中他就在我的身旁，而醒来发觉他仍在异乡。异乡的地方各不相同，到处辗转见不到他。桑树叶落了也知道风吹，海水不结冰也知道天冷。他虽在远方也应该知道我在思念他。同乡的游子各自回家与家人亲爱，有谁愿意向我传达丈夫的音讯？有位客人远道而来，送给我装在鱼形木盒子里的书信。我叫童仆打开盒子，取出木盒中写在尺素上的书信。我恭恭敬敬地读完丈夫的书信，信中到底说些什么？前面说多吃些保重身体，后面说他常常想念我。

[赏析]

这是一首汉乐府民歌，作者是否为蔡邕素有争议。全篇用第一人称的口吻叙写，并按主人公的思绪行文。开头八句用的是顶针的修辞手法，显得流畅紧凑。第九到第十二句写主人公苦于没有人能为他们传言，体现出女主人公的无助和孤独。最后八句写收信、拆信、读信的情形。从大声"呼儿烹鲤鱼"可看出这位女主人公拆信前心情的急迫和兴奋。从"长跪读素书"可看出这封书信在其心中的分量。但遗憾的是信中没有言及归期，原因为何，女主人公对此心里又是怎么想的，诗中省去未交代。这样处理，使故事更有余味。诗作真切、细致地刻画和表现了诗中女子复杂微妙的内心世界。语言清新，气势连贯，情节曲折，亦真亦幻，读来哀婉感人。

曹 操（东汉）

曹操（155—220）：沛国谯县（今安徽亳州）人。中国古代杰出的政治家、军事家、诗人。东汉末年官至丞相，封魏王。曾以汉天子名义征讨四方。曹操知兵法，工书法，擅诗歌。其诗多抒发政治抱负，诗风苍凉、慷慨、雄健。代表诗作有《龟虽寿》《观沧海》《蒿里行》等。

短歌行①（节选）

月明星稀，乌鹊南飞。
绕树三匝②，何枝可依？
山不厌高，海不厌深③。
周公吐哺④，天下归心。

——（东汉）曹 操

[注释]

①短歌行：汉乐府旧题。②三匝（zā）：三周。匝，周、圈。③"山不"两句：化用《管子·形势解》，意为希望尽可能多地接纳人才。④周公吐哺：周公，名旦，西周的创建者之一。吐哺，吐出口中正在咀嚼的食物，指停止吃饭。史载周公"一饭三吐哺，起以待士，犹恐失天下之贤"。

[诗意]

月光明亮星星稀疏，一群乌鸦向南飞去。绕着一棵树飞了三圈也不停歇，哪里是可栖的地方？山不厌弃土石才有它的高大，海不厌弃细流才使它深不可测。我愿像周公一样礼贤下士，期望天下英才归顺于我。

[赏析]

曹操的《短歌行》共有三十二句，按诗意分作四节，每节八句，节选的是第四节。前几节着重写诗人得不到贤能之士来和他一起建功立业而惆怅，希望天下贤才能主动投奔他。节选的此节直抒胸臆，自比周公，吁请贤士归顺，表示自己一定像周公那样礼贤下士。这一节诗歌充分反映了诗人广纳人才，求贤若渴，希冀一统天下的愿望和决心。全诗气魄宏大，格调高昂激越，语言质朴，寓理于情，富有感染力。

蒿里行①（节选）

淮南弟称号②，刻玺于北方③。
铠甲④生虮虱，万姓⑤以⑥死亡。
白骨露于野，千里无鸡鸣。
生民⑦百遗⑧一，念之断人肠。

——（东汉）曹 操

[注释]

①蒿里行：汉乐府旧题。原是古代送葬时唱的挽歌，作者在这里借古题以写时事。蒿里，埋葬死人之处。②"淮南"句：指袁术在淮南称帝这件事。③"刻玺"句：指袁绍欲废汉献帝另立新皇和刻玉玺的事。玺，印。秦以后专指皇帝的印。④铠甲：古代护身战服。⑤万姓：老百姓。⑥以：因此。⑦生民：百姓。⑧遗：存，剩下。

[诗意]

在淮南，袁术称帝，在北方，袁绍欲立傀儡皇帝刻了玉玺。连年战争，兵士长期不脱战衣，以致都生了虮虱，百姓则大批死亡。尸骨暴露在荒野里无人埋葬，方圆千里听不到鸡的叫声。一百个老百姓死得只剩下一个，想到这些令人痛断肝肠。

　　《蒿里行》原十六句，节选的是最后八句。前二句概述汉末袁绍、袁术分裂割据，互相残杀的历史事实，后六句写军阀混战给百姓带来的深重灾难。诗作是对战争元凶的无情谴责，体现了作者对百姓不幸遭遇的同情和忧国忧民的情怀。全诗语言明快有力，情感慷慨悲凉，是曹操诗歌现实主义的具体体现，也具有建安文学直抒胸臆、质朴刚健的显著特点。

曹　丕（三国）

　　曹丕（187—226）：字子桓，沛国谯县（今安徽亳州）人。曹操的次子。三国时期政治家、文学家。他的诗歌形式多样，语言通俗，表现手法委婉细致，回环往复。代表作有《燕歌行》和《煌煌京洛行》等。他的《典论·论文》是最早的文学批评论著。

杂诗二首（其二）

　　　西北有浮云①，亭亭②如车盖③。
　　　惜哉时不遇，适④与飘风⑤会。
　　　吹我东南行，行行至吴会⑥。
　　　吴会非我乡，安得久留滞。
　　　弃置勿复陈⑦，客子⑧常畏人。

——（三国）曹　丕

①浮云：飘浮在天空中的云。②亭亭：高耸而无依靠的样子。③车盖：古代车上用于蔽日遮雨的装置，俗称"车篷"。④适：刚好、恰巧。⑤飘风：旋风，猛烈的风。⑥吴会：吴郡、会稽郡。⑦弃置勿复陈：此为乐府套语。弃置，丢弃一旁。陈，陈述。⑧客子：游子。

[诗意]

西北天空有一朵浮云，高高耸立没有依靠，如车篷一般。可惜碰到的时机不对，与暴风相遇，把我这朵浮云吹往东南方，行了又行到了吴会，吴会不是我的故乡，怎能长久停留？抛开这些不必再说别的，游子身处他乡总是怕遭人欺侮。

[赏析]

此诗以浮云设喻，首写浮云受风所迫，流落至吴会，暗喻游子生不逢时，流离失所，命运坎坷。七、八两句从叙事转为抒情，显示诗歌思乡的主题。最后改用议论结束，表达游子内心感受。全诗结构曲折，描写细致，含蓄地抒写了诗人四处漂泊、久滞异乡、有家难归的心境与感慨。

曹 植（三国）

曹植（192—232）：字子建，沛国谯县（今安徽亳州）人。曹操幼子。三国时期文学家，建安文学的代表人物。自小聪颖，有"才高八斗"的美誉，现存诗八十多首。他的诗歌风格雄放，语言精美，感情深沉热烈。代表作有《七哀诗》《野田黄雀行》《洛神赋》等。

白马篇（节选）

弃身①锋刃端，性命安②可怀③？

父母且④不顾，何言子与妻！

名编壮士籍，不得中⑤顾私。

捐躯⑥赴国难⑦，视死忽如归⑧！

——（三国）曹 植

[注释]

①弃身：舍身。②安：怎么，哪里能。③怀：顾及、顾惜。④且：尚且。
⑤中：心中。⑥捐躯：献身。⑦国难：国家生死存亡的危难时刻。⑧归：回家。

[诗意]

舍身上战场面对刀山剑林，个人的安危怎么还能顾惜？连父母都不能念及，
还谈什么儿女妻子！我的姓名既已编入军籍，心中自然不可有自己的私利。为
国家危难奋勇献身，视死亡如回家毫不畏惧。

[赏析]

《白马篇》全诗二十八句，节选的是最后八句。诗中塑造了一位武艺高强
的少年英雄形象，着重表达少年英雄为国而战、视死如归的精神境界。特别是
"捐躯赴国难，视死忽如归"两句，慷慨激昂，豪气四溢，震撼人心。而这位白
马少年，其实就是暗指曹植自己。诗作气势豪迈，充满自信，洋溢着满满的英
雄气概。

阮　籍（三国）

阮籍（210—263）：字嗣宗，陈留尉氏（今河南开封）人，三国魏文学家、思想家，"竹林七贤"之一。曾为步兵校尉，世称"阮步兵"。他的诗歌内容多为述志和表达对自然或人生的思考。诗风个性张扬，诗意常隐晦曲折，多用比兴、象征、夸张等手法。《咏怀》是其代表作品之一。

咏　怀①

夜中不能寐，起坐弹鸣琴。
薄帷②鉴③明月，清风吹我襟。
孤鸿号外野，翔鸟④鸣北林。
徘徊将何见，忧思独伤心。

——（三国）阮　籍

[注释]

①咏怀：抒写怀抱的意思。②帷：帐子。此指窗帘。③鉴：照。④翔鸟：飞翔的鸟。

[诗意]

夜里睡不着，起来坐下弹弹琴。明月照在薄薄的窗帘上，清凉的夜风吹着我的衣襟。一只孤鸿在野外号叫，鸟儿叫着在北边的树林间飞翔。我徘徊、鸿徘徊、雁徘徊，见到什么了呢？只有无尽的忧思让我独自伤心。

[赏析]

阮籍为了在险恶的政治环境中保全自己，在诗歌创作中形成了悲愤哀怨、隐晦曲折的诗风。此诗开头两句直说自己夜不能寐，至于原因则隐而不提。三、四两句转而写景，明月、清风、清冷的气氛，显示出诗人心情的悲凉。接下来四句，诗人用孤鸿的号、翔鸟的鸣、自己的徘徊来进一步表现难言的孤独、苦闷与迷惘。全诗意境朦胧，主旨含蓄，意蕴深沉。

汉乐府（汉朝）

汉乐府原是汉武帝所设掌管音乐的官署名称，因是汉代的官署，所以称汉乐府，主要职能是掌管宫廷所用的音乐及负责采集民间的歌谣、乐曲。魏、晋以后，人们将汉代乐府所采集的歌谣统称为"乐府""乐府歌"或"汉乐府"，这样，"乐府"就成了一种带音乐性质的诗体名称。这类诗歌往往有很强的社会意义，总体风格清新质朴，且多为叙事诗。

上　邪①

上邪，我欲②与君③相知④，长命⑤无绝衰⑥。山无棱⑦，江水为竭⑧。冬雷震震⑨，夏雨雪⑩。天地合，乃敢⑪与君绝。

——汉乐府

[注释]

①上邪：上天啊。上，指天。邪，语气助词，相当于呀、啊等。②欲：想要、希望。③君：你。④相知：结为知己。⑤命：此有使、让、令的意思。

⑥衰：衰减、断绝。⑦棱：山峰、山头。⑧竭：尽。⑨震震：形容雷声。⑩雨雪：降雨下雪。雨，降雨、下雨，名词用作动词。雪，下雪，名词用作动词。⑪乃敢：才敢。

[诗意]

上天啊，我想要和你相亲相爱，长长久久没有衰退断绝的时候。除非高山成为平地，江水流尽枯竭。除非冬天雷声阵阵，夏天下大雪，天地合在一起，我才敢和你断绝来往，断绝情义。

[赏析]

《上邪》是一首民间情歌，是一位女子向相爱的人所发的爱情誓词。语言直白，情感炽烈，想象奇绝，极有震撼力。其表达爱情的方式堪为古今绝唱。诗开头即直截了当向所爱之人表白爱意，显示出一个不受封建礼教束缚、率真敢为、忠贞刚烈的女子形象。接下来连举"山无棱""江水为竭"等五种不可能出现的自然现象，自证绝不会背叛自己的爱情誓言，断绝与心爱之人的交往。诗作极富浪漫色彩，痛快淋漓，充满激情。

古　歌

秋风萧萧愁杀人。出亦愁，入亦愁。
座中何人谁不怀忧？令我白头。
胡地多飙风①，树木何修修②！
离家日趋远，衣带日趋缓③。
心思不能言，肠中车轮转④。

——汉乐府

[注释]

①飙风：暴风，狂风。②修修：光秃貌。③缓：宽松，指身体消瘦。④"肠中"句：比喻内心极为痛苦。

[诗意]

凄厉的秋风冷飕飕，征人的忧愁袭上心头。出去愁，回来仍然愁。愁的岂是我一个？在座的谁不忧愁！我的愁呀不断，让我白了头！胡地经常刮狂风，树木叶落光秃秃。离家一天更比一天远，腰身一天更比一天瘦。心里的乡愁没法说出口，揪心的痛苦让我难以忍受。

[赏析]

《古歌》是一首游子思乡诗。诗人用质朴的语言抒写了浓重的思乡愁绪，熔抒情、写景于一炉，在"秋风萧萧"中抒写困扰戍卒的愁思；又将它融于异乡的修树、荒漠的飚风之中；最后忽设奇喻，以"车轮"比喻回环于心的悲哀，形象而深刻。全诗前后呼应，浑然一体，句法参差，错落有致，感情充沛，扣人心弦。

悲 歌

悲歌可以①当泣，远望可以当②归③。
思念故乡，郁郁④累累⑤。
欲归无家人，欲渡河无船。
心思⑥不能言，肠中车轮转。

——汉乐府

[注释]

①可以：这里是"聊以""姑且"的意思。②当（dāng）：当作。③归：回还。④郁郁：忧郁、愁闷、情绪低落的样子。⑤累（lěi）累：堆积、叠加的意思。⑥心思：此指无家可归的痛苦心情。

[诗意]

唱一曲悲歌，姑且代替我思家的哭泣，登高远望聊当回到了家乡。思念故乡，愁闷重重。想回家可家里已没亲人，想过河但没过河的船。无家可归的痛苦心情没地方诉说，郁积在心里像车轮在转那般痛苦万分。

[赏析]

此诗分三层，一、二两句为第一层，写作者以歌当哭、以望当归的生活体验。第三到第六句为第二层，用"欲归家无人，欲渡河无船"，点出自己之所以只能"以歌当泣，以望代归"的原因。最后两句是第三层，形象描绘自己的绞心之痛。诗作反映了游子思乡而又无家可归、走投无路的悲哀。全诗紧扣"悲"字，回环往复，使诗作的主题更为彰显。

陶渊明（东晋）

陶渊明（365—427）：名潜，字元亮，自号五柳先生，浔阳柴桑（今江西九江）人。东晋著名诗人、文学家，曾任江州祭酒、建威参军、彭泽县令等职。因不满官场污浊，后辞官回乡归隐田园。他的诗自然质朴、率真，犹如农家口语。多以描写田园山水为题材，表现闲适自在的乡间生活。代表作有《饮酒》《归去来兮辞》等。

杂诗十二首①（其一）

人生无根蒂②，飘如陌③上尘。
分散逐④风转，此⑤已非常身⑥。
落地⑦为兄弟，何必骨肉亲。
得欢当作乐，斗⑧酒聚比邻⑨。
盛年⑩不重来，一日难再晨。
及时当⑪勉励⑫，岁月不待⑬人。

——（东晋）陶渊明

[注释]

　　①杂诗：写杂感的诗。②蒂：瓜、果等与茎、枝相连的部分。③陌：田间小路。东西为陌，南北为阡。此泛指道路。④逐：追随、随着。⑤此：这里指此身。⑥非常身：不是经久不变之身，即不再是原来的盛年之身。⑦落地：降生，刚生下地。⑧斗：古时盛酒的器具。⑨比邻：近邻。比，邻近。⑩盛年：青壮年，三四十岁的年纪。⑪当：应当、应该。⑫勉励：劝人努力。⑬待：等待。

[诗意]

　　人生在世没有根蒂，漂泊不定就像路上的尘土。各自身不由己随风辗转，我这身子也不是原来的样子了。生下来成为兄弟的人应当珍视，但何必非要兄弟才相亲呢？遇到高兴的事就要及时行乐，有了酒就该与乡邻们一起共饮。壮年时光一旦过去不可能重来，一天之中也不可能有第二个早晨。人们应当自我勉励及时努力，因为岁月流逝，不会停下来等你。

[赏析]

　　这是一首抒怀诗。前四句用比喻手法，将人生比喻成无根之木、无蒂之花，比喻成路上的尘土，表达了对人生无常、生命短暂的感慨。中间四句承接上面这种对人生的理解，认为既然谁都"已非常身"，那么何必只有兄弟才骨肉相亲呢？既然人生无常，生命短暂，所以诗人认为那就该及时行乐，和他人友好相处，共享生活的欢乐。最后四句用盛年不可能重来，一日不可能有第二个早晨为例，告诫人们要珍惜时间，及时努力，不要让时光白白流失。此诗语言朴素，全用白描手法，内容浅显却含义丰富，引人深思。

移居二首（其一）

昔欲居南村①，非为卜其宅②。
闻多素心人③，乐与数晨夕。
怀此④颇有年，今日从兹役⑤。
敝庐⑥何必广⑦，取足蔽床席⑧。

邻曲^⑨时时来，抗言^⑩谈在昔^⑪。

奇文共欣赏，疑义相与析^⑫。

——（东晋）陶渊明

[注释]

①南村：村名，在浔阳城（今江西九江）下。②卜其宅：用占卜了解住地的吉凶。③素心人：心地纯朴的人。④怀此：怀有移居南村的这个愿望。⑤从兹役：顺从这个心愿。⑥敝庐：破旧的房屋。⑦何必广：何必要求宽大。⑧取足蔽床席：能放下一张床即满足。⑨邻曲：邻居。在此指"素心人"。⑩抗言：直言不讳地讨论。⑪谈在昔：谈论往事。⑫析：剖析、商议。

[诗意]

昔日我就想移居到南村来，不是为了选好的住宅。只是听说这里有很多纯朴的人，我愿意和他们朝夕相处。抱有这个想法好多年了，今天才实现了这个心愿。简朴的屋子何必求大，只要够摆床铺就能心安。邻居常常过来，高谈阔论说说往昔，有好文章一起欣赏，有疑难问题共同商议。

[赏析]

义熙四年（408），陶渊明旧宅失火，只能以船为家。两年后，移居南村，不久作《移居二首》，这是第一首。此诗四句一个层次。第一层陈述移居的初衷，第二层表明自己不在乎宅的大小、简陋。第三层具体描述移居的快乐。诗作体现了诗人安贫乐道的处世态度。全诗语言简朴凝练，诗风朴素平淡，读来却亲切有味。

移居二首（其二）

春秋多佳日，登高赋新诗。

过门更相呼，有酒斟酌^①之。

农务^②各自归，闲暇辄^③相思。

相思则披衣，言笑无厌^④时。

此理将不胜⑤？无为忽⑥去兹。

衣食当须纪⑦，力耕不吾欺⑧。

——（东晋）陶渊明

[注释]

①斟酌：倒酒共饮。②农务：农活。③辄：总是，就。④厌：满足。⑤此理将不胜：这种生活的真意难道不是很高妙吗？将不，难道不。将，岂、难道。胜，优、妙。⑥忽：忽然。⑦纪：经营。⑧不吾欺：不欺骗我。

[诗意]

春秋两季有很多好日子，我常和友人登高作新诗。经过邻居门前互相打招呼，有酒大家一起同饮共欢。要做农活就各自回家干活，闲下来就会互相思念。想念了便披上衣服去相访，彼此之间说说笑笑永不会满足。这种生活不是很好吗？我可不想忽然地离开这里。穿的吃的自然需要自己去经营，耕作的生活绝不会欺骗我。

[赏析]

这首诗写诗人移居新家后的生活，表现了田园生活的快乐和诗人对这种生活的热爱与赞美，也阐述了诗人从中获得的感受与认识。

诗的前八句写了四个场景：一是春秋时节，诗人与友人登高赏景赋新诗；二是邻里过门相互招呼，有酒同饮共欢；三是闲时村人互相思念，忙时各干各的农活；四是想念了就披衣相访，聚在一起说说笑笑。诗的后四句写诗人对以上生活的认识和"自己动手，丰衣足食"的感悟。全诗从写生活场景开始，以议论结束。语淡而味浓，词平常而意清新，颇耐玩味，体现了陶渊明田园诗的特色。

读《山海经》十三首①（其十）

精卫衔微木，将以填沧海②。
刑天舞干戚，猛志固常在③。
同物既无虑，化去不复悔④。
徒设在昔心，良辰⑤讵⑥可待。

——（东晋）陶渊明

[注释]

①《山海经》：作者不详，内容涉及上古地理、历史等等。②"精卫"句：《山海经》中记载，炎帝女儿女娃，在东海淹死，化为鸟，名精卫。自此，日日衔木石以填东海。③"刑天"句：神话人物刑天与天帝争权，败后被砍头，但刑天不屈服，仍以两乳为目，以肚脐当嘴，挥舞盾牌和板斧。干戚：干，盾牌；戚，板斧。④"同物"句：意思是说精卫死后化为鸟和他物相同。这样的话，即便再死一次也不过是由此物变为他物，这就没什么可忧虑了。⑤良辰：指实现雄心壮志的好日子。⑥讵：表示反问，岂。

[诗意]

精卫衔着小小的木石，用来填平东海。刑天挥舞着盾牌和板斧，斗志仍然不改。死后一样化为物，无可忧虑，即便化成异物也不后悔。如果没有昔日的雄心壮志，好日子怎能到来？

[赏析]

《读山海经》共十三首，这是第十首。前四句用精卫和刑天两个神话故事，赞扬他们不屈不挠、至死不渝的斗争精神和顽强斗志。五、六两句从精卫、刑天生时和死后两个方面，具体诠释精卫和刑天"猛志固常在"的表现。末尾两句表达对两位英雄最终未能等到"良辰"感到遗憾。诗作是对反抗精神的肯定和歌颂，也表明诗人虽然隐居，但仍关注现实。

谢灵运（东晋）

谢灵运（385—433）：祖籍陈郡阳夏（今河南太康），出生在会稽（今浙江绍兴）。诗人、文学家，曾任永嘉太守、临川内史等职。谢灵运年少好学，博览群书，工诗善文。他的诗，大多写山水名胜，是山水诗派的开创者之一。代表作品有《登池上楼》《岁暮》等。

登池①上楼（节选）

池塘生春草，园柳变鸣禽②。
祁祁③伤豳歌④，萋萋感楚吟⑤。
索居⑥易永久⑦，离群难处心⑧。
持操⑨岂独古，无闷征⑩在今。

——（东晋）谢灵运

[注释]

①池：指谢灵运所居的园池，在永嘉（今浙江温州西北）。②变鸣禽：意指鸣叫的禽鸟有了变换。③祁祁：众多的样子。④豳（bīn）歌：借指《诗经》。⑤楚吟：借指《楚辞》。⑥索居：离群独居。⑦易永久：容易觉得时间长久。⑧难处心：难以排遣孤寂的心情。⑨持操：坚持高尚的节操。⑩征：证明。

[诗意]

不知不觉池边长满了春草，园中柳树上的鸟也换了种类。想起《诗经》中《祁祁》这首诗歌，心中伤悲；想起《楚辞》中"春草生兮萋萋"的诗句更有万般感慨。孤居易觉时间长久，独处让人难以心安。坚持节操，怎会只有古人才能做到，所谓的"遁世无闷"，在我的身上已得到验证。

[赏析]

　　这是谢灵运的代表作之一。全诗二十二句，写官场失意后的不满、无奈及表达归隐的愿望。节选的是最后八句。此八句中的前两句写登楼观景所见，后六句写联想到的前人写春景的诗，同时借典故表达决意归隐、坚守节操的意愿。诗作全用对偶句，出语典雅、圆润，风格清新、鲜丽。

鲍　照（南朝宋）

　　鲍照（约414—466）：字明远，东海（今山东郯城一带）人。南朝宋诗人。曾任中书舍人、荆州刺史和前军参军，世称"鲍参军"。他的诗歌，尤其是乐府诗，形式多样，内容丰富，感情充沛，艺术风格俊逸豪放，形象鲜明，对后世李白、高适、杜甫的诗歌创作都有影响。代表作有《拟行路难》《梅花落》《芜城赋》等。

拟行路难十八首①（其四）

泻②水置平地，各自东西南北流。
人生亦有命，安能行叹复坐愁。
酌酒以自宽，举杯断绝③歌路难。
心非木石岂无感，吞声④踯躅⑤不敢言。

——（南朝宋）鲍　照

[注释]

①拟行路难:《行路难》是汉乐府旧题。《拟行路难》是仿照《行路难》的意思。②泻:倾倒。③断绝:停止。④吞声:欲言又止。⑤踯躅:徘徊不前。

[诗意]

朝平地上倒水,水会流向东西南北不同方向。人生是既定的,怎么能老是自怨自叹?喝点酒来自我宽慰吧,《行路难》的歌声因举杯饮酒而中断。人心又不是木石,怎么会没有感觉,欲说还休,欲言又止,不敢再说什么。

[赏析]

南北朝时期实行士族门阀制度,致使寒士难以仕进。鲍照出身寒微,所以虽满腹才华,也只做过一些小官。故借此诗表达内心的愤懑与不平。前四句从表面上以"泻水"为例,说明人有富贵贫贱之分,中间两句说自己只能举杯消愁、自我宽慰,直到结尾两句才吐露心迹:社会的这种不公自己不可能感觉不到,只是"吞声踯躅不敢言"而已。这种欲说还休、含而不露的写法,增强了本诗表达的艺术效果。

代出自蓟北门行①（节选）

疾风冲塞起，沙砾②自飘扬。

马毛缩③如蝟④，角弓⑤不可张。

时危见臣节⑥，世乱识忠良。

投躯报明主，身死为国殇⑦。

—— （南朝宋）鲍 照

[注释]

①代出自蓟北门行:乐府旧题。代,拟,仿作。蓟,古燕国都城,今北京西南。②砾:碎石。③缩:蜷缩。④蝟:刺猬。⑤角弓:用兽角装饰的弓。⑥节:节操。⑦国殇:指为国牺牲的人。

[诗意]

兵士冒着边塞的疾风冲锋陷阵，扬起了漫天的泥沙石子。天冷得马毛蜷缩如刺猬一般，角弓也被冻住拉不开弓。时局艰危可看出臣子的节操，世事动乱才能辨识是否忠良。将士们为报君恩奋力拼杀，战死在沙场后会成为为国牺牲的烈士。

[赏析]

此诗是鲍照的代表作。着重讴歌汉军将士英勇无畏、视死如归、为国捐躯的精神和气概。全诗二十句，从北方边塞报警开篇，继写朝廷发兵，然后写汉军不畏险阻，驰走沙场。节选的是全诗的最后八句，是全诗的高潮与精华。前四句写战场上恶劣的气候，后四句写将士们视死如归，不惜为国捐躯。整首诗情节紧凑，有一气呵成之感。

谢　朓（南朝齐）

谢朓（464—499）：字玄晖，陈郡阳夏（今河南太康）人。南朝齐诗人，与谢灵运同族，世称"小谢"。曾任宣城太守，世称"谢宣城"。他发展了山水诗，并对诗歌中的声、韵、调配合做了研究。其诗多描写自然景物，诗风清新秀丽，圆美流转，对偶工整，音调和谐。代表作有《离夜诗》和《晚登三山还望京邑》等。

离夜诗

玉绳①隐高树，斜汉②耿层台。

离堂③华烛尽，别幌④清琴哀。

翻潮⑤尚知恨，客思眇难裁⑥。

山川不可尽，况乃故人杯。

——（南朝齐）谢 朓

[注释]

①玉绳：泛指群星。②斜汉：横斜的银河。③离堂：饯行时的厅堂。④别幌：别离时厅堂挂的帷幔。⑤翻潮：翻涌的潮水。⑥客思眇难裁：游客忧思深远难释怀。眇，同"渺"，深远。裁，减少。

[诗意]

群星隐没在高大的树后，横斜的银河映照着高楼。厅堂上的蜡烛已经燃尽，帷幔里的琴声透出哀怨的清音。翻卷的潮水尚知离愁别恨，远行的我，重重忧思难以减轻。山川阻隔，不可尽数，何况分别后恐难再与故人一起举杯畅饮。

[赏析]

此诗写饯行之夜的景与情。前四句总写酒宴厅内外的场景。五、六两句拿"翻潮"与"客思"比较，突出诗人离情别绪的难以自抑。最后两句写日后重聚的不易，更把惜别之情推进一层。诗作始终围绕"离夜"落笔，表现了诗人的离愁别恨。全诗意境高远，诗意含蓄，写法不落窠臼。

薛道衡（隋朝）

薛道衡（540—609）：字玄卿，河东汾阴（今山西万荣）人。隋代诗人。在北齐、北周都当过官，在隋朝当过内侍郎，后因事惹怒隋炀帝杨广被处死。他是当时的文坛领袖，其诗辞藻华艳，而边塞诗较为雄健，且粗犷大气。《人日思归》《昔昔盐》和《出塞》是其代表作。

人日①思归

入春才七日②，
离家已二年。
人归落雁③后，
思④发⑤在花前⑥。

——（隋朝）薛道衡

[注释]

①人日：相传古代农历正月初一至初七，依次为鸡日、狗日、猪日、羊日、牛日、马日、人日。初七人日这一天，古人要剪彩成人形，戴在头上，称为"人胜"。②"入春"句：古人把春节当作春天的开始，故人日就是入春的第七天。③雁：指鸿雁，候鸟。传说入春后从南方飞回北方。④思：回家的念头，想法。⑤发：产生、引发。⑥花前：开花以前。花，借指春天。

[诗意]

入春才过去七天，离开家乡却已经两年了。我回家要落在北飞大雁的后面了，而回家的念头在春天前就已经有了。

薛道衡曾于隋文帝开皇四年（584）冬出使陈朝，此诗是他在出使第二年的人日写的。开头两句交代时令和离家的时日，将"才七日"与"已二年"做对比，流露出一种客居他乡、度日如年的忧伤与无奈。后两句借鸿雁北飞，表现自己思归心情的迫切，在结构上起到了与诗题相呼应的作用。诗作表达了诗人思乡、思归的心情，映衬、叙述等手法综合运用，别有特色。

骆宾王（唐朝）

骆宾王（约638—684）：字观光，婺州义乌（今浙江义乌）人。唐代诗人。当过临海县丞等小官，也曾从军戍边多年，后随徐敬业起兵讨伐武则天，兵败不知下落。他的诗歌成就与王勃、杨炯、卢照邻齐名，世人合称为"初唐四杰"。其诗以七言歌行见长，多悲愤之词，格律严谨，富有才情。代表作品有《帝京篇》《在狱咏蝉》等。

于易水送人①

此地②别燕丹③，
壮士④发冲冠⑤。
昔时⑥人已没⑦，
今日水犹寒。

——（唐朝）骆宾王

①于易水送人：在易水送别友人。易水，河流名，在河北省易县境内，战国时是燕国南部的边界。②此地：这个地方，即指易水岸边。③燕丹：战国时燕国的太子丹。④壮士：勇士，指荆轲，战国时卫国人，刺客。⑤冲冠：形容人暴怒，连头发都立起来，把帽子都顶起来了。冠，帽子。⑥昔时：往日，从前。⑦人已没：人已不在了，即人已逝去。人，指荆轲。

［诗意］

当年在这个地方，告别了燕太子丹，壮士荆轲已怒发冲冠。往日的壮士早已长逝，而今日的易水还那样凄寒。

［赏析］

战国末年，为抗击秦国，燕太子丹派荆轲赴秦行刺秦王。荆轲临行前，太子丹带众人着丧服在易水边送别荆轲。此诗是骆宾王在易水送别友人时想起此事而写下的一首怀古之作。前两句是对当年太子丹送别荆轲时情景的回顾，后两句是诗人触景生情，怀古伤今之语，是全篇的主旨。其中的"寒"字，含义丰富，它是诗人的真实感受。全诗感情强烈，表达了诗人对古代英雄的仰慕，也倾吐了诗人壮志难酬的苦闷和悲愤。

在狱咏蝉①

西陆②蝉声唱，南冠③客思深。
不堪玄鬓④影，来对白头吟⑤。
露重飞难进，风大响易沉。
无人信高洁，谁为表予⑥心。

——（唐朝）骆宾王

［注释］

①在狱咏蝉：在狱中歌咏蝉。咏，用诗词等来叙述。②西陆：代指秋天。③南冠：《左传·成公九年》中记载楚钟仪戴南冠被囚于晋国军府，这里借南

冠指囚徒。④玄鬓：黑色的蝉翼。此喻人的盛年。玄，黑色。⑤白头吟：古乐府曲调名，曲调哀怨。⑥予：我。

[诗意]

　　秋天的蝉在凄凉地鸣叫，惹得身为囚徒的我愁思满怀。怎能忍受秋蝉扇动乌黑双翅，却对我长吟这哀怨、悲伤的《白头吟》。秋露浓重，蝉儿想飞也飞不高，风大了蝉的鸣声再响也容易被淹没。没有人相信蝉的高洁，谁又能为我申诉冤屈，表白我的心迹。

[赏析]

　　作者曾被人诬陷下狱，此诗写于狱中。诗人先用比兴手法写由蝉声引发的忧思，接着拿“玄鬓”与“白头吟”对比，暗喻自己的不堪处境。五、六两句借露重蝉儿难高飞，风大容易淹没蝉声，比喻仕途艰难，冤屈无人倾听。最后用设问句表明自己虽有蝉儿般高洁的情操，却无人相信，也无人代为表明心迹。整首诗以蝉自喻，托物抒怀，寓意深远。

苏味道（唐朝）

　　苏味道（648—705）：赵州栾城（今河北栾城）人。唐代诗人。20岁中进士，官至宰相。为官处事谨慎、圆滑，时人戏称“苏模棱”，后衍生出成语“模棱两可”。其诗风格清正，精工合律，与李峤、崔融、杜审言合称“文章四友”。代表作品有《正月十五日夜》《咏虹》等。

正月十五日夜

火树银花①合，星桥②铁锁开③。

暗尘④随马去，明月逐人来。

游伎⑤皆秾李⑥，行歌尽落梅⑦。

金吾⑧不禁夜⑨，玉漏⑩莫相催。

——（唐朝）苏味道

［注释］

①火树银花：形容焰火和灯光灿烂耀眼。②星桥：指长安城内的星津桥。③铁锁开：唐代长安实行宵禁，但元宵夜取消宵禁，桥上的铁锁打开，让百姓自由通行。④暗尘：暗处飞扬的尘土。⑤游伎：歌女、舞女。⑥秾李：指游伎打扮得如桃李般娇艳。⑦落梅：曲调名。⑧金吾：官名，专事京城警备。⑨不禁夜：意为取消宵禁。⑩玉漏：古时计时用具。

［诗意］

灯火璀璨，犹如明艳的花朵。星桥打开铁锁任人通行。尘土随着快马飞扬，月光跟着人群流淌。游伎艳若桃李，边走边唱《落梅》调。京城取消宵禁，计时的玉漏也不要来催。

［赏析］

此诗写唐都长安元宵节夜间的热闹景象。首联写长安城内灯火辉煌，熙熙攘攘。中间两联从明月追逐人流，游伎边走边舞边唱等方面，表现长安城内节日的热闹。尾联表达希望不再宵禁，让大家尽情享受节日欢乐的愿望。全诗犹如一幅大气、生动的古代节日的风情画，引人入胜。

王　勃（唐朝）

王勃（650—676）：字子安，绛州龙门（今山西河津）人。唐代诗人。幼时有"神童"之称。16岁应试及第，不久为王府侍读。后因私杀官奴获罪，出狱后再未进仕途。他是"初唐四杰"之一，被后人誉为"诗杰"。其诗多思乡怀人、酬赠之作。诗风壮阔明朗，情感真挚，底蕴深厚。代表诗作有《滕王阁诗》《送杜少府之任蜀州》等。

滕王阁诗①

滕王高阁临江渚②，佩玉鸣鸾③罢歌舞。
画栋朝飞南浦④云，珠帘暮卷西山⑤雨。
闲云潭影日悠悠，物换星移⑥几度秋。
阁中帝子⑦今何在？槛外长江空自流。

——（唐朝）王　勃

[注释]

①滕王阁诗：此诗是王勃附写在《滕王阁序》后面的，是对"序"内容的概括。滕王阁坐落在今江西南昌赣江江边，为唐高祖李渊幼子李元婴任洪州（今江西南昌）都督时所建。李元婴受封滕王，故得名滕王阁，但王勃写《滕王阁序》时，离滕王阁建成已过去22年，滕王也不在洪州了。当时是洪州都督阎伯屿主持修葺滕王阁，竣工时设宴庆贺，王勃恰巧途经洪州参与宴会，因而在席上写下了千古名篇《滕王阁序》。②江渚：江，即赣江。渚，江中小洲。③鸣鸾：响铃。④南浦：地名，在今南昌市西南。⑤西山：南昌名胜，又名南昌山

等。⑥物换星移：形容时代变迁，万物更替。⑦帝子：指滕王李元婴。

[诗意]

滕王阁高高地矗立在赣江边上，当年的佩玉鸣鸾悄无声息歌舞不再。早晨的画栋旁掠过南浦的云彩，傍晚时的珠帘被西山的烟雨卷了起来。悠闲的云彩的影子每天在江水中转悠，时光移转万物更替已过去多少个春秋。兴建这滕王阁的滕王现在何处？只有栏杆外的江水空自滔滔流去。

[赏析]

此诗首联上句交代滕王阁的位置及高耸、依临江渚的非凡气势。下句到颈联上句抓住对佩玉鸣鸾寂然无声、歌舞罢歇、画栋伴闲云、烟雨卷珠帘等情景的描述，说明滕王阁往日的热闹已经不再。诗的最后两句是诗人对时光流逝、物换星移所抒发的感慨。整首诗先扬后抑，通过对滕王阁往昔的繁华、热闹与今日的冷清、孤寂的对比，表达了诗人内心觉得人生无常的一种感慨。诗作意境开阔，情景交融，用语简练，壮美大气。

刘希夷（唐朝）

刘希夷（651—约679）：字庭芝，汝州（今河南汝州）人。25岁中进士。其诗多写从军、闺情，柔婉华丽，多感伤情调。传其舅父宋之问喜欢他的"年年岁岁花相似，岁岁年年人不同"诗句，欲据为己有，而他不允，因而被宋之问杀害。其代表诗作有《代悲白头翁》《将军行》等。

代悲白头翁①（节选）

古人②无复洛城③东，今人还对落花风。

年年岁岁花相似，岁岁年年人不同。

寄言全盛红颜子④，应怜⑤半死白头翁。

——（唐朝）刘希夷

[注释]

①代悲白头翁：汉乐府旧题。代，拟。②古人：指已故之人，故去的人。
③洛城：即洛阳城。④红颜子：年轻貌美的女子。⑤怜：怜悯。

[诗意]

故人已经不再来洛阳城东为桃李花的凋零而悲叹了，今人却还对着桃李的落花而伤心叹息。年年岁岁的花都是相似的，而岁岁年年看花的人则不相同。那些正值青春年华的美貌女子，应该怜惜这位已经半死的白发老人。

[赏析]

此诗原二十六句，节选的是第十一句到第十六句。节选中的前两句是说古人已不在意花开花落，而今人却还在为此叹息。中间两句揭示人生年年不同而宇宙永恒的客观规律，含义丰富。结尾两句提醒少年要从白头翁身上明白青春难以永驻。这六句诗意在让人懂得该及时努力，珍惜光阴。

沈佺期（唐朝）

沈佺期（约 656—约 715）：字云卿，相州内黄（今河南省内黄县）人。唐代诗人。20 岁左右中进士，曾为通事舍人、中书舍人等。他的《独不见》被誉为"唐人七律第一"。诗作格律严谨，诗风清丽，境界广远。其诗与宋之问齐名，并称"沈宋"。代表诗作有《独不见》《杂诗三首》等。

夜宿七盘岭①

独游千里外，高卧七盘西。
晓月临窗近，天河②入户低。
芳春平仲③绿，清夜子规④啼。
浮客⑤空留听，襄城⑥闻曙鸡。

——（唐朝）沈佺期

[注释]

①七盘岭：在今四川广元东北。②天河：银河。③平仲：银杏的别称。④子规：杜鹃鸟。⑤浮客：即游子。⑥襄城：地名，在今陕西汉中北。

[诗意]

我孤身一人在千里之外漂泊，今天夜宿在七盘岭西。月亮好似挨着窗子，银河低得像要流进门来。春天的银杏满树翠绿，凄清的夜晚杜鹃鸟悲啼。孤独的游子呆呆地在窗前听杜鹃鸟啼叫，襄城传来了公鸡报晓之声。

[赏析]

此诗描写诗人夜宿七盘岭时的情景，抒发了诗人旅途中的孤独、惆怅之感。

开篇点明游踪，"千里"极言漂泊之远，"高卧"形容夜宿地势之高。颔联写夜宿所见之景。颈联、尾联通过夜听子规悲啼，清晨曙鸡催着赶路，暗示自己彻夜未眠。诗作全篇对仗，构思精巧大气，是初唐五律中的名篇。

杂诗三首（其三）

闻道①黄龙戍②，频年③不解兵④。
可怜闺里月，长在汉家营。
少妇今春意，良人⑤昨夜情。
谁能将旗鼓⑥，一为取龙城⑦。

——（唐朝）沈佺期

[注释]

①闻道：听说。②黄龙戍：即黄龙冈，此借指唐朝东北边境要塞。戍，防守，黄龙驻有重兵，故称"黄龙戍"。③频年：多年、连年。④解兵：撤兵，解除武装，停止战争。⑤良人：古代多用于女子称呼丈夫。⑥将旗鼓：将，率领。旗鼓，古代军中用于号令的用具。此代指军队。⑦龙城：地名，古代匈奴祭天地、祖先之地。

[诗意]

听说黄龙边塞重镇连年战争，至今双方都不罢兵。可怜闺中寂寞独自看月，她们思念之心长在汉营。少妇今春的相思之意，也是她丈夫昨夜的思念之情。谁能率领汉家的军队，一举去夺取匈奴的龙城。

[赏析]

此诗首联交代背景，直言黄龙战事，体现出强烈的厌战、反战情绪。颔联明写月，实写人，突出战争使夫妻被迫分离的残酷现实。颈联用互文手法，把夫妻往日的团聚与今日的分离作对比，反映战争给人们带来的伤害。尾联卒章显志，揭示诗的主旨，表达诗人希望早日结束战争的心愿。诗作构思精巧，诗句对仗工整，含蕴丰富，语浅意深。

宋之问（唐朝）

宋之问（约656—约712）：字延清，汾州（今山西省汾阳市）人。唐代诗人，20岁中进士，官至考功员外郎。因参与朝廷朋党争斗，屡次被贬流放，最终被赐死。他的诗多应制唱和之作，文辞华丽，律体谨严精密，对当时律诗体制的定型颇有影响。代表诗作有《渡汉江》《题大庾岭北驿》等。

题大庾岭北驿①

阳月②南飞雁，传闻至此回。
我行殊未已③，何日复归来。
江静潮初落，林昏瘴④不开。
明朝望乡处，应见陇头⑤梅。

——（唐朝）宋之问

[注释]

①大庾（yǔ）岭：位于广东、江西交界处。北驿，大庾岭北面的驿站。②阳月：指阴历十月。③殊未已：意思是还远不能停止。已，停、停止。④瘴：瘴气。南方湿热气候下山林间对人体有害的空气。⑤陇头：即岭头。

[诗意]

阴历十月向南飞的大雁，传说飞到这里的大庾岭后就折返往回飞。我要去的地方还远远没到，不知何日才能被赦归来？江面平静潮水刚刚退落，林中瘴气弥漫无法消散。来日我登上高处遥望家乡，应能看到岭上盛开的红梅。

中学生课外必读

[赏析]

此诗写宋之问流放途经大庾岭时的感受。前四句拿自己与大雁比较，叹息大雁到此即可返回，而自己却不知何日才能回家和亲人团聚。后四句先写眼前之景的荒凉，后用陇头梅的典故，吐露早日回归家乡的希冀。诗作开头用比兴，接着用对比，随后写景抒情，多种写作手法运用自如，从而把忧伤、失意、困惑的复杂情感表达得含蓄又委婉。

灵隐寺① （节选）

鹫岭②郁岧峣③，龙宫④锁寂寥。

楼观沧海日，门对浙江潮⑤。

桂子⑥月中落，天香云外飘。

扪萝⑦登塔远，刳木⑧取泉遥。

霜薄花更发，冰轻叶未凋。

—— （唐朝）宋之问

[注释]

①灵隐寺：位于浙江杭州的西湖边上。建于东晋咸和元年（326），相传印度僧人慧理见此处的飞来峰，认为是"仙灵所隐之地"，遂面山起寺，取名"灵隐"。②鹫岭：即印度的灵鹫山，此指飞来峰。慧理认为飞来峰是从印度飞来的鹫山。③岧峣（tiáo yáo）：山高峻的样子。④龙宫：指灵隐寺中的殿宇。⑤浙江潮：即钱塘江潮。⑥桂子：桂花。⑦扪萝：攀抓藤萝。扪，抓、攀。⑧刳（kū）木：剖开树木。

[诗意]

飞来峰高峻陡峭，树木郁郁葱葱，灵隐寺锁住了清静，格外肃穆寂寥。殿楼远观沧海日出，寺门面对钱塘江潮。中秋时节寺中桂花飘落，礼佛的香烟飘向云外。我攀缘萝蔓登上远处古塔，剖开树木到远处寻找泉水。饱览霜后开得更盛的山花，欣赏经微冰却未凋的红叶。

[赏析]

这首排律原十四句，节选的是前十句，分两层：前六句是第一层，依次从树木葱郁、环境寂寥、登楼观日、开门望潮和"桂子月中落，天香云外飘"等不同景观，突出灵隐寺的景美、壮观、幽渺和神秘。后四句是第二层，着重通过诗人登塔、取泉、观花、赏叶，表现灵隐寺的景色之异。十句诗按游览顺序铺写，条理井然，意境开阔，诗意清雅淡远，体现了诗人对灵隐寺的赞赏与喜欢。

杨 炯（唐朝）

杨炯（650—693）：华州华阴（今陕西华阴）人。唐代文学家、诗人。与王勃、卢照邻、骆宾王齐名，并称"初唐四杰"。10岁被举为神童，当过校书郎、太子詹事司直等。杨炯生性耿直，为政严酷。文学上反对绮艳之风，擅长五律，以征战诗著名，风格豪放，充满了报国立功的豪情。代表诗作有《从军行》《战城南》《出塞》等。

从军行①

烽火②照西京③，心中自不平。
牙璋④辞凤阙⑤，铁骑绕龙城⑥。
雪暗凋⑦旗画⑧，风多杂⑨鼓声。
宁为百夫长⑩，胜作一书生。

——（唐朝）杨 炯

①从军行：乐府旧题，多写军旅生活。②烽火：古代边防用于告急的烟火。③西京：长安，今陕西西安。④牙璋：古代军中所用兵符，这里指代奉命出征的将帅。⑤凤阙：阙名，在汉代建章宫外，这里泛指皇宫。⑥龙城：匈奴祭祀天地、祖先的地方，为匈奴的政治中心。⑦凋：这里的意思是失去了鲜艳的色彩。⑧旗画：此指军旗上的图章。⑨杂：混杂、夹杂。⑩百夫长：一百个士兵的头目，泛指下级军官。

[诗意]

边塞报警的烽火传到长安，壮士的心情自然难以平静。威武的将帅奉命告别皇宫，率领铁骑包围了敌人的龙城。漫天风雪模糊了军旗上的图案，呼呼风声夹杂着雄浑的鼓声。我宁愿当一个百夫长冲锋陷阵，也胜似做个百无一用的书生。

[赏析]

这是一首著名的边塞诗。首联写边塞的战事传到京城，书生慷慨从军，赶赴边塞杀敌。颔联从军队出师写起，再写铁骑包围敌方龙城的情形。颈联从视觉和听觉两方面下笔，描述战场环境的险恶和战况的激烈。尾联抒发诗人胸中的感慨，全诗首尾呼应，表达了诗人为国建功立业的壮志豪情。全诗结构严谨，节奏明快，写得很有气势。

战城南①

塞北②途辽远，城南③战苦辛。
幡旗④如鸟翼，甲胄⑤似鱼鳞。
冻水⑥寒伤马，悲风⑦愁杀人。
寸心明白日，千里暗黄尘。

——（唐朝）杨　炯

[注释]

①战城南：乐府旧题，多写战场景象、军旅生活等。②塞北：泛指北部边

疆地区。③城南：与塞北相对的说法，泛指北部边疆城堡附近。④幡旗：一种垂直高挂的长条形旗子。⑤甲胄：铠甲和头盔。⑥冻水：寒冷刺骨的水。⑦悲风：寒风。

[诗意]

到塞北的路途是多么遥远，城南的战斗又那样艰辛。战旗猎猎犹如鸟的翅膀，铠甲和头盔在阳光下似鱼的银鳞。冰冷刺骨的水冻伤了战马，凛冽的寒风愁杀了征人。将士们心中充满了阳光，千里边塞飞扬着漫天尘土。

[赏析]

此诗首联概述将士们军旅生活的艰辛，起总领的作用。颔联、颈联正面描叙战争场景，突出表现战场环境的严酷、阵势的浩大及战斗的激烈。尾联上句揭示将士们的内心世界，说明他们明白为什么而战。下句用写景结束全篇。诗作反映了唐军将士无惧艰辛、生死，誓死为国而战的精神和昂扬的战斗意志。诗作格调激越，风格豪放雄健，写出了战争的悲壮残酷。

陈子昂（唐朝）

陈子昂（659—700）：字伯玉，梓州射洪（今四川射洪）人。唐代诗人。24岁中进士，当过右拾遗。后辞官回家，被射洪县县令罗织罪名拘捕，冤死狱中。他是初唐诗歌革新的倡导者，诗歌具有爽朗刚健、格调激越苍凉的风格。《感遇》《登幽州台歌》是其中的代表作品。

感遇三十八首（其二）

兰若①生春夏，芊蔚②何青青。
幽独空林色，朱蕤③冒④紫茎。
迟迟⑤白日晚，袅袅秋风生。
岁华⑥尽摇落，芳意竟何成。

——（唐朝）陈子昂

[注释]

①兰若：兰花和杜若，是两种香草。②芊（qiān）蔚：草木枝叶茂盛。③朱蕤（ruí）：红色的花。蕤，草木的花下垂的样子。④冒：此意为覆盖。⑤迟迟：慢慢，缓慢。⑥岁华：泛指草木。

[诗意]

兰花和杜若都生长于春夏，枝叶繁茂又多么青翠碧绿。独自开在幽深的山林中艳冠群芳，红色的花下垂覆盖住紫色的茎蔓。白昼渐渐变短，微微的秋风渐渐吹起来。花草枯黄衰败凋落殆尽，而兰若的芬芳竟无人欣赏。

[赏析]

此诗前两联用反衬和正面描述相结合的方式，盛赞兰桂的高雅，空绝群芳，暗喻自己的出众才华。后两联明写兰若芳华逝去，无人欣赏，暗喻自己得不到朝廷赏识，心有抱负而难以实现的遭遇。

诗作托物言怀，寄慨遥深，表达了诗人报国无门、壮志难酬的怨愤。

贺知章（唐朝）

贺知章（659—744）：字季真，自号四明狂客。越州永兴（今浙江杭州市萧山区）人。唐代诗人。官至太子宾客兼秘书监。诗风清淡，语言朴实无华。除诗外，他的书法也很有成就，与张若虚、包融、张旭合称"吴中四士"。《咏柳》《回乡偶书二首》是他的代表诗作。

回乡偶书二首①（其二）

离别家乡岁月多，
近来人事半消磨②。
惟有门前镜湖③水，
春风不改旧时波。

——（唐朝）贺知章

[注释]

①回乡偶书：回到家乡随意写下的诗。②消磨：变化很大。③镜湖：今绍兴市境内的一处湖泊，位于会稽山北麓，方圆三百余里，贺知章的故居即在镜湖旁。

[诗意]

我离开家乡已经很多年了，近几年人和事的变化都很大。只有门前的镜湖水，在春风吹拂下的波浪，还是旧时的模样。

[赏析]

贺知章的《回乡偶书》共两首，这是第二首。诗的第一句从感叹离家日久落笔，第二句接着感叹家乡这些年的人事变迁。三、四两句宕开一笔，通过镜湖水的"不改"，反衬上面一句的"人事半消磨"，以强调家乡的人事变化之大，笔法巧妙。诗作诗意婉曲，情感含而不露，颇多回味。

张九龄（唐朝）

张九龄（678—740）：字子寿，韶州曲江（今广东韶关）人。唐代诗人，官至中书令（即宰相）。著名政治家、文学家、诗人，官声甚好，被誉为"一代贤相"。张九龄才思敏捷，文章高雅，诗意超逸。其诗格调清雅，素练质朴，委婉蕴藉。代表诗作有《望月怀远》《感遇》等。

感遇十二首①（其一）

兰②叶春葳蕤③，桂华④秋皎洁⑤。
欣欣⑥此生意⑦，自尔⑧为佳节。
谁知林栖者⑨，闻风坐⑩相悦。
草木有本心⑪，何求美人折。

——（唐朝）张九龄

[注释]

①感遇：古诗题，专用于写心中的感受，借物寓意之诗。②兰：兰草。③葳蕤：草木枝叶茂盛状。④桂华：桂花。⑤皎洁：形容月亮等明亮而洁白。

⑥欣欣：形容茂盛。⑦生意：生机。⑧自尔：从此。⑨林栖者：指山中的隐士。⑩坐：因为。⑪本心：本性、天性。

[诗意]

兰草在春天时枝叶茂盛，桂花在秋天时皎洁清新。兰桂欣欣向荣，生机勃勃，从此春秋成了最好的季节。谁知道山中的隐士，因闻到香味而顿生爱慕。草木吐露芬芳是它们的天性，哪里要求美人来采摘替它们扬才显名。

[赏析]

这首诗借歌咏春兰、秋桂，表达自己洁身自好，不求名利、不求人识的人生信念。前四句正面写兰、桂旺盛的生机和不媚俗、不张扬、不求人知的品性操守，赞赏它们使春、秋成了一年中的佳节良辰。第五句用"谁知"一词，引出"林栖者"的"闻风坐相悦"，然后别有深意地指出草木的芬芳是它们的本性，而并不是为了享取名利，邀人赏识。

送韦城李少府①

送客南昌尉②，离亭③西候④春。
野花看欲尽，林鸟听犹新。
别酒青门⑤路，归轩⑥白马津⑦。
相知无远近，万里尚为邻。

——（唐朝）张九龄

[注释]

①韦城李少府：韦城姓李的少府。韦城，即韦州城。故址在今宁夏吴忠市境内。少府，县尉的别称。②南昌尉：南昌的都尉。③离亭：路边的驿亭。④西候：西边的驿亭。⑤青门：泛指城门。⑥归轩：回来的车子。轩，此指马车。⑦白马津：地名，今河南滑县北。

[诗意]

送别客人南昌县尉，在路旁西边的驿亭里告别时，正值春天。美丽的野花尽收眼底，林中鸟儿的鸣叫声听着还觉得清新。在城门前喝了告别酒，去南昌上任的马车将路过白马津。你我相知相识没有路的远近，即使相隔万里也还像邻居一样近。

[赏析]

这是一首写送别的五言律诗。首联点明送别的时间、地点，交代事件、人物。颔联写送别处的暮春景色。野花"欲尽"意味着春天即将过去，面对残春，耳边听着林间的鸟啼声，平添惜别的感伤。颈联写喝完送别酒，友人启程远行。尾联与王勃的"海内存知己，天涯若比邻"有异曲同工之妙。此诗诗风清新，用乐观积极的情调写送别，颇有新意。

望月怀远①

海上生②明月，天涯共此时。
情人③怨遥夜④，竟夕⑤起相思。
灭烛⑥怜光满，披衣觉露滋⑦。
不堪⑧盈手⑨赠，还寝梦佳期。

——（唐朝）张九龄

[注释]

①望月怀远：望着月亮怀念远方的亲人。②生：升起。③情人：有情人。④遥夜：漫长的夜。⑤竟夕：整夜。⑥灭烛：吹灭蜡烛。⑦露滋：被露水打湿。⑧不堪：不能。⑨盈手：满满一捧。

[诗意]

皎洁的明月从海上慢慢升起来，普天之下都在同一时刻沐浴着月的清辉。有情的人深深怨恨这漫漫的长夜，彻夜难眠默默思念远方的亲人。吹灭蜡烛更觉满屋的月色皎洁，披衣出门感觉露水沾湿了衣裳。不能捧一把月光送给亲人，也许在梦里才能与你相会。

[赏析]

这是一首描写月夜怀念亲人的五言传世之作。首联点题，景中含情，意境阔大，梦幻清雅。颔联中的"遥夜"与"竟夕"呼应，突出思念的深切与无法摆脱。颈联进而写由"怀远"致终夜难眠的情景。尾联想象着把与亲人相会的期望寄之于梦，笔法巧妙。诗作在描绘月夜美景中寄托对亲人的思念，意蕴丰富，情感深婉，回味无穷，为五言唐诗的名作之一。

孟浩然（唐朝）

孟浩然（689—740）：襄州襄阳（今湖北襄阳）人，世称"孟襄阳"。唐代著名诗人。40岁时参加科举考试没考上，终生未入仕。孟浩然与王维并称为"王孟"，是唐代山水田园诗派的代表。他的诗工于发端，诗风清新恬淡，自然质朴，在唐诗中别具一格。代表诗作有《春晓》《过故人庄》《宿建德江》等。

与诸子登岘山①

人事有代谢②，往来③成古今。
江山留胜迹④，我辈复登临。
水落鱼梁⑤浅，天寒梦泽⑥深。
羊公碑尚在，读罢泪沾襟。

——（唐朝）孟浩然

　　　　　　　　　　　　　　　　　　　中学生课外必读

①与诸子登岘山：和诸位友人登岘山。子，古代对人的尊称。岘山，一名岘首山，在今湖北襄阳以南。②代谢：交替变化。③往来：去去来来。④胜迹：指岘山上后人为祭祀西晋名将羊祜所建的庙和碑。⑤鱼梁：即鱼梁洲，在今湖北省襄阳市。⑥梦泽：即云梦泽，传说中古代北方的大湖。

［诗意］

人世间的事情总有交替变化，来来往往的时日形成了古今。江山到处都有名胜古迹，我们如今又有机会再次登临。水位降低了，鱼梁洲成了浅滩；天气寒冷，云梦泽愈发水深。羊公碑至今仍在那里，读罢碑文让人泪湿衣襟。

［赏析］

孟浩然大半生在家乡襄阳隐居，当时的岘山是襄阳的一处名胜，此诗写诗人和朋友登岘山凭吊羊公碑后的感受，是一首怀古伤今的杰作。

首联概述世事变迁、往来成古今的自然规律。颔联承上联的"古""今"二字转入正题，暗含由"复登临"触动的光阴荏苒、壮志难酬的浩瀚心事。颈联写登山。尾联用一个"尚"字再次连起古今，诗人想到自己此时仍是白衣，因而以冬景的萧索衬托心境的悲凉。诗作怀古抒怀，语淡而诗意不淡。

早寒江上有怀①

木落②雁南度③，北风江上寒。
我家襄水曲④，遥隔楚云端⑤。
乡泪客中尽，孤帆天际⑥看。
迷津⑦欲有问，平海夕漫漫⑧。

——（唐朝）孟浩然

［注释］

①早寒江上有怀：怀，感想。②木落：树木的叶子落下来。③雁南度：大雁南飞。④襄水曲：在汉水的转弯处。襄水，指汉水，流经孟浩然的家乡襄阳

（现在属湖北）。曲，曲折转弯处。⑤楚云端：长江中游一带云的尽头。这一带古时属楚国，故称"楚云端"。⑥天际：天边。⑦迷津：迷失道路。⑧平海夕漫漫：形容长江水势很大。

[诗意]

树叶飘落，大雁飞向南方；北风萧瑟，江上分外寒冷。我家住在汉水转弯的地方，远隔着楚天云海的尽头。思乡的眼泪在旅途中流尽，只看到天边的一片孤帆。道路迷失试问出路在何方，茫茫江水在夕阳下荡漾。

[赏析]

孟浩然曾漫游吴越，因离家乡日久思归，所以在诗中表达了对家乡的思念和倦于奔波的愁苦。诗的前两句用比兴手法写秋景。颔联写诗人家乡的地理位置。颈联紧承上联，既写乡思又写江上孤行的寂寞。最后两句以写景作结，表达自己欲归不得的苦闷和不知路在何方的迷惘。从全诗看，诗人的情感是复杂的，既羡隐居又想从政，这种矛盾交织在诗中。

岁暮归南山①

北阙②休上书，南山归敝庐③。
不才④明主⑤弃，多病故人⑥疏。
白发催年老，青阳⑦逼岁除⑧。
永怀愁不寐，松月夜窗虚⑨。

——（唐朝）孟浩然

[注释]

①岁暮归南山：年终回到南山。岁暮，年终。南山，指作者家乡的岘山，岘山在襄阳城南，故称南山。②北阙：皇宫北面的门楼，也可代称朝廷或皇帝。③敝庐：诗人对自己破败家园的称呼。④不才：不成才的，作者自谦。⑤明主：圣明的国君，这里指当时的皇帝。⑥故人：老朋友。⑦青阳：指春天。⑧岁除：即年终之日。⑨虚：空寂。

[诗意]

不要再上书给朝廷，我还是回到南山破败的家园去。自己没有才能被君主弃用，老是生病连老朋友也疏远了。白发多起来催人渐渐老去，春天到来逼得旧岁过去。常常愁绪满怀以致夜不能寐，月光照着松林，窗外的夜一片空寂。

[赏析]

唐开元十六年（728），四十岁的孟浩然到长安赴试落第，很苦闷。他想上书求仕又有些犹豫，此诗就体现了这种矛盾的心情。首联说"休上书"其实是想上书，"归敝庐"其实是不想归敝庐。颈联回述"休上书""归敝庐"的缘由，流露出一种才华不被人识的怨怅之情。颔联在叹息年华易逝的同时又折射出希冀建功立业的心愿。尾联则以景衬情，含蓄有味。整首诗意蕴丰厚、语意委婉含蓄而思想矛盾重重。

王昌龄（唐朝）

王昌龄（约698—约757）：字少伯，京兆长安（今陕西西安）人。唐代诗人。早年家境贫寒，22岁中进士，当过汜水县尉、江宁县丞，晚年被贬龙标县尉。王昌龄擅长写七言绝句，被誉为"七绝圣手"。诗歌多写边塞军旅生活，气势雄浑，格调高昂，意境开阔，在唐代就颇受赞誉，声名远播。代表诗作有《出塞》《从军行》《芙蓉楼送辛渐》等。

从军行①七首（其四）

青海②长云③暗雪山④，
孤城⑤遥望玉门关⑥。
黄沙百战穿⑦金甲⑧，
不破⑨楼兰⑩终不还。

——（唐朝）王昌龄

[注释]

①从军行：乐府旧题。②青海：青海湖。③长云：连绵的云。④雪山：指今甘肃省境内的祁连山。⑤孤城：唐代青海边的一座城池。⑥玉门关：汉置边关名，在今甘肃敦煌西。⑦穿：磨破、磨穿。⑧金甲：泛指铁、铜等金属制成的铠甲。⑨破：攻破、攻克。⑩楼兰：汉时西域的鄯善国，唐时常侵扰唐边境。

[诗意]

青海湖上空连绵的阴云使雪山也显得昏暗。荒漠中的一座孤城与玉门关遥遥相对。将士们身经百战磨破了坚固的铠甲，不攻克楼兰，彻底消灭敌人，他们誓言决不返回家乡。

[赏析]

此诗前两句点出青海湖、雪山、孤城、玉门关四个边塞要地，是对战场环境的概括叙述。诗中的"暗""孤"两字，体现了战争的残酷和将士们边塞生活环境的孤寂、落寞。后两句转为直接抒情。"百战"写出战争的频繁。"穿"字突现了战争的艰苦。最后一句"不破楼兰终不还"，是边塞将士的豪言壮语，掷地有声。诗篇表现了戍边将士以身报国的豪情壮志。诗风雄健浑厚，语言铿锵有力，豪气逼人。

闺 怨①

闺中少妇不知愁②，
春日凝妆③上翠楼④。
忽见陌头⑤杨柳色，
悔教⑥夫婿觅封侯⑦。

——（唐朝）王昌龄

[注释]

①闺怨：闺，通常指少女或少妇。旧时把女子居住的内室称为"闺房"，称未出嫁的女子为"闺女"。古诗中的"闺怨"之作，一般多写少女的青春寂寞或少妇的离别相思之情。②不知愁：又作"不曾愁"。③凝妆：盛妆。④翠楼：绿色草地上的楼阁。⑤陌头：路边。陌，田间的小路。⑥教：让。⑦觅封侯：指为封侯而从军远征。觅，寻求。侯，此指建功立业，加官晋爵。

[诗意]

闺阁中的少妇从来不知道忧愁，春天的日子里精心打扮，独自登上了翠楼。忽然看见路边的杨柳已经新绿，后悔不该让夫君从军，去寻求封侯做官。

[赏析]

王昌龄写有闺怨类的诗多首，这是其中的代表作。第一句说"不知愁"，显然与诗题意思相反。丈夫从军远征，离别经年，理应有愁。作者这样写一是为了表现少妇的天真、单纯、浪漫，二为后面的"悔"作铺垫。第二句写少妇精心打扮，独自上了翠楼，这是少妇"不知愁"的具体表现。第三句急转，写少妇由杨柳的新绿勾起了思夫的情思，这是全诗的诗眼，正因为"忽见"杨柳新绿，才突然想到时光易逝，感觉两情相守才最可贵。诗中没有直写"闺怨"，但闺怨已一览无余。

祖 咏（唐朝）

祖咏（699—746）：洛阳（今河南洛阳）人，唐代诗人。开元十二年（724）中进士，仕途不顺，后归隐。他的诗多写山水和归隐生活，讲究对仗，语言简洁，诗意深厚。代表诗作有《望蓟门》《江南旅情》等。

望蓟门①

燕台②一望客③心惊，笳④鼓喧喧汉将营。
万里寒光生积雪，三边⑤曙色动危旌⑥。
沙场烽火连胡月，海⑦畔云山拥蓟城。
少小虽非投笔吏⑧，论功还欲请长缨⑨。

——（唐朝）祖 咏

[注释]

①蓟门：在今北京西南，为唐代的边防要塞。②燕台：即幽州台。战国时燕昭王所筑，用于招纳天下英才。③客：诗人自指。④笳：此代指军号。⑤三边：指唐代的幽、并、凉三州。⑥危旌：高悬的旗帜。⑦海：指渤海。⑧投笔吏：指东汉班超，曾以为官府抄写为生，后投笔从戎，立功封侯。⑨请长缨：史载西汉终军曾对汉武帝说："愿受长缨，必羁南越王而致之阙下。"缨，绳子。

[诗意]

一登上燕台眺望我就心惊，汉军营里军号声声、战鼓阵阵。茫茫积雪泛着寒光，边塞的曙光中飘动着高悬的旗帜。战场的烽火遮掩了胡地的月色，海边的云山簇拥着蓟门的城池。年少时虽不像班超投笔从戎，为功名我想学终军向君王请缨。

中学生课外必读

[赏析]

此诗写诗人登蓟台所见之景。首句写登台后的感受，次句写汉军营的庄严、严整。三到六句通过雪光、月光、火光渲染战场的气氛与态势，并用一个"拥"字突出蓟城地势的险要，再借两个典故卒章显志，表达自己欲学班超投笔从戎，为国建功立业的愿望。诗作意境开阔，格调高昂，气象雄阔，满溢英雄气概。

王　维（唐朝）

王维（约701—761）：字摩诘，蒲州（今山西永济）人。唐代著名诗人，有"诗佛"之称。开元十九年（731）状元，历任监察御史、尚书右丞等，世称"王右丞"。诗、书、画都很有名，也精通音乐。山水田园诗尤佳，与孟浩然齐名，并称"王孟"。苏轼称赞他"诗中有画，画中有诗"。诗风前期清新开朗、积极向上，晚年日渐消沉，多写闲居生活中的闲情逸致。代表作有《送元二使安西》《使至塞上》《山居秋暝》等。

田园乐七首①（其六）

桃红复含宿雨②，
柳绿更带朝烟③。
花落家童④未扫，
莺啼山客⑤犹眠⑥。

——（唐朝）王　维

[注释]

　　①田园乐七首：这是一组由七首六言绝句组成的组诗，是王维晚年退居辋川别墅后创作的作品。②宿雨：昨天晚上下的雨。③朝（zhāo）烟：清晨的雾气。④家童：家中未成年的仆人。⑤山客：住在山间的人，此指诗人自己。⑥犹眠：还在睡觉。

[诗意]

　　红色的桃花还含着昨夜的雨滴，碧绿的柳枝更带着清晨的烟雾。花朵掉落在地上，家童还没清扫，黄莺在枝头啼叫而山客犹在睡眠。

[赏析]

　　这首诗写王维在终南山辋川别墅隐居时的闲适生活，体现了亲近大自然的乐趣。诗人用捕捉到的"桃红""柳绿""莺啼"这些景物来呈现春天的特征，充满了诗情画意。"宿雨""朝烟""花落""莺啼"则使景物充满了勃勃生气。诗中的"家童未扫""山客犹眠"写出了隐居生活的闲适、惬意。诗作音律调和，语言不事雕琢，意境清幽，表现了诗人宁静、淡泊的心境。

相　思①

红豆②生南国③，
春来发几枝。
愿君④多采撷⑤，
此物最相思。

——（唐朝）王　维

[注释]

　　①相思：互相思念。②红豆：红豆树，产于南方，是一种乔木，果子色泽鲜红，结实浑圆。相传古代有一位女子，丈夫死在边地，她哭于树下，化为红豆。所以红豆也被人们叫作"相思子"。③南国：南方。④愿君：希望你。⑤采撷：采摘。撷，摘取。

［诗意］

闪亮晶莹的红豆生长在南方，春天来了不知长出多少新枝？希望朋友啊你多多采摘一些，这红豆最能够表达思念之情。

［赏析］

这首诗的另一个题目叫《江上赠李龟年》，可见诗中的"相思"之情是指对朋友的思念之情。诗的第一句交代红豆产地，第二句是诗人的发问，诗人希望对方不要忘记自己，但不明言，只是叮嘱友人多采摘红豆，直到最后一句才点题，很自然地把"相思"与"红豆"联系起来，语意双关，有趣又有味。

汉江①临泛

楚塞②三湘③接，荆门④九派⑤诵。

江流天地外，山色有无中。

郡邑⑥浮前浦⑦，波澜动远空。

襄阳⑧好风日，留醉与山翁⑨。

——（唐朝）王　维

［注释］

①汉江：又名汉水，发源于陕西，流经湖北，至汉口入长江。②楚塞：此指汉水流域。这一带战国时为楚国辖地。③三湘：此泛指洞庭湖南北及湘江一带。④荆门：即荆门山。⑤九派：此指江西九江。⑥郡邑：指汉水两岸的众多城镇。⑦浦：水边、河岸。⑧襄阳：位于今湖北省西北部。⑨山翁：指西晋名将山简。

［诗意］

汉江流经楚塞与三湘之水相接，入荆门东流又与九江相通。江水滔滔，犹如流到了天地之外，远方山色隐隐约约似有似无。两岸的郡邑好像在水面上漂浮，泛起的波澜震动了远方的天空。襄阳的确好风光，我愿留在此地陪山翁日日酣饮。

[赏析]

    这是一首著名的风景诗，描绘了汉江的水势和两岸壮丽的景色。首联写湘江流域众水相接，水脉相通。次联以两岸隐约的山色衬托汉江江水的浩渺无际。第三联由远及近，进一步渲染江水的磅礴气势。尾联直抒胸臆。全诗表达了对襄阳山水的由衷热爱。诗作融情于景，画面壮阔，给人一种身临其境之感。

终南别业①

中岁②颇好道③，晚家④南山陲⑤。

兴来每独往，胜事⑥空自知。

行到水穷处⑦，坐看云起时。

偶然值⑧林叟⑨，谈笑无还期⑩。

—— （唐朝）王 维

[注释]

    ①终南别业：王维在终南山上的别墅。终南，即终南山，是秦岭的主峰之一。②中岁：中年。③好道：喜好参悟佛理。好，喜欢、喜爱。道，这里指佛道。④晚家：晚年安家。家，安家，名词作动词。⑤南山陲：指王维终南山别墅的所在地。陲，边缘、旁边。⑥胜事：美好的事。⑦水穷处：水的尽头。⑧值：遇到。⑨叟：老翁。⑩无还期：没有回还的准确时间。

[诗意]

    我中年以后十分喜欢佛道，晚年就安家在这南山边上。兴致来了每次都独自出游，这种美好的事情只有自己知道。随意而行，不觉走到流水尽头，无路可走就坐下看云朵飘飞。要是偶然遇见山间的老者，开开心心地谈笑忘了回家的时间。

[赏析]

    这首五言律诗，是王维的晚年之作。诗中没有具体描绘山川景物，而是着重通过描述典型环境中的典型事例，表现自己的闲适心境和隐居生活的乐趣。诗的一、二两句交代安居终南别业的缘由，后面六句写在终南别业的日常生活。

诗人在诗中的形象如同一位不食人间烟火的世外高人，清闲、超脱。全诗语言明白如话，诗味、理趣兼备。

观　猎①

风劲②角弓③鸣，将军猎渭城④。
草枯鹰眼疾⑤，雪尽马蹄轻。
忽过新丰市⑥，还归细柳营⑦。
回看射雕处，千里暮云平⑧。

——（唐朝）王　维

[注释]

①观猎：观看狩猎。②劲：强劲。③角弓：用动物的角装饰的弓。④猎渭城：在渭城狩猎。渭城，秦时称咸阳，汉时改称渭城，在今西安市北。⑤鹰眼疾：猎鹰的目光敏锐。⑥新丰市：故址在今陕西省西安市临潼区东北。⑦细柳营：汉代名将周亚夫屯军之地。细柳，地名，在今陕西省西安市。⑧暮云平：傍晚的云层与地平线连在一起。

[诗意]

朔风强劲，风声和角弓射箭的声音齐鸣，将军在渭城狩猎。枯萎的野草，遮不住猎鹰锐利的目光，积雪融化了，马蹄飞快，更加轻捷。忽然间，猎骑已过新丰市，驻马时，已经回到细柳营。回头看射落大雕的地方，千里暮云低垂与地平线相接。

[赏析]

此诗写一位将军狩猎的情景。首句即从狩猎高潮写起，弓鸣弦响，箭已射出，再用倒装句交代这是将军在狩猎。三、四两句表现将军狩猎时姿态的英武和动作的敏捷。五、六两句写狩猎后归营时的情景，突出将军骑马的迅捷。末尾两句与首句呼应，从而使全诗结构严谨，一气呵成。诗作文笔遒劲有力，人物形象鲜明生动。

李　白（唐朝）

李白（701—762）：字太白，号青莲居士。自称祖籍陇西成纪（今甘肃静宁县西南）。幼时随父迁居绵州昌隆（今四川省江油市）青莲乡。少年时即显露才华，并好行侠。25岁起离川，长期在各地漫游，对社会生活多有体验。为人豪爽大方，爱饮酒交友。曾入朝为翰林供奉。其诗雄奇豪放，想象力丰富，具有强烈的主观感情色彩和独特的艺术风格，被后人誉为"诗仙"，与杜甫并称"李杜"。代表诗作有《静夜思》《早发白帝城》《望庐山瀑布》《将进酒》《蜀道难》等。

长干行①二首（其一）（节选）

妾②发初覆额，折花门前剧③。
郎骑竹马来，绕床④弄青梅⑤。
同居长干里⑥，两小无嫌猜。

——（唐朝）李　白

[注释]

①长干行：乐府旧题。②妾：古代女子对丈夫的自谦称呼。③剧：游戏。④床：古人用于坐卧的器具，也指水井的围栏。⑤青梅：尚未成熟的梅子。⑥长干里：地名，在今南京市秦淮河之南。

[诗意]

当我的头发刚刚盖过前额的时候，便和你一起折来花枝在家门口嬉戏。你骑着竹马过来，我们绕着井栏做互掷青梅的游戏。我们都住在长干里，两人从小就没什么猜忌。

[赏析]

李白的《长干行》是一组组诗作品，共两首。这是第一首，原诗三十句，诗作采用商妇自述的方式，写她的生活与情感。节选的是此诗前六句，通过对儿时与现在的夫君一起"玩折花""骑竹马""弄青梅"三个场景的回忆，反映了两人两小无猜的亲密和天真烂漫的童趣。诗作人物形象鲜明，情节生动，描写细腻，给人一种甜美的回味。

子夜吴歌①·秋歌

长安一片月，万户捣衣声②。
秋风吹不尽，总是玉关③情。
何日平胡虏④，良人⑤罢⑥远征。

——（唐朝）李 白

[注释]

①子夜吴歌：相传为名叫子夜的女子所作，女子是春秋时的吴地人，所以叫《子夜吴歌》。②捣衣声：捣衣的声音。捣衣，指把衣料反复捶击，使之绵软以便裁缝制衣。③玉关：即玉门关。④平胡虏：平定胡虏的侵扰。胡虏，此指匈奴，泛指侵扰边境的敌人。⑤良人：古时女子对丈夫的称呼。⑥罢：结束。

[诗意]

长安城内一片皎洁的月光，千家万户响着捣衣的声响，赶着为远方的亲人做御寒的冬衣。阵阵秋风吹不尽捣衣声，每一声都是对征人的思念之情。何时能平定匈奴，让丈夫回家不再远征呢？

[赏析]

此诗写一位女子秋夜思念远在边塞戍边的丈夫。诗作开头写景，同时用"长安""月""秋风"点明地点、时间与节令。"万户捣衣声"说明远征之人多。"总是"一词显出女子和良人之间感情的深厚。最后两句表达了普通百姓对和平的渴望，也深化了这首诗的社会意义。诗作情景交融，表达直白，有浓厚的民歌风味，但意蕴无穷。

月下独酌①四首（其一）

花间②一壶酒，独酌无相亲③。
举杯邀明月，对影④成三人⑤。
月既不解饮⑥，影徒⑦随我身。
暂伴月将影⑧，行乐须及春⑨。
我歌月徘徊，我舞影零乱。
醒时同交欢，醉后各分散。
永结无情游⑩，相期邀云汉⑪。

——（唐朝）李 白

[注释]

①月下独酌：在月下独自饮酒。酌，斟酒，饮酒。李白的《月下独酌》是一组组诗，共四首，这是第一首。②花间：或作花下、花前。③无相亲：没有亲近的人。④对影：对着身影。⑤成三人：指月、"我"和"我"的影子。⑥不解饮：不懂饮酒的乐趣。不解，不懂。⑦徒：徒劳、白白、空。⑧月将影：月亮和身影。将，和。⑨及春：趁着美好的春光。⑩无情游：月、影没有知觉，不懂感情，李白与之结交，故称"无情游"。⑪相期邀云汉：约定在天上相会。相期，相约。邈，高远。云汉，天河，泛指天空。

[诗意]

我在花前摆下一壶酒，独自喝着没朋友相伴。举起酒杯我邀请明月，对着身影就成了三人。月儿不知饮酒的乐趣，影儿白白跟着我的身。我暂且与月和影相伴，喝酒行乐趁春宵美景。我歌唱，月亮在天上徘徊。我起舞，影随我纷乱地动。清醒时，我们在一起欢乐，喝醉后，就各自飘然离散。愿结成忘情的好朋友，他日相约欢聚在云汉。

[赏析]

李白写此诗约在天宝三年（744），当时因受人诋毁，已被唐玄宗疏远，内心十分苦闷，本诗反映了他当时的心态和情绪。全诗十四句，前四句写诗人月下独酌，无人亲近，无人共语。接下来四句，由月、影的不解人意，触发诗人"行乐须及春"的感慨，在体现诗人豁达、浪漫情怀的同时，也透露出了诗人内心深处的无奈与凄凉。最后六句写诗人意欲与月与影永结无情之游，并相约日后在邈远的天上重聚的情景。

此诗想象丰富，构思新颖，反映了诗人怀才不遇的孤单与寂寞，也体现出诗人旷达乐观、浪漫豪放又狂荡不羁的个性。

清平调①（其一）

云想衣裳花想容②，
春风拂槛③露华④浓。
若非⑤群玉山⑥头见，
会向瑶台⑦月下逢。

——（唐朝）李 白

[注释]

①清平调：乐府曲调名，为李白所创。李白以这种清平调为曲调名的诗共有三首，这是其中的第一首。②容：容貌、容颜。③槛：栏杆。④露华：带露水的花。华，花。⑤若非：如果不是。⑥群玉山：神话传说中西王母住的地方。⑦瑶台：原指西王母所居之宫，这里泛指仙宫。

[诗意]

见到云就想起她的衣裳，见到花就想起她的容颜，风儿轻轻拂过栏杆，露珠润泽花色更浓。如果不是在群玉山头见过她，就该在瑶台的月光下相逢过。

[赏析]

此诗作于李白在京都长安任翰林供奉期间。一天，唐玄宗和杨玉环在宫中观赏牡丹，唐玄宗让李白作诗助兴，李白奉诏写了此诗。诗人在诗中虚写云，虚写牡丹花，实则以云和牡丹花的圣洁与美艳，比喻、衬托和渲染杨玉环的美貌，并在最后两句中不露痕迹地把杨玉环说成是天上下凡的仙女。

诗作亦真亦幻，似写花又似写人，浑然一体，多种艺术手法挥洒自如，得心应手，意境优美，诗意含蓄唯美，据说当时就深得唐玄宗和杨贵妃的喜欢。

金陵酒肆①留别②

风吹柳花满店香，吴姬③压酒④唤客尝。
金陵子弟⑤来相送，欲行不行⑥各尽觞⑦。
请君试问东流水，别意与之谁短长？

——（唐朝）李 白

[注释]

①金陵酒肆：南京的酒店。②留别：临别留诗。③吴姬：吴地的年轻女子，此指酒肆侍女。④压酒：挤压酒糟，沥出米酒以供饮用。⑤子弟：此指李白的青年朋友。⑥欲行不行：将要走的和不走的。欲行者指李白，不行者指为李白送行的朋友。⑦觞：酒杯，这里指杯中的酒。

[诗意]

风吹柳花香满酒店，吴姬沥出美酒请客人品尝。金陵的青年朋友赶来送行，将要走的和不走的，大家都请畅饮。请你问问东流的江水，临别的情意与之相比谁短谁长？

[赏析]

此诗作于李白将离开金陵，东游扬州之际。首两句交代与友人饯别的时节与环境，突出温馨的情调。三、四两句写饯别场面，其中的"尽"字用得传神，把主客饮酒的豪爽表现得淋漓尽致。五、六两句拿江水与"别意"比较，一实一虚，新鲜有趣，笔法含蓄。

诗作表现了李白与友人间的深厚情谊，言浅情足，节奏明快，风格热情奔放，在送别诗中别有特色。

赠孟浩然

吾爱孟夫子①，风流②天下闻。
红颜③弃轩冕④，白首⑤卧松云⑥。
醉月⑦频中圣⑧，迷花不事君⑨。
高山⑩安可仰，徒此揖⑪清芬⑫。

——（唐朝）李　白

[注释]

①孟夫子：即孟浩然。夫子，古时对有学问男子的尊称。②风流：此指有才学，不拘礼法等。③红颜：代指孟浩然的少壮时期。④轩冕：指代官职。轩、冕，古代官员乘的车子、戴的帽子。⑤白首：白头，代指孟浩然的老年时期。⑥卧松云：指隐居。⑦醉月：月下醉饮。⑧中（zhōng）圣：喝醉的意思。⑨事君：侍奉君王。⑩高山：形容孟浩然的人品高尚。⑪揖：作揖。⑫清芬：喻高尚的道德情操。

[诗意]

我喜欢你这位孟夫子，风流倜傥，闻名天下。年轻时你鄙弃功名，年老了与松云为伴，隐居山林。月下畅饮，常常一醉方休，堪为圣人。迷恋山间的花花草草却不愿去侍奉君王。你的人品犹如高山让人仰望，我只能在此作揖，向你崇高的人品致敬。

[赏析]

此诗首联开门见山，直抒对孟浩然的喜爱之情，并夸赞其名闻天下。中间两联举孟浩然鄙弃功名、年老归隐山林等事例，表现孟浩然的风流和脱俗的清高品行。尾联直接抒情，表达对孟浩然的仰慕。

全诗用抒情、描写、抒情的方式组织全篇，结构严谨，用典恰当，情感真诚，行文流畅。

上李邕①

大鹏②一日同风起，扶摇③直上九万里。
假令④风歇时下来，犹能簸却沧溟⑤水。
世人见我恒⑥殊调⑦，闻余⑧大言⑨皆冷笑。
宣父⑩犹能畏后生，丈夫⑪未可轻⑫年少。

——（唐朝）李 白

[注释]

①上李邕：上，呈上。李邕（678—747），字泰和，广陵江都（今属江苏）人。唐代书法家、文学家。②鹏：古代传说中最大的鸟。③扶摇：盘旋而上，腾飞。④假令：假使。⑤沧溟：大海。⑥恒：常常。⑦殊调：不同于一般的言行。⑧余：我。⑨大言：大话。⑩宣父：即孔子。⑪丈夫：古代成年男子的统称。⑫轻：轻视。

[诗意]

大鹏一旦随风飞起，盘旋直上九万里高空。假使风歇时停下来，还能簸干大海的水。世上的人见我不同于一般的言行，听到我的豪言壮语都冷笑。孔圣人还说后生可畏，大丈夫可不能轻视年轻人。

[赏析]

李白年轻时曾在渝州（今重庆）见过当时任渝州刺史的李邕。李邕为人自负，当时见李白不循礼俗，高谈阔论，十分不屑。李白亦觉不快，于是写此诗回敬李邕。前四句李白自比大鹏，直抒自己的豪情壮志。后四句借世人的行为和孔子的话揶揄李邕。

诗作表现了年轻李白不一般的胆识和不畏权贵、流俗的精神。全诗想象丰富，气概非凡，充满了傲世的自信。

登金陵凤凰台①

凤凰台上凤凰游，凤去台空江②自流。
吴宫③花草埋幽径，晋代衣冠④成古丘⑤。
三山⑥半落青天外，二水⑦中分白鹭洲⑧。
总为浮云能蔽日⑨，长安⑩不见使人愁。

——（唐朝）李 白

[注释]

①凤凰台：在今南京凤台山。②江：长江。③吴宫：三国时东吴曾在金陵
建都。④衣冠：借指名门世族。⑤古丘：古坟、古墓。⑥三山：南京西南的三
座山峰。⑦二水：秦淮河流经南京，被白鹭洲分为两支水。⑧白鹭洲：古代长
江中的沙洲。⑨浮云能蔽日：指帝王被奸邪之臣蒙蔽。⑩长安：唐代京都，此
指皇帝和朝廷。

[诗意]

凤凰台上曾有凤凰来游，如今凤凰飞走了，凤凰台空了，只有长江依旧东
流。当年吴宫的花草早把小路遮埋，晋代的豪门世族也成了古墓荒丘。三山隐
隐约约像在青天之外，一条江水被白鹭洲分为两支水。总是有佞臣当道蒙蔽朝
廷，看不到长安让人烦恼忧愁。

[赏析]

此诗首联写凤凰台的传说，连用三个"凤"字，音韵和谐，节奏明快。次
联写古都的历史遗迹，感叹岁月悠悠，昔日的繁华、风流都成了历史。颈联写
远望之景。"三山半落"与"二水中分"，对仗工整自然，寄寓着人事沧桑、自
然永恒的感慨。尾联由怀古而伤时，抒发了诗人报国无门的愁思与烦忧。全诗
观古见今，境界阔大，意旨深远。

塞下曲六首（其一）

五月天山①雪，无花只有寒。

笛中闻折柳②，春色未曾看。

晓战随金鼓③，宵眠抱玉鞍④。

愿将腰下剑，直为斩楼兰⑤。

—（唐朝）李 白

[注释]

①天山：山名，即祁连山。因冬夏有雪，故又名雪山或白山，位于今新疆哈密市吐鲁番以北。②折柳：即《折杨柳》，笛曲名。③金鼓：古代军中用以发号施令的一种打击乐器，名为"金钲"。④玉鞍：马鞍的美称。⑤楼兰：楼兰是我国古代西域的一个国家。《汉书》中载，楼兰王贪财，多次杀害汉朝使节，后汉使傅介子用计斩杀楼兰王，为国立了功。诗中借指唐朝西北的敌人。

[诗意]

五月的天山依旧白雪皑皑，不见鲜花唯有严寒。只能从笛曲中听到《折杨柳》，未曾见明艳的春色。天明随金鼓声上马征战，夜晚抱着马鞍入眠。我只盼用腰下的宝剑，径直去斩杀侵扰边塞的敌人。

[赏析]

此诗着重写边塞环境的恶劣，将士戍边生活的艰辛、紧张以及他们决心杀敌报国的赤胆忠心。诗首联、颔联用五月雪，五月无花、无柳、不见春色，表现边塞的荒凉及气候的恶劣。颈联写戍边将士生活的紧张。最后一联揭示全诗主旨，表达将士们甘愿为国戍边、为国杀敌的坚强决心。诗作全篇语气坚定，气势豪迈，壮志凌云，不拘格律，情感苍凉雄壮。

关山月①

明月出天山②，苍茫云海间。
长风几万里，吹度玉门关③。
汉下④白登⑤道，胡⑥窥⑦青海湾⑧。
由来⑨征战地，不见有人还。
戍客⑩望边色⑪，思归多苦颜。
高楼⑫当此夜，叹息未应闲⑬。

——（唐朝）李 白

[注释]

①关山月：乐府旧题，多抒离别衷伤之情。②天山：山名，即祁连山。东西走向，绵延数千里，在今青海、新疆境内。③玉门关：古代通向西域的交通要道，故址在今甘肃敦煌西北。④下：出兵。⑤白登：即白登山，在今山西大同东北，汉刘邦曾率兵征讨匈奴，被匈奴在白登山围困七天。⑥胡：我国古代泛称北方和西方的民族。此指当时的匈奴。⑦窥：有企图地看。⑧青海湾：指青海湖一带。青海，青海湖，因水呈青色而得名。⑨由来：从来。⑩戍客：指戍边的兵士。⑪边色：边关的景色。⑫高楼：古诗中常指闺阁，此指戍边兵士的妻子。⑬未应闲：此指接连不断、不停息的意思。

[诗意]

明月从天山上慢慢升起来，在苍茫的云海间穿行。浩浩荡荡的风掠过几千里，一直吹度到遥远的边塞玉门关。当年汉高祖曾被围困在这白登山上，而今匈奴仍一直觊觎青海湾。这里从来就是兵家征战的要地，有多少将士在此征战却不见有人生还。在此戍边的将士望着这边塞凄凉的景色，思念着亲人，盼望着归去，个个愁眉苦脸。遥想家里的妻子在这明月之夜，一定也是连连叹息，思念亲人，夜不能寐。

[赏析]

这首五言古诗的前四句，聚焦明月、云海、长风、关隘，描绘了无比辽阔、壮丽的边塞风光，气象万千。中间四句回顾史事，写边境不宁，战争不断。一句"不见有人还"尖锐地揭示了战争的残酷和给百姓造成的深重灾难。诗的最后四句写征人怀乡，写由怀乡推想妻子在这月明之夜也长叹难眠。这四句说的虽是寻常之事，但和开头四句壮阔的背景联系在一起，就有了不同寻常的深广意蕴，让人浮想联翩。全诗结构谨严，大气磅礴，意境深远，情感深沉又雄浑悲壮。

南陵别儿童入京^①

白酒^②新熟^③山中归，黄鸡啄黍秋正肥。

呼童烹鸡酌白酒，儿女嬉笑牵人衣。

高歌取醉欲自慰，起舞落日争光辉。

游说^④万乘^⑤苦不早^⑥，着鞭^⑦跨马涉远道。

会稽愚妇轻买臣^⑧，余^⑨亦辞家西入秦^⑩。

仰天大笑出门去，我辈岂是蓬蒿人^⑪。

———（唐朝）李 白

[注释]

①南陵别儿童入京：在南陵与儿女告别去京城。南陵，地名，一说指山东曲阜南的陵城村，一说指安徽的南陵县。儿童，儿女。京，京城，指唐代都城长安。②白酒：酒的一种。古代分白酒、清酒两种。③新熟：新酒刚刚酿好。④游说（shuì）：战国时的政客，奔走各国，凭着口才劝说君王采纳他的主张称"游说"。⑤万乘（shèng）：君王。周朝时的制度，天子车万乘，后来用万乘指代君王。⑥苦不早：意思是苦于不能早些见到君王。⑦着（zhuó）鞭：举鞭。鞭，马鞭。⑧会稽愚妇轻买臣：此句用的是朱买臣的典故。会稽，此指会稽郡，西汉时亦称吴郡（今江苏省苏州市境内）。朱买臣，会稽郡人，原来家贫，但好读书。其妻嫌其穷离去。后买臣为会稽太守，路遇其妻与她丈夫，载其夫妻到太守舍，居一日，妻自尽死。⑨余：我，指李白。⑩秦：指唐都长安。⑪蓬蒿人：草野之人，没当官的人。蓬蒿，借指草野民间。

　　白酒刚刚酿好时我从山中回来，黄鸡吃着黍米秋天长得正肥。唤童仆炖鸡酌上白酒，儿女们嬉笑着牵着我的衣角。放声高歌以求一醉自我宽慰，欣然起舞与落日一争光辉。游说君王苦于时日不早，扬鞭跨马踏上了远行之道。昔日会稽的愚妇看不起贫穷的朱买臣，如今我也辞别家室西去长安。仰天大笑走出门去，我这种人怎么会长期是山野之人？

　　李白有济世安邦之志，有意于仕途，但一直没有实现的机会。天宝元年（742），四十二岁的李白接到唐玄宗召他入京的诏书，异常欣喜，于是立刻回南陵家中与家人告别，并写下了这首激情澎湃的诗作。开头两句点出诗人回家正值秋熟季节，"白酒新酿""黄鸡正肥"，家里的这种喜庆和热烈，更衬托出诗人兴奋的情绪。接下来四句分别描绘了烹鸡酌酒、儿女嬉闹、诗人高歌、起舞四个场景，进一步把诗人乃至全家人的喜悦之情渲染得淋漓尽致。接下去第七句到第十句，转写诗人内心的所思所感。最后用"仰天大笑出门去，我辈岂是蓬蒿人"两句，把情感的波澜推向高潮，亦把诗人自负得意、踌躇满志的神志表现得惟妙惟肖，入木三分。

忆秦娥[①]·箫声咽

箫声咽，秦娥梦断[②]秦楼[③]月。

秦楼月，年年柳色，灞陵[④]伤别。

乐游原[⑤]上清秋节[⑥]，咸阳古道[⑦]音尘绝。

音尘绝，西风残照[⑧]，汉家陵阙[⑨]。

——（唐朝）李　白

　　①忆秦娥：词牌名。②秦娥梦断：秦娥的梦被打断，即梦醒。秦娥，春秋时秦穆公女儿，名叫弄玉。③秦楼：秦穆公为弄玉建的楼阁，后用来泛指歌舞

妓院之类的场所。④灞陵：汉文帝之陵墓，在今陕西西安市东。⑤乐游原：汉宣帝乐游苑旧址，位于当时的长安东南郊。⑥清秋节：即重阳节。⑦咸阳古道：咸阳，秦国都城（今陕西省咸阳市）。唐人在诗词中常用咸阳指代长安，这里的"古道"指当时的长安大道。⑧残照：落日余晖。⑨汉家陵阙：汉朝皇帝的陵墓和宫殿。

[词意]

  箫声呜咽悲凉，秦娥从梦中惊醒，窗外挂着一轮明月。秦楼的月，楼下每年青青的柳色，情人们在灞陵桥上伤心道别。今日乐游原上的清秋节，咸阳古道上传递的音信早已断绝，只有西风中的夕阳余晖，还照着汉时留下的陵墓与宫殿。

[赏析]

  此词上阕由呜咽的箫声惊梦，勾起词中主人公的灞陵伤别之忆落笔，情景交融，凄冷感人。下阕由个体的离愁别恨放眼历史与社会的变迁，为昔日行人络绎不绝的咸阳古道，眼前只剩下残破、荒凉的汉家陵阙而感叹。词人用一个"绝"字告诉人们，当年的兴盛、繁华都已远去，一切皆成了历史。词作伤今怀古，记叙、议论、描写、抒情等表现手法综合运用，表达了作者的历史兴衰之感。情感苍凉悲切，词意深婉感人。

经乱离后天恩流夜郎，忆旧游，书怀赠江夏韦太守良宰（节选）

览君①荆山②作，江鲍③堪动色。
清水出芙蓉④，天然去雕饰。
逸兴⑤横素襟⑥，无时不招寻。
朱门拥虎士⑦，列戟何森森⑧。

——（唐朝）李 白

［注释］

①君：此指江夏郡太守韦良宰。江夏，今湖北武汉。②荆山：山名，在今湖北武当山东南处。③江鲍：指六朝诗人江淹、鲍照。④芙蓉：荷花的别称。⑤逸兴：超脱豪放的意思。⑥素襟：平素的胸襟。⑦虎士：勇猛的卫士。⑧森森：威严的样子。

［诗意］

浏览你在荆山写的大作，江淹、鲍照也定会喜形于色。你的作品犹如出水的芙蓉，清新自然，不假雕饰。你平素的胸襟豪放、豁达，我无时不想到你的真情约请。你的府上红漆大门站着勇猛的卫士，一排排兵戟威武森严。

［赏析］

这是一首自传体的长诗，是李白流放夜郎途经江夏，受故友江夏太守良宰的款待，临别时写赠给他的。全诗主要陈述自身的境遇和乱世中无端遭流放的忧愤。节选的这八句主要称赞故友作品的杰出、胸襟的豁达和主政的威严，特别是"清水出芙蓉，天然去雕饰"两句，更是成了后人形容作品特色的经典名句，广受人们的赞赏与推崇。

与史郎中钦①听黄鹤楼②上吹笛

一为迁客③去长沙，
西望长安不见家。
黄鹤楼中吹玉笛，
江城④五月落梅花⑤。

——（唐朝）李　白

［注释］

①史郎中钦：史钦，人名，事迹不详。郎中，官名。②黄鹤楼：在今湖北武昌。③迁客：被贬流放之人。此借用西汉贾谊被贬长沙事自喻。④江城：指湖北武昌，即当时的江夏。⑤落梅花：即《梅花落》，古代曲名。

[诗意]

[诗意]

我成为贾谊一样的贬客，被流放长沙，向西遥望长安，看不到我的家。从黄鹤楼上传来《梅花落》的阵阵笛声，好像五月的江城落满了梅花，让人备感凄凉。

[赏析]

此诗写李白流放夜郎途中，由听到黄鹤楼上的笛声所引发的感想与思绪。首句用西汉贾谊遭权臣谗毁被贬长沙一事，喻自己被流放夜郎的遭遇。次句用"西望长安"，表现对朝廷的留恋；用"不见家"，表现自己的怀乡之情。三、四两句把笛声的曲调和并不存在的飘落的梅花连在一起，十分巧妙地将听觉形象转化为视觉形象，从而更好地衬托出内心的凄凉和愁苦。诗作情景相生，含而不露地表现了诗人的迁谪之愁和去家之苦。

宣州谢朓楼饯别校书叔云①

弃我去者，昨日之日不可留。

乱我心者，今日之日多烦忧。

长风②万里送秋雁，对此③可以酣高楼④。

蓬莱文章⑤建安骨⑥，中间小谢⑦又清发⑧。

俱怀逸兴⑨壮思⑩飞，欲上青天览⑪明月。

抽刀断水水更流，举杯消愁愁更愁。

人生在世不称意⑫，明朝散发⑬弄扁舟⑭。

——（唐朝）李 白

[注释]

①宣州谢朓楼饯别校书叔云：在宣州谢朓楼饯别秘书省校书即族叔李云。宣州，今安徽宣城。谢朓楼，又名北楼或谢公楼。校（jiào）书，官名。叔云，李白的叔叔李云。②长风：大风，远风。③此：指上句长风秋雁的景色。④酣（hān）高楼：在高楼上畅饮。⑤蓬莱文章：指东汉时朝廷的藏书之处。因收

藏的都为珍贵典籍，故以海中神山蓬莱称之。这里借指李云的文章。蓬莱，传说中的海上神山。⑥建安骨：指建安时期以曹操父子和"建安七子"的诗文创作风格为代表的文学风格。⑦小谢：指南朝齐诗人谢朓。这里李白用以自喻。⑧清发：清新秀丽。⑨逸兴：飘逸豪放的兴致。⑩壮思：雄心壮志。⑪览：通"揽"，摘取。⑫称意：称心如意。⑬散发：这里是形容狂放不羁。⑭弄扁舟：指乘小舟归隐江湖。扁舟，小舟、小船。

[诗意]

弃我而去的昨天已不可挽留，扰乱我心绪的今天使我极为烦忧。万里长风送走一群群秋雁。面对此景，正可以登高楼开怀畅饮。您的文章颇有建安风骨，我的诗赋也像谢朓那样清新灵秀。我们都怀有飘逸的兴致，豪迈的壮志，想上青天摘取明月。抽刀断水水却更欢快地流，借酒消愁反而愁上加愁。人生在世不能称心如意，还不如明天散发高歌，归隐江湖。

[赏析]

天宝十二年（753）秋，李白游历宣州，适逢其族叔李云将要离开此地，于是为其设酒钱行，并趁着酒兴写下此诗。诗开头直接宣泄心中的抑郁，抒发壮志难酬的痛苦。接着突然跳转，放眼万里长空，一展酣饮高楼的豪情。然后顺着酣饮的情绪，赞美主客双方的文章，透露出对自己才华的自信，并用"欲上青天览明月"一句，展示双方的雄心壮志，先前的各种"烦忧"到此似都已烟消云散，然而接下来的四句，情绪上又一落千丈。诗人用"抽刀断水""举杯消愁"说明内心的苦闷无法排解，自己要散发归隐，浪迹江湖。

整首诗大起大落，大开大合，反映了诗人内心理想与现实的矛盾，在悲愤中又贯穿着一种慷慨豪迈的激情，也体现了诗人狂放不羁的个性。

杜 甫（唐朝）

杜甫（712—770）：字子美，自号少陵野老，祖籍襄阳（今属湖北省襄阳市）。曾祖父时迁居巩县（今河南省巩义市西南）。唐代伟大的现实主义诗人，被誉为"诗圣"，与李白齐名，并称"李杜"。曾任左拾遗、检校工部员外郎，世称"杜工部"，但任职时间都很短，大半生穷困潦倒，颠沛流离，尝尽艰辛。他的诗作反映了唐代由盛转衰的历史面貌，其诗被称为"诗史"。诗风具有沉郁顿挫的特点，内容多反映百姓疾苦。代表诗作有《登岳阳楼》《春望》《茅屋为秋风所破歌》等。

寄李十二白二十韵①（节选）

昔年②有狂客③，号尔④谪仙人⑤。
笔落惊风雨，诗成泣鬼神⑥。
声名从此大，汩没⑦一朝伸。
文彩承殊渥⑧，流传必绝伦⑨。
龙舟移棹晚⑩，兽锦夺袍新⑪。
白日来深殿，青云⑫满后尘。

——（唐朝）杜 甫

[注释]

①寄李十二白二十韵：寄给李家兄弟中排行十二的李白二十个韵句。李十二白，即李白。李白在同辈中排行十二，故言"李十二白"。二十韵，该诗共有四十句，每两句押一韵，刚好二十韵。②昔年：往年，从前。③狂客：指贺

知章，唐代诗人。晚年自号四明狂客。④号尔：称你。指李白。⑤谪仙人：被贬谪的仙人。李白为入仕，曾投诗给贺知章，希望得到他的赏识和推荐，贺知章看后称李白"真谪仙也"。⑥诗成泣鬼神：据说贺知章读了李白的《乌栖曲》一诗，赞叹说"此诗可以泣鬼神"，其意是说可以让鬼神为之感动到哭泣。⑦汩（gǔ）没：埋没。⑧承殊渥（wò）：承受到特别的恩宠。渥，厚、重。指李白的才华受到唐玄宗的赏识，被授为供奉翰林一事。⑨绝伦：独一无二，没有可以相比的。⑩龙舟移棹晚：指唐玄宗曾让李白陪侍泛舟。移棹晚，划船到很晚才回宫。棹（zhào），划船的一种工具。⑪兽锦夺袍新：这里是借用唐武后游龙门，命群臣赋诗，先成者赐以锦袍的典故。意为李白在皇帝面前赛诗夺魁。⑫青云：比喻做官。

[诗意]

往年有位自号四明狂客的人，称你为被贬谪的仙人。称赞你写诗落笔，风雨为之惊叹，写成的诗，鬼神为之感动哭泣。你的声名从此远扬，被埋没的才华得到施展。你的文采受到特殊厚爱，诗篇必将万古流传，无与伦比。你陪君王慢慢泛舟，赛诗夺魁受君王赏赐。白天出入皇宫，但正平步青云时却遭受挫折。

[赏析]

此诗是杜甫在得到李白流放夜郎被赦的消息后写就并寄赠李白的，全诗四十句，节选的是前十二句，主要追述李白成名的经历及对他才华、诗作的评价。开头六句叙述李白的成名经过，首先借大诗人贺知章对李白的评价，赞颂李白的为人和诗作的艺术成就。"笔落惊风雨，诗成泣鬼神"两句，写出了杜甫对李白诗歌艺术的推崇和敬佩。七至十句，写李白成名后入朝为官，受皇帝赏识的经历。诗人用"龙舟移棹晚"和"兽锦夺袍新"两件事表现皇帝的恩宠和李白当时的风光。最后两句写李白从受皇帝信任，到被赐金放还，人生从此转入低谷。节选部分，勾勒出了一个才华横溢、飘逸豪放的诗人形象。诗句有叙有议，高度概括而又生动贴切。

石壕吏①

　　暮投②石壕村，有吏夜捉人。老翁逾③墙走，老妇出门看。吏呼一何④怒，妇啼一何苦。

　　听妇前致词⑤：三男邺城戍⑥。一男附书至⑦，二男新⑧战死。存者且偷生⑨，死者长已矣⑩。室中更无人⑪，惟有乳下孙⑫。有孙母未去⑬，出入无完裙⑭。老妪⑮力虽衰，请从吏夜归⑯。急应河阳役⑰，犹得⑱备晨炊。

　　夜久语声绝⑲，如闻泣幽咽⑳。天明登前途，独与老翁别。

——（唐朝）杜　甫

[注释]

　　①石壕吏：石壕村的差役。石壕，唐时的村名，在今河南省三门峡东南。吏，小官，这里指差役。②投：投宿。③逾：翻越。④一何：何等，多么。⑤前致词：走上前去（对差役）说话。⑥三男邺城戍：三个儿子都在驻守邺城。邺城，今河南安阳市。戍，防守。⑦附书至：捎信回来。⑧新：最近。⑨且偷生：暂且苟且活着。且，暂、暂且、暂时。偷生，苟且活着。⑩长已矣：感叹话，永远完结了。已，停止，引申为完结。⑪更无人：再没有别的（男）人了。⑫乳下孙：还在吃奶的孙子。⑬有孙母未去：因为有孙子在，所以他的母亲还没有离去。去，离开、离去。⑭无完裙：没有完整的衣服。裙，这里泛指衣服。⑮老妪：老妇。这里是老妇自称。⑯请从吏夜归：请让我今晚跟你们一起回军营去。请，请让我。从，跟随。⑰急应河阳役：赶快到河阳去服役。应，应征。⑱犹得：还能够。⑲夜久语声绝：到了深夜，说话的声音没有了。⑳如闻泣幽咽：好像听到（有人）低声地哭。如，好像。幽咽，形容低微、断续的哭声。

[诗意]

　　傍晚（我）投宿石壕村，有差役夜晚来抓人。老头翻过墙头逃走了，老妇走出家门查看。差役的喊叫是多么的凶狠，老妇的哭声是多么的伤悲。我听到老妇上前对差役说："我的三个儿子都已去防守邺城，一个儿子捎信回来，另外两个儿子刚刚战死，活着的人姑且活一天算一天，死的人永远完结了。家里再也没有别的男人了，只有个还在吃奶的孙子。因为有孙子在，他的母亲还没有离去，进进出出没有一件完整的衣服。我这个老妇虽然年老力衰，请让我跟随你连夜回去，赶快到河阳去服役，还能够帮助军人们准备早饭。"夜深了，说话声没了，但好像听到有低微断续的哭声。天亮后，我登程赶路的时候，只与老头一个人告别。

[赏析]

这是一首杰出的现实主义叙事诗。写诗人在石壕村投宿的见闻，通过差吏"夜捉人"，连年老力衰的老妇也被抓去服劳役的事，揭露了差吏的残暴、凶恶和冷酷无情，也反映了诗人对安史之乱中遭受苦难的人民的深切同情。诗的前四句是故事的开端，交代故事发生的时间、地点和背景。接下去的十六句写老妇的"致词"，着重讲了三个内容：一是三个儿子已有两个刚刚战死；二是"室中更无人""出入无完裙"，即家中的现状；三是老妇自请应役河阳。最后四句是故事的结局，也暗含着诗人自己的感受。在表现手法上，此诗最大的特色是精练，诗人仅用120个字就栩栩如生地再现了情节发展的整个过程。

登岳阳楼

昔闻洞庭水①，今上岳阳楼②。
吴楚东南坼③，乾坤④日夜浮。
亲朋无一字，老病有孤舟。
戎马⑤关山北⑥，凭轩⑦涕泗⑧流。

——（唐朝）杜　甫

[注释]

①洞庭水：即洞庭湖，位于今湖南省北部。②岳阳楼：位于湖南省岳阳市，下临洞庭湖，为游览胜地。③吴楚东南坼（chè）：吴在湖的东面，楚在湖的南

面。吴、楚，春秋时的吴国、楚国。坼，分裂。④乾坤：指日、月。⑤戎马：战马。借指战争。⑥关山北：泛指北方边境。⑦凭轩：靠着栏杆。⑧涕泗：眼泪鼻涕。

[诗意]

过去就听说过洞庭湖，今天终于登上了这岳阳楼观看。当年的吴、楚国分别在湖的东面、南面，日、月好像日夜浮在这湖上。亲朋故旧没一点消息，年老多病的我只有孤舟相伴。北方边境战火未熄，靠窗遥望不禁涕泪长流。

[赏析]

这是一首写景抒情之作。首联扣诗题交代行踪，"昔闻"与"今上"相应，勾起诗人心中的万千思绪。第二联描绘洞庭湖的壮观，气魄宏大，被誉为传世名句。第三联写自身多病又孤独，处境艰难。最后一联由个人的命运，联想到国家至今战乱不止而自己又报国无门，因此悲愤交集，涕泪长流。全诗写景阔大雄深，抒情含蓄深远，表现了诗人忧国忧民的情怀。

客①　至

舍②南舍北皆春水，但见③群鸥日日来。
花径④不曾缘⑤客扫，蓬门⑥今始为君开。
盘飧⑦市远无兼味⑧，樽⑨酒家贫只旧醅⑩。
肯⑪与邻翁相对饮，隔篱呼取尽余杯⑫。

——（唐朝）杜　甫

[注释]

①客：指崔明府。明府，唐时对县令的称呼。②舍：家。③但见：只见。④花径：两旁长满花草的小路。⑤缘：因为。⑥蓬门：用柴草编织成的门，喻房屋的简陋。⑦盘飧（sūn）：泛指菜肴。飧，熟食。⑧无兼味：没有多种味道，喻指菜少。⑨樽：酒器。⑩旧醅：隔年陈酒。⑪肯：能否、可否的意思。⑫尽余杯：余下来的酒。

屋前后都是一汪汪的春水，只看见一群群的鸥鸟每天都飞过来。长满花草的小路不曾因客来打扫过，柴门今日才为你的到来而打开。离集市远，做的菜很少，家贫只有陈年浊酒相待。能否也请隔壁老翁一起饮酒，让我隔着篱笆唤他一起来干完余下的酒。

[赏析]

这是一首人情味极浓的生活诗。首联点出客至的时间、地点和家居的环境。颔联写庭院，从语意看，"花径为君打扫，蓬门为君始开"，这些话如同与客面语，显得特别亲切。颈联说的也是一些待客的家常话，如菜肴简单，没有好酒之类，这反映出诗人待客的真诚。尾联写邀邻同饮，使此诗更有情趣。全诗生活气息浓厚，反映了诗人淳朴、好客的个性特点。

旅夜书怀①

细草微风岸，危樯②独夜舟。
星垂平野阔，月涌③大江④流。
名⑤岂文章著，官应老病休。
飘飘⑥何所似，天地一沙鸥。

—— （唐朝）杜 甫

[注释]

①旅夜书怀：在旅行途中的夜晚抒发情怀。②危樯：船上高高的桅杆。③月涌：江中的月影随着江水涌动。④江：指长江。⑤名：名声、名气。⑥飘飘：漂泊不定。

[诗意]

微风吹拂着岸边的水草，夜间停泊着一只耸立着高高桅杆的孤舟。星星低垂，原野多么广阔，明月倒映水中，随着江水不断涌动。我的名气难道是因为文章而显著吗？官职却真的是因老病而被罢免。自己四处漂泊像什么呢？像天地间孤零零的一只沙鸥。

[赏析]

　　这是一首抒发诗人四处漂泊的感伤的诗作。前两联写旅夜所见之景，先写近景：通过细草、危樯、独舟，呈现出一种凄清、孤寂的氛围。再写远景：星空、平野、明月、大江，场景空旷广阔，衬托出诗人孤寂落寞的心境。最后自比孤独的沙鸥。说明自己辗转漂泊，孤独无依。全诗景中寓情，情中寓景，自始至终处于凝重的气氛中，真切地体现了诗人当时的悲凉心情。

天末①怀李白

凉风起天末，君子②意如何。

鸿雁③几时到，江湖④秋水多。

文章憎命达⑤，魑魅喜人过⑥。

应共冤魂⑦语，投诗赠汨罗⑧。

——（唐朝）杜　甫

[注释]

　　①天末：天的尽头。杜甫当时在秦州，秦州地处边塞，故语"天末"。②君子：指李白。③鸿雁：喻指书信。④江湖：泛指四方各地，喻指充满风波的路途。⑤文章憎命达：意为有才华的人总被命运忌恨。⑥魑魅喜人过：魑魅，指坏人。过，过错。⑦冤魂：指屈原。屈原后被放逐，投江而死，故称"冤魂"。⑧汨罗：汨罗江，在今湖南湘阴县。

[诗意]

　　寒风从天边刮起，你现在的心境如何。你的书信何时能到，社会上总是充满风波。有文才的人常遭命运忌恨，坏人喜欢幸灾乐祸。你和屈原可以一起说说冤屈，投诗汨罗江诉说这不平之事。

[赏析]

    杜甫写此诗时，知道李白流放夜郎，但不知其已经被赦。诗作表达了对李白的牵挂与同情。首联由凉风起引发对李白的惦念，情真意切，情感悲凉。颔联写诗人亟盼音信，同时叮嘱李白遇事要处处小心。颈联是对才华出众者常命运多舛现象的高度概括，蕴含着对李白坎坷遭遇的不平与同情，出语悲愤，其意深刻。尾联由李白想到屈原，想到他俩的共同遭遇，进一步表达自己的悲愤。全诗由秋风起兴，情感的潮水千回百转，是杜甫抒情诗中的杰作。

月　夜

今夜鄜州①月，闺中②只独看。

遥怜小儿女，未解忆长安③。

香雾云鬟④湿，清辉⑤玉臂寒。

何时倚虚幌⑥，双照泪痕干。

——（唐朝）杜　甫

[注释]

    ①鄜（fū）州：即今陕西省富县。②闺中：女子内室，此借指杜甫的妻子。③长安：今西安。④云鬟（huán）：古代女子的一种环形发式。⑤清辉：清冷的月光。⑥虚幌：薄而透明的窗帷。幌，窗帘、帷幔。

[诗意]

    今夜鄜州的月光想必一定皎洁好看，只是在鄜州家中的你只能一人独看。远在异地的我怜惜幼小的儿女，他们尚不能理解你因何思念长安。雾气蒙蒙已沾湿了你的秀发，清冷的月光会使你的玉臂感到寒意。什么时候你我夫妻俩能靠着帷幔，让月光把我们两人脸上的泪痕照干呢？

[赏析]

    此诗作于天宝十五年（756）八月，杜甫被安史叛军拘押于长安期间。这时杜甫的妻子、儿女都在鄜州，所以，这是一首杜甫对妻儿的思念之作。但写法很特别：诗人不说自己思念妻子，却反过来说妻子思念自己；不说自己思念儿女，却说儿女不能理解其母思念长安。直到尾联才显示诗的主旨，直接说出对妻子的思念和盼夫妻团聚的愿望。全诗虽落笔空间多次转换，但始终不离"月夜"这一特定场景，显示出作者高超的写作技巧。诗作想象丰富，感情真实、深沉，写法颇多新意。

江上值①水如海势聊②短述

为人③性僻④耽⑤佳句，语不惊人死不休。
老去⑥诗篇浑漫与⑦，春来花鸟莫深愁。
新添水槛⑧供垂钓，故着⑨浮槎⑩替入舟。
焉得思⑪如陶谢⑫手，令渠⑬述作⑭与同游。

—— （唐朝）杜 甫

[注释]

①值：适逢。②聊：姑且。③为人：此意为"平生"。④性僻：性情古怪、乖僻。⑤耽：嗜好，沉溺于。⑥老去：年老了。⑦浑漫与：完全随意。浑，完全。漫与，随意，不刻意追求。⑧槛：栏杆。⑨故着（zhuó）：特意设置。⑩浮槎（chá）：竹筏。⑪思：才思。⑫陶谢：陶渊明、谢灵运。⑬令渠：让他们。令，让、使。渠，代词，他们。⑭述作：作诗述怀。

[诗意]

平生性情怪僻，嗜好琢磨好的诗句，诗句达不到惊人的程度不肯罢休。现在年老了写诗完全随意不再刻意讲究，面对春天的花鸟也并不深思发愁。江边新装的栏杆可借我靠着垂钓，还特意添置了一只木筏来代替出入江河的小舟。怎样才能得到陶、谢这样的高手，让他们作诗述怀并和我一起漫游呢？

[赏析]

这是一首诗人谈自己诗歌创作的诗。首联表明创作态度。颔联说随着年老，写诗文较前随意，这是诗人的自况之语。颈联转写垂钓、漫舟的晚年生活，可看出心境的宁静、淡适。尾联呼应首联，表达希望陶、谢这样的高手能和自己一起切磋、一起游乐的愿望。诗篇反映了杜甫对诗歌艺术的执着追求，构思奇巧，其语凝练，且意多在言外。

柏学士①茅屋

碧山学士焚银鱼②，白马③却走深岩居。
古人已用三冬足④，年少⑤今开⑥万卷余。
晴云满户团⑦倾盖⑧，秋水浮阶溜⑨决渠。
富贵必从勤苦得，男儿须读五车书⑩。

——（唐朝）杜 甫

[注释]

①柏学士：其人不详。学士，官职名。②学士焚银鱼：指南北朝的翰林学士张褒因遭不实弹劾，焚银鱼辞官而去。银鱼，学士佩戴的银质鱼章。③白马：此指代柏学士。④已用三冬足：是"已用足三冬"的意思。为押韵才将"足"字放句末。三冬，农历将冬季分成十、十一、十二三个月，故谓之"三冬"。⑤年少：指柏学士的子侄。⑥开：开卷，读书。⑦团：即圆的意思。⑧倾盖：形容浓云如车盖般布满茅屋屋顶。⑨溜：滑溜。⑩五车书：喻读书多，有学问。

[诗意]

当年的学士烧掉银鱼辞职而去，今日你这位学士在这深山中隐居。古人冬天的全部时间都用来勤奋读书，你的子侄年少也已在广泛读书。祥云如车盖一样布满屋顶，漫上台阶的秋水如决渠般滑溜湍急。富贵必定要通过勤苦才能得到，男儿就应当饱读诗书。

[赏析]

这首诗有许多内容难以厘清，因此解读纷繁。一般认为此诗主要写杜甫鼓励柏学士的子侄，也能像其叔父那样勤读诗书，以求富贵。前四句写柏学士茅屋的位置和子侄读书的情形，五、六两句写茅屋四周的秋景，最后两句是杜甫勉励柏学士子侄勤奋读书之语。诗作既叙事写景，又有精辟的议论，出语真诚，内涵丰富，其殷殷劝学的真诚跃然纸上。

八阵图①

功盖②三分国③，
名④成八阵图。
江流石不转⑤，
遗恨失吞吴⑥。

——（唐朝）杜 甫

[注释]

①八阵图：由诸葛亮创制、用于操练军队或作战的八种阵势组成的图形。这八阵分别是天、地、风、云、龙、鸟、虎和蛇，据传诸葛亮所布的八阵共有四处，都在四川，以夔州的最为著名。②功盖：功劳超过。③三分国：指魏、蜀、吴三国。④名：名声。⑤石不转（zhuàn）：指涨水时，石头不移动位置。⑥失吞吴：吞并东吴是失策的意思。

[诗意]

三分天下，诸葛亮功劳盖世，创制八阵图，更使名声远扬。江水冲击，八阵图的石块依然不动，想吞并东吴是最大的失策，遗恨千古。

[赏析]

此诗大约作于唐大历元年（766）杜甫初到四川夔州时。夔州的西南留有当年诸葛亮设的八阵图遗址。诗作开头赞颂诸葛亮政治上的丰功伟绩，如助刘备三分天下，建立蜀国，接着称赞诸葛亮军事上的非凡才能，创制了八阵图，使其声名更加远扬。第三句着力称赞八阵图阵势坚固，任凭河水怎样冲击，阵石都丝毫不为所动。最后一句照应开头，替诸葛亮惋惜，由于刘备吞并东吴的失策，致使诸葛亮联吴抗曹的谋划功败垂成，千古遗恨。诗作既怀古又述怀，给人一种话中有话，余意未穷的感觉。

戏为六绝句①（其二）

王杨卢骆②当时体③，
轻薄为文哂④未休⑤。
尔曹⑥身与名俱灭，
不废⑦江河⑧万古流。

——（唐朝）杜 甫

[注释]

①戏为六绝句：随意作成的六首绝句。这是其中第二首。②王杨卢骆：指被称为"初唐四杰"的王勃、杨炯、卢照邻、骆宾王四位诗人。③当时体：指王杨卢骆的诗风诗体在当时自成一体。④哂（shěn）：讥笑。⑤未休：不停、不休。⑥尔曹：你们这些人。⑦不废：不妨碍、不影响。⑧江河：指长江、黄河。

[诗意]

王勃、杨炯、卢照邻、骆宾王的诗在当时自成一体，有很高造诣，却被守旧文人视为轻薄，一直受到讥笑。你们这些人在历史长河中只会身与名俱灭，而王杨卢骆这样的优秀作家及其作品，将与长江、黄河一样万古流传。

[赏析]

初唐诗坛，王杨卢骆等有识之士针对唐前的淫靡萎弱诗风，提出了复古、务实的诗歌创作主张，使诗风有所改变，但后来有人却讥笑和攻击他们。为此，杜甫写了组诗以表达自己的观点。本诗肯定了王杨卢骆的诗歌自成一体，有自己的成就和影响，不容抹杀，认为攻击他们"轻薄为文"的说法只是一种无端的讥笑，并不可取。最后用对比手法，指出那些所谓的批评家只不过是过眼烟云，而王杨卢骆的作品却会万古流芳。此诗爱憎分明，言简意赅，论述精准、有力。

戏为六绝句（其五）

不薄①今人爱古人，
清词丽句②必为邻③。

窃攀④屈宋⑤宜方驾⑥，

恐与齐梁⑦作后尘。

——（唐朝）杜 甫

[注释]

①薄（bó）：轻视、看不起。②清词丽句：此泛指好的诗作。③必为邻：一定要视为自己的知音、同路人。④窃攀：自己想高攀。窃，自己，泛指。⑤屈宋：春秋战国时的屈原、宋玉。⑥方驾：并驾，程度相等、不分高下的意思。⑦齐梁：指齐梁时期的文人。

[诗意]

写作诗歌，不要菲薄今人，也要爱慕古人，对能写出清词丽句这样好诗的，一定要引以为同调。自己想攀附，想和屈原、宋玉齐名，就要有和他们一样的才华和能力，不然的话，恐怕还要落在齐梁文人的后面。

[赏析]

这首诗是谈诗歌创作态度的。诗人在诗中既反对崇古非今，也不赞成厚今薄古。第二句所谓"清词丽句必为邻"意思是说诗歌创作要兼收并蓄，海纳百川，对好的作品，一定要肯定，不能排斥。最后两句，反映了杜甫对屈、宋的推崇，也是对当时全盘否定齐梁文学，"好古遗近"这些轻薄文人的告诫。诗作观点鲜明客观，笔调轻松幽默，语言铿锵有力。

登 高

风急天高猿啸哀①，渚②清沙白鸟飞回。

无边落木③萧萧④下，不尽长江滚滚来。

万里悲秋⑤常作客，百年⑥多病独登台。

艰难苦恨繁霜鬓⑦，潦倒⑧新停⑨浊酒杯。

——（唐朝）杜 甫

[注释]

①猿啸哀：指长江三峡猿猴凄厉的叫声。②渚：水中的小块陆地。③落木：落叶。④萧萧：风吹落叶的声音。⑤悲秋：因秋景而伤感。⑥百年：一生。此指晚年。⑦繁霜鬓：增多了白发。⑧潦倒：落魄、失意。⑨新停：刚刚停止。

[诗意]

天高风急猿猴悲啼，水清沙白的小洲上百鸟飞来飞去。无边的落叶在秋风中萧萧飘落，奔腾不息的长江水滚滚而来。来自万里之外的羁客面对秋景悲叹常年四处漂泊，晚年多病的我独自登上高台。深恨世事艰难两鬓又多了白发，穷困潦倒病后只好停了酒杯。

[赏析]

这是一首登高望远抒发感慨的诗。前两句写景，抓住风、天、猿、水、鸟、木等意象，描绘了长江三峡寥廓、壮丽、雄浑而又肃杀的秋景。后两联写诗人自己四处漂泊，年老多病、穷困潦倒的艰难处境，抒发了内心的苦闷和由时光易逝、壮志难酬生发的感慨。诗作气象恢宏，造语精当，对仗工整，为杜甫七律中的力作。

羌村三首（其三）①

群鸡正乱叫，客至鸡斗争②。
驱鸡上树木③，始闻叩柴荆④。
父老四五人，问⑤我久远行。
手中各有携，倾榼浊复清⑥。
莫辞酒味薄，黍地⑦无人耕。
兵戈⑧既未息，儿童⑨尽东征。
请为父老歌，艰难愧深情⑩。
歌罢仰天叹，四座泪纵横。

——（唐朝）杜 甫

[注释]

①羌村：在鄜（fū）州（今陕西富县）。公元756年夏，安史叛军迫近长安，杜甫将妻儿安顿在羌村，只身去投奔迁出长安的朝廷。第二年，房琯罢相，时任左拾遗的杜甫上书援救，触怒唐肃宗，被放还鄜州羌村探家。《羌村三首》就是在此次还家时所作。②斗争：争斗。③驱鸡上树木：赶鸡上树。当地习惯，鸡在树上过夜。驱，赶。④叩柴荆：敲院门。柴荆，指用树枝、荆条编成的门。⑤问：慰问。⑥倾榼（kē）浊复清：从榼里往外倒酒，酒有的浊，有的清。浊、清都指酒的颜色。榼，盛酒的器具。⑦黍（shǔ）地：泛指庄稼地。黍，一种谷类植物。⑧兵戈：指战争。⑨儿童：长辈对年轻人的称呼。⑩艰难愧深情：诗人所唱歌的大意，在这艰难的日子里，感谢父老携酒慰问的深情。愧，感谢。

[诗意]

成群的鸡正在乱叫，客人来时，鸡还不断争斗。把鸡赶上了树端，这才听到有人在敲柴门。四五位父老一起来，慰问我这久别远行之人。他们手里都带着礼物，榼里倒出的酒有清也有浊。"不要推辞这酒味不好，庄稼地早已没人耕种了。战争至今没有止息，年轻人全都东征去了。"请让我为父老歌唱，感谢这样艰难还来看我。唱完歌我仰天长叹，在座的父老都涕泪横流。

[赏析]

本诗写杜甫回到羌村，村中父老来看望的情景。前四句是全诗的第一章，写客来前的情形。"群鸡正乱叫，客来鸡斗争"，是乡村特有的景致，也暗喻时世的动荡纷乱。此后的八句是第二章，写客到后的情形。写了两个内容，一是写了父老乡亲"手中各有携"的盛情，二是通过父老乡亲的话，写出了当时战争频仍，社会动乱，百姓生活苦不堪言的社会现实。最后四句是第三章，写诗人用歌来表达对父老乡亲的谢意。同时，感时伤怀，感叹世事的艰危。整首诗从头到尾都是实境实情，而且用语简朴质实，情感深沉、真挚，体现了杜甫现实主义的诗风，从中也表达了诗人对父老乡亲苦难生活的深切同情。

登 楼①

花近高楼伤客心②，万方多难此登临③。
锦江④春色来天地，玉垒⑤浮云变古今。
北极朝廷终不改⑥，西山寇盗⑦莫相侵。
可怜后主⑧还祠庙，日暮聊为⑨《梁甫吟》⑩。

——（唐朝）杜 甫

[注释]

①登楼：上楼。具体楼名不明。②客心：客居者之心。③登临：登高观览。临，从高处往下看。④锦江：濯锦江，发源于四川都江堰市，流经成都西南入岷江。⑤玉垒：山名，在四川茂县。⑥北极：北极星，比喻大唐朝廷。吐蕃曾攻陷长安，后唐将郭子仪打败吐蕃，收复长安。"北极朝廷终不改"一句，就指此事。终不改，终究没有改，终究不能改。⑦西山寇盗：指唐西面强敌吐蕃。⑧后主：三国蜀后主刘禅。成都市锦官门外有蜀先主庙，祀刘备；庙西武侯祠，祀诸葛亮；庙东后主祠，祀刘禅（后被废除）。这里以刘禅隐喻唐代宗李豫。李豫当政后许多做法像极刘禅，"万方多难"的责任在他。⑨聊为：不甘心这样做而姑且这样做。⑩《梁甫吟》：汉乐府诗篇名，史载诸葛亮躬耕陇亩时常吟此诗。

[诗意]

繁花近靠高楼倒让我伤心，四面八方多艰难，我却在此时登楼观景。锦江春色铺天盖地般地涌来，玉垒山的浮云从古到今变幻不定。大唐朝廷像北极星终究不会改变，吐蕃寇贼莫要再来侵扰。可叹刘后主还在庙中享受祭祀，日暮时候我姑且吟唱《梁甫吟》。

[赏析]

这是一首七言律诗。首联写花伤客心，用的是反衬手法，以乐景写哀情，其原因皆由"万方多难"而起。这"万方多难"也是全诗写景抒情的依撑点，起到了提挈全篇的作用。颔联写登楼远望之景，视野开阔，气势浩大，引诗人遐思万千。颈联写登楼所思，针对"万方多难"，指出大唐国运长久，奉劝"西山寇盗莫相侵",表现了诗人的爱国情怀。尾联借古讽今,感叹朝廷的无能,抒发自己才华不为所用,报国无门的忧伤与愤懑。此诗借登高抒怀,把自然现象、国家不幸与个人情思融合在一起,体现了浓郁顿挫的艺术风格,表达了诗人怀才不遇、壮志难酬的无限感慨。

赠卫八处士①

人生不相见,动如②参与商③。
今夕复何夕,共此灯烛光。
少壮能几时,鬓发各已苍④。
访旧⑤半为鬼⑥,惊呼热中肠⑦。
焉⑧知二十载,重上君子堂⑨。
昔别君未婚,儿女忽成行⑩。
怡然⑪敬父执⑫,问我来何方。
问答乃未已⑬,驱儿罗酒浆⑭。
夜雨剪春韭,新炊⑮间⑯黄粱⑰。
主⑱称会面难,一举累⑲十觞⑳。
十觞亦不醉,感子㉑故意㉒长。
明日隔山岳,世事两茫茫。

——(唐朝)杜 甫

[注释]

①赠卫八处士:杜甫的朋友,姓卫,名不详。八是该人在家里的排行。处士,隐士。②动如:动不动就像。③参(shēn)与商:参和商都是星宿名。参星居西方,商星居东方,天各一方,且两者不同时在天空出现,永不能相见。④苍:灰白色。⑤访旧:指打听故旧亲友的消息。⑥半为鬼:意为死了一半。⑦惊呼热中肠:指听到这样的消息,惊叹不已,心里热辣辣地难受。⑧焉:哪里、怎么。⑨君子堂:您的堂上。君子,指卫八处士。堂,正房,高大的房

子。⑩成行：众多的意思。⑪怡然：和悦、愉快的样子。⑫父执：父亲的挚友。⑬乃未已：一作"未及已"。还没等说完。⑭驱儿罗酒浆：差遣子女张罗酒饭。⑮新炊：新做的饭。⑯间（jiàn）：掺和。⑰黄粱：黄小米。⑱主：主人，即卫八处士。⑲累：接连。⑳十觞：很多杯。觞，古代喝酒用的器具。㉑子：您，指卫八处士。㉒故意：老朋友的情意。

[诗意]

　　人生挚友相见真难，动不动就像参星和商星，此起彼落。今晚是什么日子，竟能一起在灯下相聚。青壮年能有多少时光，一转眼你我都已两鬓苍苍。打听故旧竟一半已死了，听到这些消息心里热辣辣地难受。怎么能想到二十年后，我重新来到您的府上。当初分别时您还未成婚，今日相见您已儿女众多。他们和颜悦色地敬重父亲的挚友，问我来自哪里。还没等话说完，您就差遣他们张罗酒饭。雨夜割来春韭，新做好黄粱米饭。您说难得见面，一举杯就喝了很多杯。哪怕喝下很多杯我也不醉，感谢老朋友您的情意长。明天我们又要分离，相隔着山岳，世事茫茫难以预料。

[赏析]

　　此诗作于唐肃宗乾元二年（759）春，当时已被贬为华州司功参军的杜甫从老家洛阳返回华州途中，顺道去奉先县探望阔别二十年的至交卫八处士。此诗写的是他们相聚时的情形。前四句写世事如梦的感觉。五至八句，写重逢时所发现的种种改变，折射出人命危浅的社会现实。从"焉知"到"感子"的十四句，细叙友人卫八处士的情况，包括受到他一家热情款待的场景。最后两句，因诗人想到明日又将与友人天各一方，所以不禁又感叹世事茫然，人生难料。从结构上看，这两句与开头的"人生不相见，动如参与商"两句首尾呼应，这样使得全诗首尾相顾，浑然一体。全诗层次井然，情感丰富、凝重，充分体现了杜甫诗歌情感悲凉复杂的特点。

梦李白二首（其二）

浮云①终日行，游子②久不至。
三夜频梦君，情亲③见君④意。

告归⑤常局促⑥，苦道⑦来不易。

江湖⑧多风波，舟楫⑨恐失坠⑩。

出门搔白首，若⑪负平生志。

冠盖⑫满京华⑬，斯人⑭独憔悴⑮。

孰云⑯网恢恢⑰，将老身反累。

千秋万岁名，寂寞身后⑱事。

——（唐朝）杜 甫

[注释]

①浮云：飘浮不定的云，喻游子飘游不定。②游子：此指李白。③情亲：情意深厚。④君：您，指李白。⑤告归：告辞。⑥局促：拘谨、不安的样子。⑦苦道：悲苦、凄苦地诉说。⑧江湖：旧泛指四方各地。⑨楫：划船的桨，此指船。⑩恐失坠：恐怕翻船落水。⑪若：好像。⑫冠盖：官帽与车盖，代指达官贵人。⑬京华：京城、首都，此指长安。⑭斯人：此人，指李白。⑮憔悴：脸色不好，精神萎靡的样子。⑯孰云：谁说。⑰网恢恢：老子《道德经》中有"天网恢恢，疏而不漏"语，此处意为"法网恢恢"。恢恢，形容非常广大。⑱身后：死后。

[诗意]

天上的浮云终日飘来飘去，远方的游子为何久久不归？一连三夜都梦见和你在一起，由此足见你我友情深厚。告别时你常常局促不安，凄苦地诉说自己来的路上不易。你说江湖多风波，常担心自己翻船落水。出门的时候你搔搔满头白发，好像是自己辜负平生的雄心壮志。京城中到处都是达官贵人，只有你落得如此憔悴。谁说法网广大公平正义，为何你老了还被蒙冤连累？你的名声会千秋万代流传，可生前却为何如此凄凉？

[赏析]

李白被流放夜郎，杜甫一直十分担忧，并因思虑过度而频频与李白在梦中相聚。为此，杜甫写了《梦李白》诗二首以记述梦境，此诗就是其中的第二首。全诗分三层，一到四句是第一层。第一句用比兴手法开头，记述李白一连三夜来到梦中与自己相会的情景。第五句到第十句是第二层，通过对梦中李白神态、举止、言语的描述，陈述李白的不幸遭遇。第三层是最后六句，表达杜甫对李白现实处境的同情与不平，从中也可以看出杜甫对李白的评价甚高。诗作全篇语言质朴，情感细腻真挚，真切地体现了两位大诗人之间感人至深的友谊。

闻①官军②收河南河北

剑外③忽传收蓟北④，初闻涕泪⑤满衣裳。
却看⑥妻子⑦愁何在，漫卷⑧诗书喜欲狂。
白日放歌须纵酒⑨，青春⑩作伴好还乡。
即从巴峡⑪穿巫峡⑫，便下襄阳向洛阳。

——（唐朝）杜 甫

[注释]

①闻：听说。②官军：指唐朝军队。③剑外：剑门关以外，这里指四川。当时杜甫流落在四川。④蓟北：泛指唐代幽州、蓟州一带，今河北北部地区。⑤涕泪：眼泪和鼻涕。⑥却看：回头看。⑦妻子：妻子和孩子。⑧漫卷：随意地卷起。⑨纵酒：开怀畅饮。⑩青春：明媚的春光。⑪巴峡：在嘉陵江上游。⑫巫峡：长江三峡之一。

[诗意]

剑外忽然传来收复蓟北的喜讯，初听到惊喜得眼泪打湿了衣裳。回头看妻子和孩子也不见了愁容，随意卷起诗书高兴得几乎发狂。白天我纵情高歌还要开怀畅饮，明媚春光正好陪伴我返回家乡。马上乘着船经巴峡再穿过巫峡，顺流而下到襄阳奔向家乡洛阳。

[赏析]

因战乱过着漂泊生活的杜甫，在四川梓州听到唐军收复蓟北的消息，欣喜若狂，写下了这首脍炙人口的诗。一、二两联写接获捷报时全家狂喜的情状。"忽传""初闻"，表现喜讯来得突然，"喜欲狂"一词极言喜的程度。三、四两联写突获喜讯后的具体打算。"即从……穿""便下……向"，一连串的行动更把诗人急于回乡的喜悦心情表现得淋漓尽致。诗作热情奔放、节奏明快、一气呵成，真实而又生动地表现了诗人在饱受离乱之苦后，突然听到胜利消息时的狂喜情态。

岑 参（唐朝）

岑参（约715—770）：江陵（今湖北荆州）人。唐代著名诗人。30岁中进士，先后两次在边塞军中任职。50岁左右任过嘉州刺史。他是盛唐边塞诗派的代表作家之一，与高适齐名，并称"高岑"。尤擅七言诗歌，其诗想象力丰富，热情奔放，富有浪漫主义色彩和感染力。代表诗作有《逢入京使》《白雪歌送武判官归京》等。

送李副使①赴碛西②官军

火山③六月应更热，赤亭④道口行人绝。
知君惯度祁连城⑤，岂能愁见轮台⑥月。
脱鞍暂入酒家垆⑦，送君万里西击胡。
功名祗⑧向马上取，真是英雄一丈夫。

——（唐朝）岑 参

[注释]

①李副使：名不详。副使，此指节度副使。②碛（qì）西：指安西都护府。

③火山：俗称火焰山，在今新疆吐鲁番。④赤亭：地名。唐时为军事要塞。⑤祁连城：在今甘肃张掖县西南。⑥轮台：此指汉设的古轮台，是李副使赴碛西时的必经之地。⑦酒家垆：代指酒店。⑧衹：同"只"。

［诗意］

六月的火焰山应更热，赤亭道口该早没了行人。知道您习惯走祁连城，怎么会担心见到轮台月。请下马暂在酒家安顿，让我送您去万里之外击狂胡。功名只向马背上取，您真是一位英雄大丈夫。

［赏析］

这是一首为送李副使出使碛西边地的送别诗。前两联点出出使的时令，交代出使途中恶劣的气候，赞许李副使不畏艰辛、一往无前的精神与气概。后两联挽留友人在酒店暂住，以便为他设酒钱行，同时称赞李副使凭军功求取功名，光明磊落，是一位真正的大丈夫。此诗虽写送别，但只字未叙送别钱行的情景，也不写离情别绪，因而后人把此诗称作送别诗中的"另类佳作"。

走马川行奉送封大夫出师西征①

君不见走马川行雪海②边，平沙莽莽③黄入天。
轮台④九月风夜吼，一川碎石大如斗，随风满地石乱走⑤。
匈奴⑥草黄马正肥，金山⑦西见烟尘飞⑧，汉家大将⑨西出师。
将军金甲夜不脱，半夜军行⑩戈相拨⑪，风头如刀面如割。
马毛带雪汗气蒸，五花连钱⑫旋⑬作冰，幕中草檄⑭砚水凝。
虏骑⑮闻之应胆慑，料知短兵不敢接⑯，车师西门伫献捷⑰。

——（唐朝）岑 参

［注释］

①走马川行奉送封大夫出师西征：走马川，地名，又名左末河，即今新疆境内的车尔成河。行，诗歌的一种体裁。这首诗是用歌行体写的，开头又写了走马川的景象，故称作"走马川行"。奉送，恭敬地送。封大夫，封常清受封为

御史大夫，故称封大夫。②雪海：在新疆。③莽莽：无边无际。④轮台：地名，现在新疆米泉境内。封常清将军府驻在这里。⑤走：流动。⑥匈奴：借指达奚部族。⑦金山：指天王山主峰。⑧烟尘飞：发生战争。烟，烽烟。⑨汉家大将：指封常清。当时任安西节度使兼北庭都护，岑参在他的幕府任职。汉家，唐代诗人多以汉代唐。⑩军行：行军。⑪戈相拨：兵器互相撞击。⑫五花连钱：五花、连钱，指马斑驳的毛色。⑬旋：不久。⑭草檄：起草讨伐敌军的文告。⑮虏骑：敌骑。⑯短兵不敢接：不敢短兵相接。意思是敌军不敢交锋而败逃。短兵，指刀剑一类武器。⑰车师西门伫献捷：在车师西门外伫立等待大军报捷。车师，古西域国名。

[诗意]

　　你难道没看见走马川在雪海边上，无边无际的黄沙与天相连。轮台的九月狂风整夜怒吼。一川的碎石都大得像斗，随着大风满地乱滚。现在的匈奴正是牧草茂盛马匹肥壮的时候。金山西边，尘土飞扬，烽烟四起。汉家的大将就要出师西征了。将军的铠甲在夜间也不脱下，半夜行军，兵器相互撞击。寒风吹在脸上像刀割一样。马身上带着雪花依旧汗气蒸腾，五花马斑纹中冒出来的汗气很快变成了冰，在军帐中起草檄文而砚台里的墨水却凝结了。敌军听到大军出征应十分害怕，料想他们不敢与汉军短兵相接，我就在车师西门处伫立等候大军的捷报。

[赏析]

　　这是诗人在任安西北庭节度判官时，为送封大夫（封常清）出师西征而写的一首送别诗。诗人热情赞颂了唐军将士为国不畏环境险恶，勇敢出征迎敌的英雄气概。诗开头抓住"风"字落笔，从白天"平沙莽莽黄入天"，夜里"随风满地石乱走"两方面，极力描写走马川一带自然环境的恶劣与艰苦，然后转述匈奴趁草黄马肥之时大举入侵，唐代封将军率军严阵以待，将士们不畏严寒，士气高昂，军纪严整，最后概写料想匈奴闻风丧胆，不敢应战，唐军很快凯旋。整首诗气势磅礴，绘声绘色，惊心动魄，其节奏急切有力，读后让人回肠荡气，平添一股豪情。

崔　颢（唐朝）

崔颢（约704—754）：汴州（今河南开封）人，进士。官至司勋员外郎。秉性正直，诗名甚大，但史上所记事迹甚少。早期诗多写闺情，流于纤艳。后写边塞，诗风雄浑奔放。最著名的是他的《黄鹤楼》，连李白读了他的诗也感叹："眼前有景道不得，崔颢题诗在上头。"

长干曲①四首（其一·其二）

其一
君②家何处住，妾③住在横塘④。
停船暂⑤借问，或恐⑥是同乡。

其二
家临⑦九江水⑧，来去九江侧。
同是长干人，生小⑨不相识。

——（唐朝）崔　颢

[注释]

①长干曲：南朝乐府"杂曲古辞"的旧题。②君：你。③妾：女子自称。④横塘：堤坝，旧址在今南京西南，近长干里。⑤暂：暂且。⑥或恐：也许。⑦临：靠近。⑧九江水：今江西九江一带的长江。⑨生小：自小。

[诗意]

你家住在哪里呢？我家就住在横塘。停船暂且问一下，或许还是同乡呢？

我家靠近九江水，来往都在九江边。虽然都是长干人，从小却没见过面。

崔颢的《长干曲》有四首，这里选的是一、二两首。第一首是女子的问话，第二首是男子的答话。这位女子常年在外漂泊，以船为家。姑娘主动发问，反映出她的大胆、聪慧和天真无邪。男子的回答坦率真诚，流露出一种相见恨晚的感觉。全诗用白描手法，通过一问一答，使人物、场景栩栩如生。诗风清新自然，画面温馨，虽非浪漫，但回味绵长。

张　谓（唐朝）

张谓，生卒年不详。怀州河内（今河南沁阳）人。唐代诗人。天宝二年（743）进士。当过潭州刺史，后官至礼部侍郎，也曾在军中任职多年。他的诗多是五、七言格律诗，诗风清正，格律谨严，但题材并不丰富，留有诗歌亦仅数首。代表作有《早梅》《邵陵作》等。

题长安壁主人①

世人②结交须黄金，黄金不多交不深。
纵令③然诺④暂相许⑤，终是悠悠⑥行路心⑦。

—— （唐朝）张　谓

［注释］

①题长安壁主人：意为题写在长安主人墙壁上。长安主人，指诗人寄住

长安旅店时的主人。长安，唐朝的京城。②世人：世俗之人。③纵令：即使。
④然诺：许诺。然，答应、允诺。⑤许：应允。⑥悠悠：庸俗不堪的样子。
⑦行路心：路上行人的心理。

[诗意]

世俗之人的结交必须有黄金作为纽带，黄金花得不多的话，交情也不会深。
即使他暂时口头上答应允诺，终究是庸俗的路上行人的心理，不会放在心上。

[赏析]

这是一首辛辣的讽喻诗，揭露了盛唐后期人与人结交重金钱、轻情义的丑
恶现象。当时，张谓寄住在唐朝都城长安，此诗是题写在寄住人家的墙壁上的。
诗中所刻画的这位市侩式的人物，就是寄住人家的主人。诗人对社会上靠金钱
维持朋友关系的做法十分不满，于是写此诗对这种崇尚金钱、心口不一、虚情
假意的市侩行径作了揭露与讽刺。

高　适（唐朝）

高适（约700—765）：字达夫、仲武，渤海蓨（今河北景
县）人。唐代诗人。曾任封丘县尉、淮南节度使等。他的诗题材
广泛，内容丰富，笔力雄健，特别是边塞诗最为出名。代表诗作
有《燕歌行》《塞上》《别董大》等，高适与诗人岑参齐名，并称
"高岑"。

送李少府①贬②峡中王少府贬长沙

嗟③君此别意何如，驻马衔杯问谪居④。

巫峡啼猿数行泪，衡阳⑤归雁几封书。

青枫江上秋帆远，白帝城边古木疏。

圣代即今多雨露，暂时分手莫踌躇⑥。

——（唐朝）高 适

［注释］

　　①少府：唐朝时县尉的别称。②贬：这里是降职的意思。③嗟：叹息。
④谪居：贬官的地方。⑤衡阳：地名，今属湖南。相传衡阳有回雁峰，每年
秋天南飞的大雁到了回雁峰就折回北方。此处写诗人由长沙想到衡阳，希望王
少府至长沙后多写信来。⑥踌躇：犹豫。

［诗意］

　　此次离别不知你们心绪何如，下马饮酒询问被贬的去处。巫峡猿啼令人伤
心流泪，衡阳的归雁会为我捎来回书。秋日青枫江上孤帆远远漂去，白帝城边
黄叶飘零古木稀疏。盛世恩泽如雨露定会普降，暂时分手希望你们不要再犹豫
彷徨。

［赏析］

　　此诗是诗人写给两位被贬官的朋友的。首联先致问候，表达了对李、王二
少府遭遇贬谪的同情，以及对分别的惋惜。颔联上句写巫峡风光，暗示李少府
去的地方偏僻荒凉。下句在希望王少府到衡阳后多写信来的同时，也暗示衡阳
偏僻荒凉。颈联上句写送别王少府，下句写送别李少府，诗人交错描写，不失
偏颇，写法高明，既照顾到了二人不同的地点，又表达了对双方一致的情意。
尾联是对两位友人的劝慰。此诗虽为贬谪友人送行，但不消极也不悲观，足见
诗人的豁达。

司空曙（唐朝）

司空曙（约720—约790）：字文初，广平（今河北永年）人。唐代诗人，"大历十才子"之一。当过主簿、左拾遗、水部郎中等。生性耿直，一生坎坷，穷困潦倒。其诗多写自然景色和乡情旅思，平淡自然，闲雅通俗。代表诗作有《江村即事》《云阳馆与韩绅宿别》等。

江村即事①

钓罢②归来不系③船，
江村月落正堪④眠。
纵然⑤一夜风吹去，
只在芦花⑥浅水边。

——（唐朝）司空曙

[注释]

①即事：以当前的事物为题材所作的诗。②罢：完了。③系：系好。④堪：可以，能够。⑤纵然：即使。⑥芦花：芦苇的花。芦，芦苇，多年生草本植物，多生在水边。

[诗意]

钓完鱼回来，懒得把船系好，江边的小村，月亮已经落下，正是睡觉的时候。即使一夜被风吹去，这没系好的船最多也只能被吹到开满芦花的浅水边。

[赏析]

这首诗表现了乡间钓者悠闲、自在、无拘无束的生活情趣。一、二两句点出时间、地点和所发生的事情。三、四两句写钓者的心理活动。首句中的"不系船"是全诗的诗眼。正因为"不系船"才担心船被风吹去，再想想即使被风吹去，也"只在芦花浅水边"。全诗意思一层进一层，而且以小见大，用个别来反映一般，虽然平淡却富有诗情画意。

刘长卿（唐朝）

刘长卿（约726—约789）：字文房，河间（今属河北）人，一说安徽宣城人。唐玄宗天宝年间进士，任过随州刺史，世称刘随州。诗作多有政治失意之感，善于描绘自然景物。特别擅长五言律诗，有"五言长城"之称。代表诗作有《逢雪宿芙蓉山主人》《送灵澈上人》等。

别严士元①

春风倚棹②阖间城③，水国春寒阴复晴。
细雨湿衣看不见，闲花④落地听无声。
日斜江上孤帆影，草绿湖南万里情。
东道若逢相识问，青袍今日误儒生。

——（唐朝）刘长卿

[注释]

①严士元：曾任员外郎之职。②倚棹：停船泊舟。棹，船桨。③阖间城：

即苏州城。④闲花：树上留着的残花。

[诗意]

　　在这春风中，你的船停靠在苏州城外，水国的天气带着寒意，由阴转晴了。毛毛细雨打湿了衣服，我还没发现。树上的残花飘落到地上，听不到一点声音。太阳已经西斜，江面上只留下孤帆的远影，湖南碧草如茵，一路上有我的惜别深情相伴。如果东去的路上碰到相识的问起，就说我已是一名被青袍所误的儒生。

[赏析]

　　此诗作于诗人被贬为潘州南巴（今广东电白）尉时。当时，严士元离苏州去湖南，因而诗人写此诗作别。首联交代送别地点、节令和天气。颔联和颈联既写眼前之景，又写意中之景，并在景中寓惜别之情。观察细致，下笔细腻，情景交融。尾联是诗人的临别赠言，话语中含着仕途坎坷的心酸。诗作景、情、事交织，辞藻秀美，情感复杂，诗意浓厚。

包　佶（唐朝）

　　包佶（？—792）：字幼正，润州延陵县（今江苏丹阳）人。唐代诗人。唐天宝六年（747）中进士，任过江州刺史、刑部侍郎等职。官声甚好，也有诗名，与兄长包何合称"二包"。诗歌语言浅近平淡，寓慨良深，句法严整。代表诗作有《再过金陵》《宿庐山赠白鹤观刘尊师》等。

再过金陵①

玉树②歌终③王气收，
雁行高送石城④秋。
江山⑤不管兴亡事，
一任斜阳伴客愁。

——（唐朝）包 佶

[注释]

①金陵：即今江苏南京。②玉树：即《玉树后庭花》，南朝陈末代皇帝陈叔宝作的一首宫廷宴乐诗，也是歌词。主要描写嫔妃的艳丽，感叹年华易逝，曲调轻浮哀伤，后人视之为亡国之音。③终：这里意为终了、停止。④石城：即金陵，也就是南京。⑤江山：这里指山川、江河。

[诗意]

《玉树后庭花》唱完国家败亡，大雁高高飞过送走金陵的秋天。山川、江河不管朝代的兴亡，任凭西斜的太阳伴随着游子的愁思。

[赏析]

包佶作此诗时，经历安史之乱的唐王朝，朝政更加腐败，因而诗人途经金陵，不由得无限感慨，心事沉重。诗的前两句总写金陵城王气不再，雁归秋残的凄凉、衰败景象。三、四两句借助江山与斜阳的意象，感叹自己忧国忧民、愁思满怀却无处诉说。斜阳西下就如同江河日下的唐王朝，衰亡已成定局，给人无限悲凉之感。

全诗先写景后抒情，以古鉴今，将历史与现实联系起来，意蕴丰富，表现了诗人忧国伤时的情怀。

戴叔伦（唐朝）

戴叔伦（732—789）：字幼公，润州金坛（今江苏省常州市）人。唐代诗人。当过婺州东阳县令、抚州刺史等官。他的诗体形式多样，善五律，内容丰富，主要抒发乡思和归隐的思想，其中反映社会现实的作品尤佳。代表作品有《兰溪棹歌》《独不见》《去妇怨》等。

塞上曲①二首（其二）

汉家旌帜满阴山②，不遣③胡儿④匹马还。
愿得此身长报国，何须生入玉门关⑤。

——（唐朝）戴叔伦

[注释]

①塞上曲：写边塞的诗歌。②阴山：又叫大青山，在今内蒙古自治区北部。③不遣：不让，不打发。遣，打发。④胡儿：此指侵犯边境的胡人。胡，古代对北方等民族的通称。⑤玉门关：今甘肃敦煌西北，是古时通西域要道上的重镇。

[诗意]

大唐的军旗猎猎，插满阴山，胡人的兵马若来侵犯，必定让他们有来无还。我愿将此身终生报效国家，大丈夫为国家何须活着返回家乡。

[赏析]

戴叔伦写有《塞上曲》两首，这是其二。一、二两句写大唐的军队在边境重兵防守，如果胡兵侵犯，一个也不会放过。显示出唐军高昂的斗志和为国靖边、抗击外敌、保家卫国的坚定意志。三、四两句化用汉代班超的典故，表明诗人以身许国，以必死信念战胜胡兵、报效国家的壮志豪情。诗作语言明快，气势豪迈，感情奔放，充满炽烈的爱国主义情感。

韦应物（唐朝）

韦应物（约737—791）：字义博，京兆万年（今陕西省西安市）人。唐代诗人。早年任唐玄宗近侍，后当过洛阳丞及滁州、江州、苏州刺史，世称"韦江州"或"韦苏州"。他的诗以描写田园风光著称，风格秀明，清淡自然，寄情悠远，语言简淡，自成一体。他的诗作甚多，代表诗作有《观田家》《滁州西涧》《秋夜寄邱员外》等。

秋夜寄邱员外①

怀君属②秋夜，
散步咏③凉天。
山空松子落，
幽人④应未眠。

——（唐朝）韦应物

[注释]

①邱员外：名丹，苏州人，曾官拜尚书郎，后隐居。一作"邱二十二员外"。②属（zhǔ）：正值、适逢。③咏：声调抑扬地念、唱。④幽人：幽居隐逸

之人，此指邱丹。

[诗意]

　　怀念你适逢在深秋的夜晚，散步时咏叹这清凉的秋天。遥想空山中此刻正掉落松子，幽居的友人一定还未安眠。

[赏析]

　　此诗是韦应物五言绝句的代表作，用语浅而情义深，着墨淡而回味浓，清新雅致，古朴脱俗，给人宁静、沁人心脾的艺术享受。诗的前半首点明"怀人"的时间、对象，还写在秋夜徘徊、沉吟、思念友人的情景。下半首紧承前半首，由怀人转为推想友人此刻的情状，说明诗人和友人虽身处两地，但仍心灵相通。特别是"山空松子落，幽人应未眠"两句，有声音有画面，以我揣彼，无限情致，让人越读越觉有味。

答李儋①

　　去年花里逢君别，今日花开又一年。
　　世事茫茫难自料，春愁黯黯②独成眠。
　　身多疾病思田里③，邑④有流亡⑤愧俸钱。
　　闻道欲来相问讯⑥，西楼望月几回圆。

——（唐朝）韦应物

[注释]

　　①李儋：字元锡，武威（今属甘肃）人，曾做过殿中侍御史，韦应物的好友。②黯黯：消沉、抑郁，没精打采的样子。③田里：田园、乡村。④邑：城邑，此指韦应物自己管辖的区域。⑤流亡：此指离家出走的人。⑥问讯：探望。

[诗意]

　　去年花开时我与你分别，如今又逢花开时节，你我分别已一年了。世事茫茫，我个人的命运很难预料。这春天时节的忧愁，使我消沉，夜里孤独难眠。身体多病，我想回归田园，去乡村隐居，看到我自己管辖的城邑中那些流亡的百姓，又深感有愧于国家给我的俸禄。听说你要过来探望我，我到西楼看月，那月亮都已圆了多次了。

[赏析]

韦应物与李儋是好友，写此诗时，韦应物在滁州任刺史。此前一年，韦应物与在长安为官的李儋分别，赴滁州上任。一年后的春天，韦应物写此诗寄赠李儋。前两联吐露自己的苦闷心情。第三联写诗人多病欲归隐，但面对流亡的百姓，又不忍放下百姓，因而内心矛盾。尾联照应开头，表达盼与友人早日相聚的意愿。诗作感情真挚，犹如与友人促膝谈心。

李　益（唐朝）

李益（746—829）：字君虞，陇西狄道（今甘肃临洮）人。22岁中进士，授县尉，因久不得升迁弃官。35岁再参加制科考试，得中，后官至礼部尚书。他是"大历十才子"之一。诗作类型、风格多样，尤以边塞诗著名。《从军北征》《夜上受降城闻笛》是其代表诗作。

从军北征

天山①雪后海②风寒，
横笛③偏④吹行路难⑤。
碛里⑥征人三十万，
一时回首月中看。

——（唐朝）李　益

[注释]

①天山：山名，在今新疆哈密市、吐鲁番市北面。②海：此指青海湖。③横笛：乐器名。④偏：一作遍。⑤《行路难》：乐府曲调名。⑥碛（qì）里：沙漠中。此指边关。碛，沙漠。

[诗意]

天山上下过一场大雪之后，从青海湖吹来的大风特别寒冷。行军途中偏偏有人吹起哀怨的《行路难》。行军中的三十万将士听到这悲伤的曲子，纷纷抬头凝望天上的月亮。

[赏析]

李益曾随朔方节度使崔宁从军北征，此诗写北征途中的一个场面，主要表现军中将士们的乡愁。首句交代行军背景，说明环境艰苦，气候恶劣。接着写行军途中有人吹起《行路难》的曲调。由此引发将士们的思乡之情。此诗场面描写壮阔、悲凉，通过对将士微妙心理变化的描写，生动地表现了北征将士对家乡的思念与眷恋。

陈　陶（唐朝）

陈陶（约812—885）：字嵩伯，剑浦（今福建南平）人。早年游学京都长安，研究天文学，作诗也颇有造诣。举进士不第后，云游各地，后隐居洪州西山（今江西新建西）。他最著名的诗是《陇西行四首》，不但思想深刻，且有很强的感染力。诗的主体风格平淡超脱，意境幽深，沉郁苍凉。

陇西行①四首（其二）

誓扫匈奴②不顾身，五千貂锦③丧胡尘④。
可怜无定河⑤边骨，犹是春闺⑥梦里人。

——（唐朝）陈　陶

[注释]

　　①陇西行：乐府旧题，内容多写边塞战事。陇西，即今甘肃、宁夏陇山以西的地方。②匈奴：我国古代民族。③貂锦：貂，动物名，皮毛很珍贵。汉时，帝王的侍从有取其尾饰于冠者。此处指边塞将士。④胡尘：胡，我国古代对西北地区民族的泛称。此处指胡人的土地上。⑤无定河：黄河的主要支流。⑥春闺：一作"深闺"，这里代指战死者的妻子。

[诗意]

　　唐军将士奋不顾身，誓死扫平匈奴，精锐的五千将士全战死在胡人的土地上。可怜那些无定河边成堆的白骨，至今还是少妇们梦中的丈夫。

[赏析]

　　这是陈陶《陇西行四首》中的第二首。前两句用极为概括精练的语言，叙述了一个慷慨悲壮的激战场面。五千汉军精兵全都战死在征讨匈奴的战场上，足见战斗之激烈和伤亡之惨重。后两句紧承上面两句，将"无定河边骨"与"春闺梦里人"联系起来，形成强烈对照，激起人们对战死者妻子的深切同情。一边是现实，一边是梦境；一边是悲哀凄凉的枯骨，一边是年轻英俊的战士。虚实相对，荣枯迥异，艺术效果强烈。

　　诗作既表现了唐军将士的英勇气概和为国献身的精神，也反映和揭露了长期战争给人民带来的深重苦难。

中学生课外必读

杨巨源（唐朝）

杨巨源（约755—？）：字景山，河中（今山西永济）人。唐贞元五年（789）进士，甚受白居易、刘禹锡等大诗人尊重。曾官为太常博士、国子司业等。其诗格律工致，常有佳句。诗作内容格调不俗，在《全唐诗》中有其诗一卷。代表诗作有《城东早春》《折杨柳》等。

城①东早春

诗家②清景③在新春④，绿柳才黄⑤半未匀。
若待上林⑥花似锦⑦，出门俱是看花人。

——（唐朝）杨巨源

[注释]

①城：此指唐代京都长安城。②诗家：泛指诗人。③清景：清秀美丽的景色。④新春：此指早春。⑤才黄：此指刚刚露出嫩黄的柳芽。⑥上林：即上林苑，故址在今陕西西安市西，诗中用来代指唐朝京城长安。⑦锦：有彩色花纹的丝织品。

[诗意]

诗人最喜爱的清秀美丽的景色是在早春，柳枝上的柳叶有的绿、有的黄，还不均匀。等到长安繁花似锦的时候，满城全都是看花赏景的人。

[赏析]

此诗写长安城东早春的景色。第一句直言诗家最喜欢歌咏、赞赏早春景色。第二句具体描绘早春之景，其中的"才""半"两字，不仅写出了早春柳芽的状态，更写出了早春的神韵。三、四两句转写长安城内繁花似锦、游人如织的情景，与早春境况形成鲜明的比照。全诗格调清新明快，文笔简练，体现了诗人对早春景色的赞赏与喜爱。

韩　愈（唐朝）

韩愈（768—824）：字退之，河南河阳（今河南孟州）人。自谓"郡望昌黎"，世称"韩昌黎"或"昌黎先生"。唐代著名诗人、文学家。25岁中进士，历任监察御史、中书舍人等职，晚年官至吏部侍郎，世称"韩吏部"。韩愈倡导古文运动，散文、论说文俱佳，被列为"唐宋八大家"之首。他的诗多为长篇古诗，风格雄奇险怪，气魄宏大，光怪陆离，注重诗歌的自然和实用性。代表诗作有《早春呈水部张十八员外》《左迁至蓝关示侄孙湘》等。

调张籍①（节选）

李杜②文章③在，光焰万丈长。
不知群儿④愚，那⑤用故谤伤。
蚍蜉⑥撼⑦大树，可笑不自量。
伊⑧我生其后，举颈遥相望。

————（唐朝）韩　愈

[注释]

　　①调（tiáo）张籍：用言语戏弄一下张籍。调，调侃。张籍，字文昌，唐代

诗人。②李杜：李白、杜甫。③文章：此指诗篇。④群儿：指"谤伤"李白、杜甫的人。⑤那：通"哪"。⑥蚍蜉：大蚂蚁。⑦撼：摇动。⑧伊：发语词，无义。

[诗意]

李白、杜甫的诗篇同在，光芒万丈，无与伦比。不知道谤伤他们的这些人如此愚蠢，竟会去诽谤中伤他们。这就像蚍蜉去摇撼大树，可笑他们不掂量一下自己的力量。我虽然生活在李杜之后，但我是抬头远远地仰望他们。

[赏析]

中唐诗坛，盛行王（王维）、孟（孟浩然）、元（元稹）、白（白居易）诗风，李白、杜甫的诗篇不但不受推崇，甚至还被谤伤。针对这种现象，韩愈针锋相对地写此诗高度赞扬李、杜诗篇的艺术成就，并表达了对他们由衷的仰慕之情。原诗四十句，节选的是前八句。其中的前两句，是对李、杜诗篇所作的高度评价。此后四句，诗人把愚昧无知的"群儿"比作蚍蜉，讥笑他们自不量力，十分可笑。最后两句，表明诗人对李、杜极其钦仰。此诗对匡正中唐诗坛的不良倾向，具有拨乱反正的作用。

题张十一①施舍三咏·榴花

五月榴花照眼②明，
枝间时见子③初成。
可怜④此地无车马，
颠倒⑤青苔落绛英⑥。

——（唐朝）韩 愈

[注释]

①张十一：即张署，十一是家里的排行，他是韩愈的朋友，与韩愈同任监察御史，不但政见相同，也曾一起被贬。此诗作于两人遇赦，一起等待被起用期间。②照眼：耀眼。③子：即石榴。④可怜：可惜。⑤颠倒：散乱的样子。⑥绛英：红色的石榴花。绛，大红色。

［诗意］

五月的石榴花红得耀眼，枝叶间常能看到才结出的小石榴。可惜没见达官贵人乘车骑马来这儿观赏，大红的榴花纷繁杂乱地散落在青苔上。

［赏析］

此诗前两句点明时令，写景状物。"照眼明"三字写出了榴花的夺目耀眼，也透出诗人将被重新起用而内心愉悦。后两句借景寄情，替榴花惋惜，感叹榴花因开在偏僻之地而无人观赏，实则为自己和朋友虽有满腹才华却不受朝廷赏识，一再被贬而愤愤不平。此诗主旨含蓄，气度沉稳，既说明诗人对朝廷有所期待，又说明自己怀才不遇而心有怨艾。

刘禹锡（唐朝）

刘禹锡（772—842）：字梦得，号庐山人，洛阳（今河南洛阳）人。唐代著名文学家、诗人，有"诗豪"之称。与柳宗元并称"刘柳"，与白居易并称"刘白"。21岁中进士，历任监察御史、吏部郎中及和州、苏州刺史等职。他性格刚毅，诗文俱佳。诗作风格简洁明快，风情俊爽。善用比兴、寄托手法。咏史之作，尤其闻名。代表诗作有《秋词》《酬乐天扬州初逢席上见赠》等。

酬乐天咏老见示①

人谁不顾②老，老去有谁怜③。
身瘦带④频减⑤，发稀⑥冠自偏⑦。

废书⑧缘惜眼⑨，多灸⑩为随年⑪。

经事还谙⑫事，阅人如阅川⑬。

细思皆幸⑭矣，下此⑮便倏然⑯。

莫道桑榆晚⑰，为霞⑱尚满天。

——（唐朝）刘禹锡

[注释]

①酬乐天咏老见示：作诗酬答乐天把对"老"的看法说出来。酬，酬答。乐天，白居易，字乐天。咏，用诗词等叙述。见示，给看、告诉的意思。示，表明，把事物拿出来或指出来使别人知道。②顾：顾及、考虑。③怜：怜惜。④带：指古人系在腰上的腰带。⑤频减：多次缩紧。频，多次、屡次。⑥发稀：头发稀少。⑦冠自偏：帽子自然歪了，戴不正了。冠，帽子。⑧废书：丢下书本，不看书。⑨缘惜眼：因为爱惜眼睛。⑩灸：指用艾叶等烧灼或熏烤身体某一部位的治疗方法。⑪随年：指适应年龄的增长、身体衰老的变化。⑫谙（ān）：熟悉。⑬阅人如阅川：其意为"阅历人生如积水成川一样"。阅，经历。⑭幸：幸运。⑮下此：意思是解决对衰老的担忧。下，改变、解决的意思。此，即"顾老"，对衰老的忧虑和担心。⑯倏（xiāo）然：无拘无束，自由自在。⑰桑榆晚：比喻人至晚年。桑榆，指桑、榆二星。每天太阳到桑星、榆星中间的时候，天色已晚了。⑱霞：晚霞。

[诗意]

人谁会不想到衰老，老了谁会怜惜他。身体逐渐瘦下去，腰带越缩越小，头发少了帽子自然也偏了。丢下书本不看是因为爱惜眼睛，常常用艾条灸烧是由于随着年龄增大病也多了。经历过的事情多了也熟悉了世事，接触的人越多就越了解人。仔细想想老了也有幸运的地方，改变了对老的忧虑便无拘无束心情轻松。不要说太阳到了桑榆时已晚了，它的霞光还可以光辉灿烂映红满天。

[赏析]

刘禹锡与白居易是诗文至交，写此诗时两人都已六十多岁。白居易有时想到衰老很感伤，于是写了一首诗寄给刘禹锡，诗中流露出对"老"的忧虑，刘禹锡便写此诗回赠白居易。开头六句，表示对白居易诗中有关"老"的一些看法颇有同感。如觉得随着衰老，人瘦了，头发少了，书也只能少看或丢下不看了，等等。接下来四句谈和白居易的不同看法，如认为老也有老的好处和优势，如经历的事情多，经验也会多，等等。所以，刘禹锡最后觉得年纪大，其实"为霞尚满天"，还是可以大有作为，完全不必为老叹息、忧伤。刘禹锡的这些观点分析到位，理由充分，既是对友人白居易的宽慰与鼓励，也是对后人的警策之语，深含哲理，意义深远。

竹枝词①二首（其一）

杨柳青青江水平，
闻郎江上踏歌②声。
东边日出西边雨，
道是无晴③却④有晴。

——（唐朝）刘禹锡

[注释]

①竹枝词：原是唐代巴渝（今重庆一带）的一种民间歌谣，后演变为一种诗体。②踏歌：一作"唱歌"。踏歌是一种民间歌调。③晴："晴"与"情"同音，谐音双关，说"无晴""有晴"，也就是包含了无情、有情的意思。④却：一作"还"。

[诗意]

杨柳青青，江水与岸齐平，江面上传来情郎的歌声。东边出了太阳，西边还在下雨，说是没有晴（情）其实还是有晴（情）。

[赏析]

刘禹锡在任夔州刺史期间作《竹枝词》多首，这是其中一首。诗的第一句写景，同时点出节令。这一句用的是比兴手法。第二句写少女听到江上情郎的歌声，这是叙事，是故事的开端。此后三、四两句写少女听到情郎歌声后的心理活动。诗人巧借自然现象和"晴""情"谐音、语意双关的特点，写出了"道是无晴（情）却有晴（情）"的认识。诗作清新明朗，含蓄而有情致，是一首脍炙人口的民间情歌。

浪淘沙①（其八）

莫道谗言②如浪深，
莫言迁客③似沙沉。
千淘万漉④虽辛苦，
吹尽狂沙始到金。

——（唐朝）刘禹锡

[注释]

①浪淘沙：词牌名。刘禹锡写有《浪淘沙》九首，这是其中第八首。②谗言：诽谤的话。③迁客：指被贬谪外调的官。④千淘万漉：成千上万次地挑拣过滤。

[诗意]

不要说小人的诽谤像浪涛一样，也不要说贬谪的人就会似泥沙一般的消沉颓废。成千上万次的挑拣、过滤虽然辛苦，但只有淘尽黄沙，历经磨难，才能得到真正的金子。

[赏析]

刘禹锡因参与政治改革，屡遭诽谤被贬。此诗开篇即用"莫道"一词，表明对谗言的蔑视，不屑一顾。次句进一步表明像他这样的"迁客"，决不会泥沙似的消沉，更不会从此一蹶不振。三、四两句拿淘金者淘金为例，说明迁客在历经磨难之后，总会洗清冤屈，得到清白。诗作表达了诗人不惧谗言、不惧政治上打击的坚强意志和正义一定能战胜邪恶的坚定信念，也体现了诗人不屈不挠的乐观精神。全诗充满浩然正气，且极有哲理。

竹枝词①九首（其七）

瞿塘②嘈嘈③十二滩，
此中道路古来难。
长恨人心不如水，
等闲④平地起波澜。

—— （唐朝）刘禹锡

[注释]

①竹枝词：词牌名。②瞿塘：即长江三峡之一的瞿塘峡，峡中有十二险滩。
③嘈嘈：湍急的水流发出的声音。④等闲：无端，无缘无故的。

[诗意]

瞿塘峡中的江水嘈嘈地流过十二个险滩，这里行船自古以来就十分艰难。
长恨人心还不如这瞿塘峡的江水，无缘无故地在平地也会掀起波澜，惹发事端。

[赏析]

刘禹锡参与政治革新失败后，屡遭权奸、小人陷害，多次被贬。这种痛苦
的遭遇让他深感仕途艰难，人心凶险。这首诗虽是他的愤世嫉俗之言，但也真
切地反映了他对阴暗的人心世态的厌恶。诗的一、二两句写瞿塘峡滩险水急，
行船困难。三、四两句以瞿塘峡的水险喻人心的险恶，语意深刻，比喻巧妙。
诗作巧用比兴，直抒胸臆，言辞直率、辛辣。

西塞山怀古①

王濬②楼船③下益州，金陵④王气黯然⑤收⑥。
千寻⑦铁锁⑧沉江底，一片降幡⑨出石头⑩。
人世几回伤往事，山形⑪依旧枕⑫寒流⑬。
今逢四海为家⑭日，故垒⑮萧萧⑯芦荻秋。

—— （唐朝）刘禹锡

［注释］

①西塞山怀古：在西塞山凭吊古迹，抒发感慨。西塞山，在今湖北省黄石市，三国时为吴国江防要塞。②王濬：字士治，西晋大将，晋武帝时奉旨造可容二千余人的战船，率水军伐吴，攻克建业（今江苏南京）。③楼船：这里指高大的战船。④金陵：这里指三国吴国的国都建业。⑤黯然：形容神情沮丧的样子。⑥收：结束、终结。⑦千寻：形容长。寻，古代八尺为一寻。⑧铁锁：铁链。当年吴国在长江险要水面拦上铁链，以阻止王濬的战船行驶。王濬则用火熔断铁链，使之沉入江底。⑨降幡：表示投降的旗帜。⑩石头：指石头城（一说石头城即建业）。王濬攻破石头城后，吴主孙皓随即举旗投降。⑪山形：指西塞山。⑫枕：依、靠。⑬寒流：指长江。⑭四海为家：即四海一家，天下统一的意思。⑮故垒：指西塞山上旧时的营垒。⑯萧萧：秋风的声音，形容荒凉。

［诗意］

王濬高大的战船离开益州伐吴，金陵城的帝王之气黯然结束。江面上的千寻铁锁被沉入江底，一面投降的旗帜出现在石头城上。人世间多少兴亡之事让人伤感，只有西塞山仍然倚靠在长江岸边。而今四海一家，天下统一，唯有旧时的营垒在秋风萧萧的芦荻丛中显得那么荒凉、冷落。

［赏析］

这是一首意蕴深厚的怀古诗。前四句概述当年西晋名将率水师顺长江伐吴，使吴国投降的历史往事。五、六两句承上启下，用以上史事揭示国家由分裂必然走向统一的历史规律，从中体现出诗人反对藩镇割据，乐见天下一统的思想主张，亦说明国家统一是大势所趋，即使山川地形险要也不足为恃。诗作主题深刻，语言洗练，境界开阔，起承转合圆熟，史、景、情完美结合，堪为唐代怀古诗中的巅峰之作。

王 建（唐朝）

　　王建（约767—约830）：字仲初，颍川（今河南许昌）人。唐代诗人。四十岁以后才当过县丞、司马之类的小官，世称"王司马"。他的乐府诗与张籍齐名，人称"张王乐府"。其诗大多反映船家、农夫、蚕农、织妇等劳动者的艰辛生活，思想深刻，生活气息浓厚，且多用白描、对比等手法刻画人物，表现场景。代表诗作有《雨过山村》《十五夜望月》等。

雨过山村

雨里鸡鸣一两家，
竹溪①村路板桥②斜。
妇姑③相唤④浴蚕⑤去，
闲看⑥中庭栀子花⑦。

——（唐朝）王 建

[注释]

　　①竹溪：岸边长着竹子的小溪。②板桥：木桥。③妇姑：嫂嫂和小姑。一说媳妇和婆婆。④相唤：相互呼唤。⑤浴蚕：将蚕种浸在盐水中，以选出优良的蚕种，称为浴蚕。⑥闲看：没闲时间看，一作"闲着"。⑦栀子花：常绿灌木，春夏开白花，果实黄色，可药用。

[诗意]

　　雨中传来村里一两家的鸡叫，竹林旁的小溪上，木桥歪歪斜斜。村里的嫂子小姑，招呼着相约去浴蚕，连院子里盛开的栀子花，人们都忙得没工夫去观赏。

此诗写山村景色和农家生活。首句中的"一两家"说明村子小，"鸡鸣"反衬山村的宁静。第二句竹溪、村路、板桥，写的是山村特有的景物，这两句实写山村风光。后面两句表现了雨中山村的景色美，也写出农家生活的忙碌与快活。全诗从景写到人，从人写到农事，用妇姑都去浴蚕、庭中的栀子花都没人顾得上看两件事，反映农事的紧张、忙碌。

十五夜①望月

中庭②地白③树栖④鸦，

冷露无声湿桂花。

今夜月明人尽望，

不知秋思⑤落谁家？

——（唐朝）王 建

［注释］

①十五夜：农历八月十五日的夜晚。这一天是传统的中秋节。②中庭：即庭院中。③地白：月光照在地上一片洁白。形容月光皎洁。④栖：歇、休息。⑤秋思：秋天的情思，指怀念人的思绪。

［诗意］

院中月光洁白，树上栖着乌鸦，清冷的秋露打湿一树桂花。今夜月光明亮，人们都在凝望，但不知绵绵秋思会落到谁家？

［赏析］

此诗运用形象的语言，丰富的想象，把读者带进中秋之夜月明人远、思深情长的情境中。首句写月光的皎洁，以动衬静，烘托月夜的静谧。次句写月下美景，冷露、润湿的桂花惹人情思，引人遐想。最后两句别出心裁不直说自己思乡，而改用疑问句式，用"秋思落谁家"的问疑方法，侧笔表达自己的思乡之情。诗作情景交融，想象丰富，意境典雅、优美。

薛　涛（唐朝）

薛涛（约 768—832）：字洪度，长安（今陕西西安）人。唐代诗人，人称才女。幼随父入蜀，父死后，生活窘迫，沦为乐妓。她聪明、美貌，才华出众，懂音律，善诗词，自创"薛涛笺"，用于写诗。她与白居易、元稹、杜牧、刘禹锡等众多大诗人有交往。她的诗词清丽温婉，颇有才情，但大多都已散佚。代表诗作有《送友人》《春望词四首》等。

牡　丹

去春零落暮春时，泪湿红笺①怨别离。
常恐便同巫峡散②，因何重有武陵期③？
传情每向馨香④得，不语还应彼此知。
只欲栏边安枕席⑤，夜深闲共说相思。

——（唐朝）薛　涛

[注释]

　①红笺：由薛涛创制的一种长方形小笺，多用于写诗，作信纸。②巫峡散：引用巫山神女的典故，说的是楚襄王与巫山神女梦中幽会之事。③武陵期：指《桃花源记》中武陵渔人发现桃花源和《幽明录》中刘晨、阮肇遇仙女两事。④馨香：芳香。⑤枕席：泛指卧具。

[诗意]

　去年遇见你正是百花凋零的暮春时节，我的眼泪沾湿红笺，怨恨邂逅后的别离。常常担心你我会像巫山神女和襄王般难以再聚，因何我俩如今能像武陵人那样欣喜重逢？我每每能从你的芳香中感受到你传递的情意，虽然不能言语，你我却深深相爱彼此心知。此刻我只想在花栏边安放下枕席，待到夜深人静时和你一起说说相思。

[赏析]

此诗全篇采用拟人手法，把牡丹花当作热恋中的情人，用向对方倾诉衷肠的方式，表达诗人内心对爱情的迷恋、执着和深深的向往。同时，诗句中亦隐含有些许的别情离怨。诗作情丝缠绵，想象新奇，表现方式别致，以牡丹为题，却不出现牡丹一词，真正做到了物我一体，难分彼此。

送友人

水国①蒹葭②夜有霜，
月寒山色共苍苍③。
谁言千里自今夕，
离梦④杳⑤如关塞⑥长。

——（唐朝）薛　涛

[注释]

①水国：指多江河、湖泊的地区。②蒹葭：芦苇。③苍苍：深青色。④离梦：离人（处于离别中的人）的梦。⑤杳：无影无声，寻不到踪影。⑥关塞：边塞、边关，一作"关路"。

[诗意]

水乡的芦苇夜半时落上了寒霜，清寒的月光与深青山色混为一体。谁说与友人的千里之别始自今夕，离人的别梦无影无声，犹如关塞之路那般漫长。

[赏析]

这是一首被誉为可与唐代才俊竞雄的送别诗名作。前两句化用《诗经·蒹葭》中"蒹葭苍苍，白露为霜"的诗意，点出时令，交代环境。再用凄冷的秋霜、寒月和苍苍的山色，烘托气氛，表现诗人与友人告别时的忧伤。后两句是说给友人听的慰藉之语，含着"海内存知己，天涯若比邻"的意思，亦说明诗人虽为女子，乐相聚，重友情，但又不过于执念，卿卿我我，而这也正是本诗有别于一般送别诗的特色之一。诗作情景交融，诗句工绝，笔法曲折，情绪哀而不伤，才情四溢。

刘方平（唐朝）

刘方平：生卒年不详。字、号不详。唐代诗人，洛阳（今河南洛阳）人。唐玄宗天宝年间诗人。曾参加进士试，不第。欲从军，也未如愿。从此隐居乡间，寄情山水，终生未仕。他擅长绝句。诗作大多写乡思、闺情之类。书、画也很有名。诗风恬淡，意蕴深厚。代表诗作有《月夜》《望夫石》等。

月 夜

更深①月色半人家②，
北斗③阑干④南斗⑤斜。
今夜偏知⑥春气暖，
虫声新透⑦绿窗纱。

——（唐朝）刘方平

[注释]

①更深：夜深了。更，古时计算时间，将一夜分成五更。②半人家：指夜

深月光西斜，只照着半个庭院。③北斗：即北斗星。④阑干：这里指横斜的样子。⑤南斗：星宿名，二十八宿之一。有六颗星，在北斗星南面。⑥偏知：才知，表示出乎意料。⑦新透：第一次透过。

[诗意]

夜已经深了，月光照亮了半个庭院，北斗星横斜，南斗星也已倾斜。今夜特别感觉到春的温暖气息，小虫的叫声也第一次透过纱窗传过来。

[赏析]

此诗写诗人对物候变化的感受，清新而又有情致。首句给全诗营造出一种朦胧又神秘的意境。第二句从天上星系位置的变化，暗示季节的变化。三、四两句从"春气暖"自今夜始和"虫声新透"表明天气、物候的变化，此诗正是通过这些写出了诗人对这些物候、天象细微变化的感受。全诗用字精确，景物描写细致，诗风清丽，别有特色。

春　怨

纱窗日落渐黄昏，
金屋①无人见泪痕。
寂寞空庭春欲晚，
梨花满地不开门。

——（唐朝）刘方平

[注释]

①金屋：语出汉武帝为太子时说的"若得阿娇作妇，当作金屋贮之"。此指宫廷中妃嫔所住的华丽的宫室。

[诗意]

纱窗外太阳落下渐近黄昏，华丽的宫室内没人看到她满脸泪痕。空旷的庭院春意阑珊，寂寞冷清。梨花飘落满地，宫门紧紧地关闭。

这是一首反映宫中被弃嫔妃凄惨境遇的诗。首句点出时间，次句交代人物的身份，描述她们的处境和心情。三、四两句写庭院和满地的落花。诗作从人物独处一室、满脸泪痕、宫门紧闭等方面，反映被弃嫔妃的孤独、寂寞及无处诉说的痛苦。从中也体现了诗人对这些宫中女子悲惨命运的同情。全诗以景衬情，意境凄迷，情感含蓄而又深沉悲凉。

徐 凝（唐朝）

徐凝：生卒年不详，唐朝睦州分水县（今浙江桐庐县分水镇）人。唐代诗人。唐宪宗元和中期进士，官至金部侍郎。曾与白居易有交往。他的诗歌诗风朴实无华，善写景状物，用语如叙家常，能恰当使用比喻、拟人、夸张等多种修辞手法。代表诗作有《忆扬州》《题处湖》等。

忆扬州①

萧娘②脸薄难胜③泪，
桃叶④眉尖易觉愁。
天下三分⑤明月夜，
二分无赖⑥是扬州。

——（唐朝）徐 凝

[注释]

①扬州：今江苏省扬州市。②萧娘：南朝以来，诗词中通常将诗中男子所恋的女子称为萧娘，将女子所恋的男子称作萧郎。③胜：能承受。④桃叶：原是晋王献之亡妻的名字，此是所有女子的代称。⑤天下三分：语出《论语》"三分天下有其二，以服事殷"之句。⑥无赖：这里是可爱、可喜的意思。

[诗意]

扬州的少女笑容可掬，脸上藏不住眼泪，少女的眉头稍有一点忧愁就容易被人察觉。如果天上的明月有三分光华，可爱的扬州竟然能占到两分。

[赏析]

此诗虽题为《忆扬州》，其实是一首怀人的作品。开篇写所恋扬州少女的快乐、纯真和可爱，反映出诗人对恋人的喜欢与怀念。三、四两句写月光。这内容看似与前面内容毫不相干，其实是诗人借天下三分明月，扬州竟占去二分这样的夸张说法，通过夸赞地方的美好来夸赞人的美好，这是一种爱屋及乌的写法。此诗表现手法特别，尤其是结尾两句，更是写出了扬州的无限风韵，成了脍炙人口的经典名句。

许　浑（唐朝）

许浑：生卒年不详，字用晦，祖籍润州丹阳（今江苏丹阳）。唐代诗人。大和六年（832）中进士，当过刺史、监察御史等官。诗名甚大。其诗多写水、雨之景，十分讲究用语、对仗、格律。诗风有雄浑、豪放和清新、幽怨的特色。代表诗作有《金陵怀古》《咸阳城东楼》等。

谢亭①送别

劳歌②一曲解行舟，
红叶青山水急流。
日暮酒醒人已远，
满天风雨下西楼③。

—— （唐朝）许 浑

[注释]

①谢亭：即谢公亭，位于宣城北，为南朝齐诗人谢朓任宣城太守时所建。
②劳歌：原指在劳劳亭（旧址在今南京市南）送别时唱的歌，后成了这类送别
歌的代称。③西楼：即谢亭。

[诗意]

听完一曲送别的歌，朋友你解开缆绳登船启程，两岸红叶青山，江水湍急。
日暮酒醒以后，友人已经远去，我在漫天风雨之中，寂寞地走下西楼。

[赏析]

这是一首送别诗。首句写送别友人乘舟离去，一曲劳歌流露出依依惜别之
情。次句写送别时所见之景，红叶青山，景色绚烂，反衬了离愁的难堪。后两
句写友人离去后，诗人在亭中小睡，酒醒后，在满天风雨中孤独地走下西楼。
此诗前两句以乐景写哀情，后两句以日暮和满天风雨表现友人离去后的伤感与
孤单，表现手法极为高明。

咸阳城西楼晚眺①（节选）

一上高城②万里愁，
蒹葭③杨柳似汀洲④。
溪云⑤初起日沉阁⑥，
山雨欲来风满楼。

—— （唐朝）许 浑

[注释]

　　①咸阳城西楼晚眺：傍晚时在咸阳城西楼眺望。咸阳，秦朝都城，今陕西省咸阳市。眺，从高处远望。②高城：即咸阳城西楼。③蒹葭：芦苇一类的水草。④汀洲：水边平坦的沙地。⑤溪云：溪边的云。⑥阁：指咸阳城西的慈福寺。

[诗意]

　　一登上高楼便觉得有万里乡愁，芦苇青青杨柳依依如江南汀洲。溪上浓云突起，夕阳西沉照寺阁，山雨快要来临，狂风已灌满城楼。

[赏析]

　　此诗原有八句，节选的是前四句。写此诗时，唐王朝已日薄西山，而此时诗人正任监察御史。一天傍晚，诗人登上咸阳城西楼，此诗即写登楼远眺的所见所感。前两联写由眼前的蒹葭、杨柳想起江南的家乡，引发乡愁。三、四两句写由眼前的云起、日沉、风满楼、山雨欲来，联想到当时唐王朝面临的政治局势，其心情的沉重不言而喻，且蕴含有深刻的哲学道理，现在也常被人们引用。

李　涉（唐朝）

　　李涉：生卒年不详，约806年后去世。自号清溪子。洛阳（今河南洛阳）人。唐代诗人。曾任通事舍人、国子博士，世称"李博士"。诗作多写现实生活，出语平淡，风格古朴平易。代表诗作有《题鹤林寺僧舍》《奉使京西》等。

题鹤林寺僧舍

终日昏昏醉梦间，
忽闻春尽强①登山。
因过②竹院③逢僧④话⑤，
又得浮生⑥半日闲。

——（唐朝）李 涉

[注释]

①强：勉强。②过：经过，路过。③竹院：即僧院。④僧：和尚。⑤话：交谈。⑥浮生：语出《庄子》"其生若浮"。意为人生漂浮无定，如无根之浮萍，不受自身之力所控。

[诗意]

整天昏昏沉沉处于如醉似梦之中，忽然发现春天即将过去，于是勉强去登山赏景。因为路过寺院遇到僧人就与之交谈，难得在这纷扰的世事中得到了半日的清闲。

[赏析]

此诗作于诗人被贬谪、流放康州期间。首句描述诗人自己的精神状态，可见情绪极其低落。次句写强打精神，勉强去登山观赏春景。三、四两句写途中路过寺院与僧人交谈，自己感觉在纷扰的世事中，难得享受了这半日的清闲。最后一句是全诗的点睛之笔，不仅表现了诗人与僧人交谈后心情的平和，还蕴含有一种不涉尘事、超然物外的禅意。后人也常用此句来表达忙中偷闲、闲适淡泊的心情。

白居易（唐朝）

白居易（772—846）：字乐天，晚年号香山居士，下邽（今陕西渭南）人。唐代杰出的现实主义诗人，有"诗魔"之称。28岁中进士，曾任江州司马，杭州、苏州刺史，刑部尚书，太子少傅等职。他积极倡导新乐府运动，主张"文章合为时而著，诗歌合为事而作"。诗作重写实，题材广泛，多用白描手法，善于叙事结合议论，诗意通俗易懂。代表作品有《长恨歌》《卖炭翁》《琵琶行》《与元九书》等。

村　夜①

霜草②苍苍③虫切切④，
村南村北行人绝⑤。
独⑥出前门望野田⑦，
月明荞麦花如雪。

——（唐朝）白居易

[注释]

①村夜：乡村的夜。②霜草：被秋霜打过的草。③苍苍：灰白色。④切切：虫鸣的细碎声音。⑤行人绝：来来往往的行人绝迹了。绝，绝迹。⑥独：独自。⑦野田：田野。

[诗意]

霜后灰白色的草丛中小虫切切，村南村北的小道上没一个人影。独自走到门前凝望眼前的田野，皎洁的月光照得荞麦花洁白如雪。

[赏析]

　　此诗前两句描绘的是乡村的夜景。"霜草苍苍"说明时令已是深秋。"虫切切"显出夜的凄清。"行人绝"表明此时已夜深人静。这两句既写出了乡村秋夜的特征，也透露出诗人孤独寂寞的心情。三、四两句中的前一句起过渡作用，把从描写村庄转为描写田野；后一句是全诗的经典之句，给读者展示了秋夜迷人的画面。全诗描写的村夜，既萧瑟凄清，又清丽壮观。诗人的感情也从孤独寂寞变为恬适喜悦。

长相思^①·汴水流

　　汴水^②流，泗水流，流到瓜洲^③古渡头。吴山^④点点愁。
　　思悠悠，恨悠悠^⑤，恨到归时方始休。月明人倚楼。

——（唐朝）白居易

[注释]

　　①长相思：词牌名。②汴水：河流名。源于河南，流经安徽入淮河。③瓜洲：在扬州南长江北岸。④吴山：在今杭州的钱塘江边上。⑤悠悠：形容长久。

[词意]

　　汴水长流，泗水长流，一直流到瓜洲的古老渡口。吴山默默发愁。思绪绵绵，怨恨绵绵，等你回来了这恨呀才会罢休。明月下，我倚楼怅望。

[赏析]

　　这是一首闺怨词，写一个少妇月下倚楼想念远游的丈夫，表现了少妇的相思和怨怼之情。上片写景，景中寓情。明写汴水、泗水千里奔流，暗示少妇的心时刻追随着丈夫远行。接着借吴山的静默，暗喻少妇思夫的愁苦。下片直抒胸臆，表达对丈夫长久未归的怨恨。最后才用"月明人倚楼"一句点出词中的人物、时间、地点这些背景。此词以"恨"写爱，不露痕迹地景中寓情，且先景、情，再交代人、时、地，结构独特。

忆江南①三首（其二、其三）

其二

江南忆，最忆是杭州。山寺②月中寻桂子③，郡亭④枕上看潮头。何日更重游？

其三

江南忆，其次忆吴宫⑤。吴酒一杯春竹叶⑥，吴娃⑦双舞醉芙蓉。早晚⑧复相逢？

——（唐朝）白居易

[注释]

①忆江南：词牌名。此处的江南指长江下游，今江浙一带。②山寺：这里指杭州下天竺寺，又名法镜寺。天竺寺分上天竺、中天竺、下天竺三寺。③桂子：指传说中月中桂树上掉下来的桂花（一说指桂花的籽实）。④郡亭：钱塘江边的一座亭子（具体亭名已不可考）。⑤吴宫：原指吴王夫差为西施特建的宫殿，此处代指苏州。⑥春竹叶：春，意思是使人感到春意。竹叶，指代美酒。⑦吴娃：苏州的美女。⑧早晚：犹言何日，几时。

[词意]

回忆江南，最让人回忆、难以忘怀的是杭州。在山寺寻找从月宫中落下的桂花，躺在亭子里看钱塘江大潮的浪峰。什么时候能再去重游呢？

回忆江南，其次让人回忆、难以忘怀的是苏州。喝一杯苏州的美酒，暖意如春，看苏州美女双双起舞，多像朵朵迷人的芙蓉，让人陶醉。什么时候能够再次相逢？

[赏析]

白居易的《忆江南》有三首。第一首泛忆江南，从总体上歌咏江南美丽的山水风光。二、三两首分咏江南的杭州、苏州：写在杭州自己曾经的"山寺月中寻桂子，郡亭枕上看潮头"的趣事；写在苏州曾经的"吴酒一杯春竹叶，吴娃双舞醉芙蓉"的美酒、歌舞。词作表达了诗人对杭、苏两地山水风光的赞美，以及对过往江南生活的眷恋与期待重游江南的愿望。词作内容高度概括，语言平易、清朗，意境甜美，洋溢着诗情画意。

放言①五首（其三）

赠君②一法决狐疑，不用钻龟与祝蓍。③
试玉④要烧三日满，辨材⑤须待七年期。
周公恐惧流言日⑥，王莽⑦谦恭未篡时。
向使⑧当初身便死，一生真伪复谁知？

——（唐朝）白居易

[注释]

①放言：无所顾忌，畅所欲言的意思。②君：您。此指诗人友人元稹。③钻龟、祝蓍（shī）：都是古人的占卜方法。龟，龟壳。蓍，即蓍草，草本植物。④试玉：检验玉的真假。⑤辨材：辨别是什么木材。豫（枕木）、章（樟木）幼苗时极相似，七年后，方能辨别。⑥"周公"句：指周文王之子摄政时，遭流言诋毁，而避居东方一事。⑦王莽：汉元帝皇后之侄，后篡位自立，改国号新。⑧向使：假使。

[诗意]

送给你一种解决狐疑的方法，不需要用钻龟或祝蓍去占卜吉凶。检验玉的真假要烧满三日方能知晓，辨别材质须等到七年以后。周公畏惧在流言中过日子，王莽在未篡位前伪装谦恭。假使他俩当初就死了，他俩一生的真伪又有谁能知道？

[赏析]

元和十年（815），白居易遭权臣嫉恨，被贬江州司马。此前，元稹亦因得罪宦官获罪。此诗即在此背景下所作。诗篇阐明了只有通过时间的考验，才能了解真相、判别真伪的道理。诗作开头用"赠"字强调所说方法的宝贵，次联介绍"一法"的内容，三联举例说明，最后用假设和反问结合的方式，让人领悟此法所含的道理。而诗人的真实用意是借此让友人元稹明白，历史终将为他们澄清是非曲直。

观刈麦①

田家少闲月，五月人倍②忙。

夜来南风起，小麦覆陇黄③。

妇姑荷箪食④，童稚携壶浆⑤。

相随饷田⑥去，丁壮⑦在南冈⑧。

足蒸暑土气⑨，背灼炎天光⑩。

力尽不知热，但惜夏日长⑪。

复⑫有贫妇人⑬，抱子在其⑭旁。

右手秉遗穗⑮，左臂悬敝筐⑯。

听其相顾言⑰，闻者为悲伤。

家田输税⑱尽，拾此充饥肠。

今我何功德⑲，曾不事农桑⑳。

吏禄三百石㉑，岁晏㉒有余粮。

念此私自愧㉓，终日㉔不能忘。

——（唐朝）白居易

[注释]

①观刈麦：刈，割。②倍：更加。③覆陇黄：小麦黄熟时遮盖住了田埂。覆，盖。陇，同"垄"，这里指农田中种植作物的土埂。④妇姑荷箪食：妇姑，媳妇和婆婆，这里泛指妇女。荷，肩挑。箪食，竹篮盛的饭食。箪，竹篮。食，饭食。⑤童稚携壶浆：童稚，小孩子。携，提。浆，古代一种略带酸味的饮品，有时也可以指米酒。⑥饷田：给在田里劳动的人送饭。饷，送食物。⑦丁壮：青壮年男子。⑧南冈：地名。⑨足蒸暑土气：双脚受地面的热气熏蒸。暑土，灼热的土地。⑩背灼炎天光：灼，炙烤。炎天光，炎热的太阳光。⑪

但惜夏日长：但，只。惜，珍惜。⑫复：又。⑬贫妇人：贫穷的妇人。⑭其：他，代词。指割小麦者。⑮秉遗穗：拿着从田里拾取的遗落的麦穗。秉，拿着。⑯悬敝筐：挎着破篮子。悬，挎。敝筐，破篮子。⑰相顾言：相互诉说。顾，视、看。言，诉说，名词作动词。⑱输税：缴纳赋税。⑲今我何功德：如今我有什么功德。何，什么。⑳曾不事农桑：一直不从事农业生产。曾，一直、从来。事，从事。农桑，农耕和蚕桑。㉑吏禄三百石：当时白居易任周至县尉，一年的薪俸大约是三百石米。石，古代容积单位，十斗为一石。㉒岁晏：年底。晏，晚、迟。㉓念此私自愧：念此，想到这些。私自，暗自。㉔终日：整天。

[诗意]

农家很少有空闲的月份，每当五月人们就更加忙碌。夜里刮起了南风，覆盖着田垄的小麦成熟了，一片金黄。妇女们担着盛在竹篮里的饭食，儿童提着用壶装的浆水，相随着给在田里劳动的人送饭，割麦的青壮年男子都在南冈。双脚承受着地面热气的熏烤，背脊受炎热的阳光灼烤。筋疲力尽也不知道天气炎热，只是珍惜夏天的白昼长，可多做一些。又见一位贫苦的妇人，抱着孩子站在割麦者身旁。她右手拿着遗落在麦田里的麦穗，左臂上挎着一只破旧的篮子。听了她的一番诉说，听到的人都替她感到悲伤。家里的土地为缴赋税卖光了，只好拾些麦穗来填饱饥肠。如今我有什么功德，从来没从事过农耕蚕桑。一年就有三百石俸禄，到了年底还有余粮。想到这些暗自感到惭愧，整日萦绕心头不能忘却。

[赏析]

这是一首古体诗，是元和三年（808）诗人任周至（现在陕西周至）县尉时写的。全诗分四部分。第一部分四句，交代时间及其环境气氛，其中的开头两句总领全篇。第二部分八句，具体写"人倍忙"的收麦情景：妇姑、童稚送饭送水，壮丁忙着割麦，也顾不上劳累和天气炎热。第三部分八句，着力描写一个拾麦穗贫妇悲惨的生活境遇：为缴赋税，家里的田地都卖光了，如今只好拾些麦穗充饥。第四部分六句，写诗人由农家的辛劳和贫妇的痛苦遭遇联想到自己生活的舒适，不由得暗自惭愧。全诗完全采用白描的手法，如实展现生活场景，间接揭示了繁重的赋税给劳动人民造成的灾难，表现了诗人对穷苦百姓的同情和怜悯。

望月有感①

自河南经乱②，关内阻饥③，兄弟离散，各在一处。因望月有感，聊书所怀，寄上浮梁④大兄、於潜⑤七兄、乌江⑥十五兄，兼示符离⑦及下邽⑧弟妹。

时难年荒世业⑨空，弟兄羁旅⑩各西东。

田园寥落⑪干戈⑫后，骨肉流离道路中。

吊影⑬分为千里雁⑭，辞根散作九秋蓬⑮。

共看明月应垂泪，一夜乡心五处同。

——（唐朝）白居易

[注释]

①望月有感：诗人感慨兄弟姐妹天各一方，有感而作。②河南经乱：唐德宗贞元十五年（799），开封宣武节度使董晋死后，部下叛乱，接着汝南彰义军节度使吴少诚又叛乱，战争规模大、时间长，都在河南境内，白居易老家河南新郑，受到影响。③关内阻饥：关内，指现在的陕西大部和甘肃东部地区。阻饥，道路不通和饥荒。当时长安一带连年干旱，灾情严重。④浮梁：现在的江西景德镇。当时白居易长兄任浮梁主簿。⑤於（yú）潜：现在的浙江临安，当时白居易七兄任於潜县尉。⑥乌江：现在的安徽和县。当时白居易十五兄任乌江主簿。白居易长兄、七兄、十五兄，都是堂兄。⑦符离：现在的安徽宿州，当时白居易正在符离探亲。⑧下邽（guī）：现在的陕西渭南，白氏祖坟所在地。⑨世业：祖先世代留下的产业。⑩羁旅：漂泊他乡。⑪田园寥落：田地荒芜。寥落，冷落，这里是荒芜的意思。⑫干戈：两种古代兵器，指代战争。⑬吊影：对影自怜，身边没有亲人，独对着自己的身影感伤。⑭千里雁：指离群之雁，孤独的雁。⑮九秋蓬：九秋，秋天。秋天蓬草脱离本根随风飞转，古人用来比喻游子在异乡漂泊。

[诗意]

自从河南经历战乱，关内道路阻碍，又闹饥荒，兄弟离散，天各一方。因望月有感，姑且写下所感，寄给在浮梁的大哥，在於潜的七哥，在乌江的十五哥和在符离、下邽的弟弟妹妹们看。

时局艰难又遇荒年，家业荡然一空，兄弟姐妹漂泊他乡各自西东。战乱后田地荒芜一片冷落，骨肉亲人颠沛流离在异乡的路上。

形单影只如分飞千里的孤独之雁，又如四方飘散的断根秋蓬。共望明月也会像我一样伤心落泪，一夜的思乡之情想必也相同。

［赏析］

唐贞元十五年（799），河南相继发生两次大规模、长时间的叛乱，白居易的家乡河南新郑受到严重影响。田地荒芜，百姓为避战乱，四处逃散，白居易的这首《望月有感》就写于这一时期。诗的一、二两联围绕"时难年荒"回首往事，叙写战乱以后田园荒芜，家业荡尽，兄弟姐妹四处走散、天各一方的情景。三联以雁、蓬作比，写战乱后骨肉离散，诗人形单影只、备尝孤独凄苦的情态。最后写诗人猜想今夜亲人们如同时望月，也定会像自己一样，触景生情，潸然泪下。此诗全用白描手法，描述了战乱给诗人和诗人的亲人们所造成的灾难，表达了诗人对战乱的憎恨和对亲人的思念之情，写出了诗人的真情实感。

崔 护（唐朝）

崔护（722—846）：字殷功，唐代博陵（今河北定州）人。贞元十二年（796）进士，曾为京兆尹、御史大夫、岭南节度使。他的诗语极清新，诗风婉约、凝练，意境甜美。现虽《全唐诗》仅存六首，不过每一首都是佳作，尤以《题都城南庄》评价最高，流传最广。

中学生课外必读

题都城南庄①

去年今日此门中，
人面②桃花相映③红。
人面④不知何处去，
桃花依旧笑⑤春风。

——（唐朝）崔 护

[注释]

①题都城南庄：题写在都城南庄的诗。题，题写。都城，唐代的国都长安。都，国都。南庄，长安城郊的一家农家庄院。②人面：这里的人面是指姑娘的脸。③相映：互相映衬。④人面：这里的人面指代诗中的姑娘。⑤笑：形容桃花盛开的样子。

[诗意]

记得去年今天在这座院门里，美丽的脸庞与桃花互相映衬。如今不知这位姑娘去了哪里，只有桃花依旧盛开在春风里。

[赏析]

据说这是一首记述诗人自身经历的诗作，诗的前两句是回忆，回忆诗人去年与姑娘相识的场景。时间、地点都写得非常具体，可见记忆深刻。后面两句写的是今年旧地重游却不遇的场景。整首诗用"人面""桃花"作为中心线索，通过前后同时、同地、同景而"人不同"的对比，细腻地表达了诗人内心的情感，并流露出一种怅惘的情绪。

柳宗元（唐朝）

柳宗元（773—819）：字子厚，河东解县（今山西运城一带）人，世称"柳河东"。唐代诗人、文学家、思想家。"唐宋八大家"之一，与韩愈并称"韩柳"，与刘禹锡并称"刘柳"。贞元九年（793）进士。曾为礼部员外郎、柳州刺史、永州司马。他的山水诗清新自然；议论文逻辑严密，说理透彻；散文文笔生动，思想深刻。《江雪》《溪居》是其代表诗作。

渔 翁

渔翁夜傍①西岩②宿，晓汲③清湘④燃楚⑤竹。
烟销日出不见人，欸乃⑥一声山水绿。
回看天际下中流⑦，岩上无心⑧云相逐。

——（唐朝）柳宗元

[注释]

①傍：靠、靠近。②西岩：西山的岩石。西山，山名，在永州境内。③汲：从下往上打水，取水。④湘：指湘江之水。⑤楚：永州的西山曾属诸侯国楚国。⑥欸（ǎi）乃：象声词，指船桨摇动的声音。⑦下中流：由中流而下。⑧无心：语出陶渊明《归去来兮辞》"云无心而出岫"，意指物我两忘的心灵境界。

[诗意]

渔翁把船停靠在西山的岩石下过夜，天亮后取湘江的水并用这里的竹生火做饭。太阳出来，烟雾消散，不见了渔翁的踪影，忽听得"欸乃"一声，摇橹的声音从青山绿水中飞出。回头看渔船已从天边由中游而下，山岩上的白云漫无目的地跟着追逐。

[赏析]

　　这是一首山水诗。六句诗一句一景，虚虚实实，平中出奇。特别是中间的三、四两句，既用"山水绿"表现了大自然的美，又用"欸乃"之声以动衬静，给人一种特殊的情趣。诗作写出了山水的清丽、奇趣，意境静美，体现了诗人对山水的热爱和对自由自在生活的向往。

溪　居

久为簪组①累，幸此南夷谪②。
闲依农圃③邻，偶似山林客④。
晓耕翻露草，夜榜⑤响溪石。
来往不逢人，长歌楚天⑥碧。

——（唐朝）柳宗元

[注释]

　　①簪组：古代官员的服饰。簪，冠簪。组，冠带。此用簪组代官职。②南夷谪：贬谪到南方少数民族之地。③农圃：农家的园地，此借指老农。④山林客：在山林中隐居之人。⑤榜：此处读"bàng"，船桨。⑥楚天：此处指永州的天空。战国时永州属楚国。

[诗意]

　　很久以来为做官所累，幸好被贬谪到这偏僻的南方少数民族地区。清闲自在，与农家的园地相邻，有时如山林间的隐士。天刚亮就翻耕满是露水的草地，夜晚撑小舟出游碰着溪石发出声响。在这里走来走去碰不到行人，我放声高歌在这楚地的蓝天。

[赏析]

　　此诗写作者谪居永州冉溪时的生活。开头两句反着说话，把自己贬谪至蛮荒之地说成是"幸事"。此后六句，详写谪居期间生活的"闲适"。但所谓的"晓耕"夜榜",其实是生活的辛劳;"来往不逢人",实则是孤独、寂寞。整首诗通篇都是作者在故意表现旷达,内中缘由,不难理解。诗作语言直白,意在言外。

元 积 (唐朝)

元稹(779—831):字微之,洛阳(今河南洛阳)人。唐代著名诗人,与白居易齐名,世称"元白"。曾任河南县尉、监察御史等职。除名作《莺莺传》外,以诗成就最大。他参与新乐府运动,其诗语言浅显,情感真挚,侧重抒发胸志,表现生活情趣。代表诗作有《遣悲怀三首》《离思五首》《连昌宫词》等。

行 宫①

寥落②古行宫,
宫花③寂寞红。
白头宫女④在,
闲坐说⑤玄宗⑥。

——(唐朝)元 稹

[注释]

①行宫:指皇帝离开京城外出时所住的宫殿。②寥落:寂寥冷落。③宫花:指行宫中所开的花。④宫女:泛指后宫中的所有女性,包括妃嫔及女仆。有的宫女曾被唐玄宗禁在上阳宫中长达四十余年,成了白发宫女。⑤说:说话,谈

论。⑥玄宗：指唐玄宗李隆基（685—762）。

[诗意]

　　冷清寂寥的破旧行宫里，只有一些花儿在寂寞地开放。几个满头白发的宫女寂寞无聊，在闲聊唐玄宗时候的事情。

[赏析]

　　此诗前两句交代故事发生的地点是在行宫，时间是在春天。然后用"寥落"概括行宫的衰败与凄凉，用宫中盛开的红花衬托宫女的寂寞与孤单。三、四两句写人叙事。用"白头"暗示宫女幽禁宫中时间之久，通过"闲坐说玄宗"，反映宫女生活的无聊与空虚。诗作体现了诗人对白头宫女不幸命运的同情，也蕴含着诗人对世事盛衰变化的沧桑之感。

离思五首①（其四）

曾经②沧海③难为④水，
除却⑤巫山不是云。
取次⑥花丛懒回顾，
半缘⑦修道⑧半缘君⑨。

——（唐朝）元　稹

[注释]

　　①离思：元稹以《离思》为题写过五首诗，都是为了追悼亡妻韦丛而作。韦丛是太子少保韦夏卿之女，二十岁下嫁给元稹时，元稹还是秘书省校书郎，家也贫穷，但韦丛毫无怨言，夫妻感情甚笃。七年后韦丛病故。②曾经：曾经经历过。③沧海：大海。④难为：不值一顾的意思。⑤除却：除了。⑥取次：随意、匆匆的意思。⑦半缘：一半是因为。⑧修道：修炼道术，此指修行。⑨君：你，此指韦丛。

[诗意]

　　曾经经历过沧海，别处的水就不值得一顾；除了巫山的云，别处的云，不再称得上云。即使走过花丛也懒得回望，这一半是因为我潜心修道，清心寡欲，一半是因为心中只有你。

[赏析]

这是一首有独到艺术特色的爱情诗。前三句全用十分含蓄的暗喻手法，表达对亡妻的一往情深，情有独钟。"沧海水""巫山云"，乃人世间最纯最美的形象，诗人以此设喻，凸显亡妻形象在其心中的圣洁与无可取代，也正因为如此，所以在诗人看来，别处的水就不值得一顾，别处的云也不再是云了，而且即便经过"花丛"，也懒得去欣赏花朵的娇媚了。诗篇表达曲折委婉，含而不露，格调高雅，尤其是一、二两句，更是脍炙人口。

遣悲怀三首（其二）^①

昔日戏言^②身后事，今朝都到眼前来。
衣裳已施^③行看尽^④，针线犹存未忍开。
尚想旧情怜婢仆，也曾因梦送钱财。
诚知此恨人人有，贫贱夫妻百事哀。

——（唐朝）元 稹

[注释]

①遣悲怀：排遣悲痛的情怀。此题后有诗三首，都是为悼念亡妻所作。②戏言：开玩笑的话。③施：施舍。把财物送给穷人或出家人。④行看尽：眼看快要完了。

[诗意]

从前我们开玩笑说的那些身后事，今日全到眼前来了。你穿过的衣裳已经施舍于人，快要送完，只有你做过的针线活计还保存着不忍心打开。我还想着我俩的旧情，所以更怜爱你生前的婢仆，也曾在梦中给你送过钱财。我诚然知道死别之恨人人都有，但我们这对贫贱夫妻更觉得事事悲哀。

[赏析]

　　此诗写了三件事：一是为避免睹物思人，已将亡妻的衣物施舍于人，但亡妻做过的针线活计还留着不忍打开；二是对妻子生前的奴仆格外爱怜，原因是念及亡妻的旧情；三是自己思虑过度成梦，梦中给妻子送过钱财。借此三事引出最后两句诗人的切身感悟，写出了贫贱夫妻的丧偶之痛，后人赞其为古今悼亡诗中的绝唱。

遣悲怀三首（其三）

　　闲坐悲君①亦自悲，百年多是几多时。
　　邓攸②无子寻知命，潘岳③悼亡犹费词。
　　同穴窅冥④何所望，他生缘会更难期。
　　惟将终夜常开眼，报答平生未展眉⑤。

——（唐朝）元　稹

[注释]

　　①君：指元稹的亡妻韦丛。②邓攸：西晋人，字伯道，官河东太守。战乱中，舍子保侄，后终无子。③潘岳：西晋人，妻亡，作《悼亡诗》三首。④窅（yǎo）冥：深远幽暗。⑤展眉：展开眉头，形容心情舒畅。

[诗意]

　　闲坐着为你悲伤也为自己悲伤，人就是活上百年又有多少时光？邓攸无子感叹命运的安排，潘岳悼念亡妻徒然斟酌词句。即便同穴也幽暗深远有什么指望，来生结缘成夫妻亦很难预期。我只有以此整夜思念，报答你生前并不舒心的日子。

[赏析]

　　这是元稹《遣悲怀》三首诗中的最后一首。此诗写诗人为自己悲伤。首句起承上启下作用，"悲君"承接上文，"自悲"引出下文。整首诗围绕一个"悲"字层层推进，悲人生短暂，悲命运无常，悲文字无力，悲死后同穴、来生再结夫妻虚无缥缈。最后用"惟将终夜常开眼，报答平生未展眉"表明心迹，痴情缠绵，字字皆出肺腑。诗作表达了诗人对亡妻的无限深情。

贾　岛（唐朝）

　　贾岛（779—843）：字阆仙，范阳（今河北涿州）人。唐代诗人。当过和尚，后还俗。曾任长江县（今四川蓬溪县）主簿，世称"贾长江"。他写诗十分刻苦认真，因而后人把他称为"苦吟诗人"。他的诗风与孟郊相近，清淡简朴，但题材狭窄，情感过于苦涩，语言亦过于刻意雕琢。代表诗作有《题李凝幽居》《寻隐者不遇》等。

题诗后①

两句三年得，
一吟②双泪流。
知音③如不赏④，
归卧故山秋。

——（唐朝）贾　岛

［注释］

　　①题诗后：贾岛写了一首题为《送无可上人》的诗，他觉得其中的"独行潭底影，数息树边身"两句写得特别好。因而在此诗后写了一个注解，这注解就是这首《题诗后》。②吟：读、诵。③知音：此指对自己十分了解的朋友。④赏：欣赏、赞赏。

［诗意］

　　这两句诗我琢磨了三年才写出来，一读就禁不住两行热泪直流。如果了解我的好朋友还不欣赏的话，那我只好回到故乡的山中，安安稳稳地去睡觉了。

［赏析］

　　贾岛以苦吟诗人著称，写诗特别讲究锤字炼句，可谓煞费苦心，此诗就是他呕心沥血苦吟的真实写照。首句虽有些夸张，但却十分形象地说明他写诗的艰辛。次句是他想到创作艰辛情不自禁所流的苦涩的泪。三、四两句是诗人向世人表明，自己写诗已经做到殚精竭虑，尽其所能了。诗作是贾岛严谨创作态度的自我说明，也是他视诗歌创作为生命的具体表现。

题李凝幽居①

闲居少邻并②，草径入荒园。
鸟宿池边树，僧敲月下门。
过桥分野色③，移石动云根④。
暂去还来此，幽期⑤不负言⑥。

——（唐朝）贾　岛

［注释］

　　①题李凝幽居：描写李凝环境清幽的住所。李凝，诗人的朋友。幽居，环境僻静、清幽的宅子。②邻并：邻居。③野色：原野景色。④云根：古人认为云生在山石上，故说石为"云根"。⑤幽期：隐居的约定。⑥言：指期约。

［诗意］

　　闲居在这里，邻居也很少，杂草丛生的路，通向荒园。鸟儿栖息在池边的树上，月光下僧人正敲着山门。过桥显现原野景色，云飘过好似山石移动。暂时离开，我还要回来，按约隐居决不食言。

［赏析］

　　这首诗是贾岛的名篇。一、二两句写李凝住处的环境，突出一个"幽"字，说明这里僻静、冷清，是理想的隐居之地。三、四两句是历来传诵的名句，写贾岛月夜探访的情景。五、六两句写回归时路上所见。最后两句才点出诗的主旨，意思是这处所的确不错，自己一定如约来隐居。此诗用词精确，体现了贾岛讲究炼字的诗风。

忆江上吴处士^①

闽国^②扬帆去，蟾蜍^③亏复团。
秋风生^④渭水^⑤，落叶满长安。
此地聚会夕，当时雷雨寒。
兰桡^⑥殊^⑦未返，消息海云端。

——（唐朝）贾 岛

[注释]

①处士：隐居山林不入仕的士人。②闽国：泛指福建一带的地方。③蟾蜍：俗称癞蛤蟆。传说月亮上有三条腿的蟾蜍，故借此代指月亮。④生：又作"吹"。⑤渭水：即流经长安的渭河。⑥兰桡（ráo）：由木兰树做成的船桨。这里代指船。⑦殊：还、尚。

[诗意]

你扬帆远航去福建，已经几度月缺又月圆。眼前的秋风吹拂着渭水，落叶飘满长安。记得在这儿聚首送你的那个夜晚，当时雷雨倾盆略有寒意。而今你坐的船还未归还，你的音信还远在海上的云端。

[赏析]

这是一首怀念朋友的名作。吴处士是贾岛的朋友，几年前离开长安去了福建，此后再无消息。贾岛很怀念他，于是写了此诗。诗的首联叙事，交代友人远游，几年没有消息。第二联写景抒情，含蓄蕴藉，流露出怀念之情。第三联点题，回忆当年送别时的情景。最后一联回应首联的"闽国扬帆去"，突出朋友的"殊未返"和获得友人信息的不易。诗作紧扣诗题中的"忆"字反复着墨，结构缜密，行文曲折。

张　祜（唐朝）

张祜（hù）（约785—约852）：字承吉，清河（今河北清河）人。唐代诗人。家境甚好，人称张公子，但不乐科举，一生未曾为官，晚景凄凉，贫病而卒。其诗多写隐居生活，句式工整，语言浅近，清丽委婉，融情于诗。代表诗作有《宫词二首》和《题金陵渡》等。

宫词二首（其一）

故国①三千里，
深宫二十年。
一声何满子②，
双泪落君③前。

——（唐朝）张　祜

[注释]

①故国：故乡。②何满子：曲调名，相传何满子是唐开元年间的著名歌手，临刑前进献此曲以求免死，然未能免。故其声极为悲伤。③君：指唐武宗。

[诗意]

故乡远在三千里之外，而身在深宫已经二十年了。唱一声《何满子》想起了故乡亲人，两行清泪禁不住掉落在君王您的面前。

[赏析]

张祜的这首《何满子》在唐代曾流行一时，甚至还传入宫中。诗作首句着眼于距离，用"三千里"突出这位宫人的离家之远。次句着眼于时间，用

"二十年"表明入宫之久。短短两句，二十个字，写出了主人公命运的悲惨。后半部分写悲情，一声《何满子》，随即双泪齐流，可见内心的怨情、悲愤积蓄已久。诗作反映了宫人生活的悲惨与痛苦，语言高度概括，除"落"一个动词外，全由名词组成，显得格外的凝练精悍。

李 贺（唐朝）

李贺（790—816）：字长吉，河南福昌昌谷（今河南宜阳县）人，世称"李昌谷"。唐代著名诗人。因避父讳未能考进士，一生困顿不得志。其诗多抒发生不逢时的苦闷与愤慨，且常用些神话传说来讽喻世事，故有"诗鬼"之称。他的诗歌想象奇特，意象奇崛，辞采瑰丽，结构不拘常法。代表诗作有《金铜仙人辞汉歌》《雁门太守行》等。

南 园①（其五）

男儿何不带吴钩②，
收取关山五十州③。
请君暂上凌烟阁④，
若个⑤书生万户侯？

——（唐朝）李 贺

[注释]

①南园：即昌谷南园，是李贺的读书处。②吴钩：刀名，是江浙一带使用的一种弯刀。③关山五十州：指藩镇割据、朝廷不能控制的地区。④凌烟阁：在长安城内。唐太宗建国时在阁内画了二十四位开国功臣，以示表彰。⑤若个：哪个。

[诗意]

是男人为何不带吴钩去报效祖国，帮朝廷收复被叛军占领着的地方？请你登上凌烟阁去看看那些画像，有哪一个书生被朝廷封了万户侯？

[赏析]

这首诗从语意和结构看，由两个问句组成，第一句是：男儿何不带上吴钩去收复关山五十州呢？用的是反问语气，语气强烈。但作者问而不答，接着又问：请你去看看凌烟阁上的那些功臣，哪一个是书生呢？作者同样问而不答。诗人虽然没有作答，但答案其实是明确的，我们可以从中真切地感受到作者怀才不遇、理想抱负难以实现的愤懑，也能感受到他渴望建功立业、报效国家的心情。

致酒行①

零落②栖迟③一杯酒，主人奉觞④客长寿。

主父⑤西游困不归，家人折断门前柳。

吾闻马周⑥昔作新丰⑦客，天荒地老无人识。

空将笺⑧上两行书，直犯龙颜⑨请恩泽。

我有迷魂⑩招不得，雄鸡一声天下白。

少年心事当拏云⑪，谁念幽寒⑫坐呜呃⑬。

——（唐朝）李 贺

[注释]

①致酒行：致酒，敬酒。行，古诗的一种体裁。②零落：原意为草木凋零，此意为潦倒、失意。③栖迟：逗留。④奉觞：举杯敬酒。觞，酒杯。⑤主父：

即主父偃，西汉时人，家贫，在长安求仕无果，后经卫青举荐，得汉武帝重用。⑥马周：唐太宗时去长安谋官，被人瞧不起，后得唐太宗赏识，做了高官。⑦新丰：地名，今陕西临潼区新丰镇。⑧笺：此指奏章之类。⑨龙颜：此代指皇帝。⑩迷魂：比喻心烦意乱，无所归依。⑪擎云：凌云。比喻志向远大。⑫幽寒：消沉、悲观的情绪。⑬呜呃：悲叹的声音。

[诗意]

落魄潦倒、四处漂泊、借酒消愁，主人高举酒杯祝客健康长寿。当年主父偃西游入京穷得无法回家，家人盼归折断门前多少柳枝。我听说马周往昔客居新丰，久久无人赏识，后来只凭奏章上的几行文字，直接给皇帝进言就获得提拔。我现在的灵魂迷惑无法找回，主人的劝导就像雄鸡一唱天下白，我知道正当年少的我也应心怀凌云壮志，谁会为我的窘迫处境同情、叹息呢？

[赏析]

李贺才气横溢，但赴长安考进士，却被人以其父名"晋肃"，"晋""进"同音需避讳为由剥夺了考试资格。此诗即作于他参试被拒，困守长安期间。全诗共分三层，开篇到第四句为第一层，写劝酒场面。此后四句是第二层，写祝酒词。内容主要是主人拿西汉马周获汉武帝破格提拔一事规劝李贺，说明人生随时都有机遇，不必为眼下的科举受阻而悲观丧志。最后四句是第三层，写诗人听了主人劝导后的感悟，表达自己虽备受挫折，却决心重新振作起来的壮志。全诗内容丰富，表达方式多样，铸词造句避熟创新。如"天荒地老""雄鸡一声天下白"等词句都十分鲜活，给人耳目一新之感。同时，诗作意境高远，思想积极，写得饶有兴味。

杜 牧（唐朝）

　　杜牧（803—853）：字牧之，号樊川居士，京兆万年（今陕西西安）人。唐代杰出的诗人、文学家。大和二年（828）进士，做过黄州、池州等地刺史，后官至中书舍人。诗、赋、古文都是大家，人称"小杜"（以区别于杜甫）。又与李商隐齐名，并称"小李杜"。他的诗文题材广泛，风格多样，意境优美，情致高远，清新自然。代表诗作有《江南春》《泊秦淮》等。

秋 夕①

银烛②秋光冷③画屏④，
轻罗小扇⑤扑流萤⑥。
天阶⑦夜色凉如水，
坐看⑧牵牛织女星。

——（唐朝）杜 牧

[注释]

　　①秋夕：秋天的夜晚。②银烛：白色的蜡烛。③冷：指烛光带有寒意。④画屏：画有图画的屏风。⑤轻罗小扇：又轻又薄的丝质团扇。罗，轻柔的丝织品。⑥流萤：飞来飞去的萤火虫。⑦天阶：皇宫内的石头台阶。"阶"一作"街"。天，一作"瑶"。⑧坐看：坐着抬头朝天看。一作"卧看"。

[诗意]

　　秋夜暗淡的烛光照着清冷的画屏，手执轻薄的小扇捕捉乱飞的流萤。皇宫夜色中的石阶水一般的清凉，坐着仰看天上美丽的牵牛织女星。

[赏析]

　　这首诗写皇宫失意宫女生活的孤独与凄凉，含蓄委婉，凄凉动人。诗人先写环境，处处透露出一个"凉"字和一种凄冷的色彩。接着写宫女无聊，手执团扇扑打流萤，再写深夜还无法入睡，于是坐看天上的星星。诗句含蓄地诉说了宫女的孤独、哀怨以及对自由、幸福生活的向往，表达了诗人对她们悲惨命运的同情。

寄扬州韩绰①判官②

青山隐隐③水迢迢④，
秋尽江南草未凋⑤。
二十四桥⑥明月夜，
玉人⑦何处教⑧吹箫。

——（唐朝）杜　牧

[注释]

　　①韩绰：生平不详，杜牧的朋友。②判官：唐代节度使的属官。③隐隐：隐隐约约。④迢迢：这里形容江水悠长遥远。⑤凋：凋零，这里指草木凋谢零落。⑥二十四桥：一说指二十四座桥。一说指桥名，即扬州的吴家砖桥。传说古时曾有二十四位美人在桥上吹箫而得名。⑦玉人：美人。一说是杜牧对韩绰的戏称。⑧教：使、令。

[诗意]

　　青山隐隐约约，绿水悠悠流长，秋天过去了，江南的草木却还未凋零。在这二十四桥明月朗朗的夜晚，你这美人此刻在何处教人吹箫取乐呢？

[赏析]

　　杜牧和韩绰曾在扬州共事，后杜牧回京城长安任职，此诗是杜牧离开扬州不久后写的。开头两句写诗人对扬州秋景的回忆，反映出诗人对江南故地的喜爱与眷恋。诗中连用"隐隐""迢迢"两个叠词，既突出了江南风貌，也使诗的情调更轻松、更有韵味。最后两句化用二十四桥的典故，并用调侃的话语代替对友人的问候，显示出两人友情的深厚与关系的亲昵。诗作意境优美，风格清新俊爽，让人有种百读不厌之感。

赠别二首（其一）

娉娉袅袅①十三余②，
豆蔻③梢头二月初。
春风十里扬州路，
卷上珠帘④总不如。

——（唐朝）杜 牧

[注释]

①娉娉袅袅：形容女子姿态轻盈、美好。②十三余：言其年龄。③豆蔻：此指豆蔻花，喻处女，现借此称十三四岁少女为豆蔻年华。豆蔻，多年生草本植物。④珠帘：用珍珠串联而成，挂在室内，用来遮蔽门窗。

[诗意]

姿态轻盈美好，正是十三四岁的年纪，多像一朵二月初含苞待放的豆蔻花。扬州城十里长街上的众多佳丽，卷起珠帘一看，没有一个比得上你的。

[赏析]

这是杜牧将要离开扬州，去长安任监察御史前写给一位歌女的赠别诗。首句写歌女姿态轻盈、美好，正当妙龄。第二句以含苞待放的豆蔻花喻歌女，赞美她的青春靓丽。三、四两句采用众星拱月的写法，宣称繁华的扬州纵然美女如云，但全不如她。诗作虽着意夸赞女子的美貌，却从头到尾不用一个"美"字、"花"字、"好"字。故有人称赞此诗"不着一字，尽得风流"。诗作清妙空灵，含而不露，韵味无穷。

遣　怀①

落魄②江湖③载酒行④，
楚腰纤细⑤掌中轻⑥。
十年一觉扬州梦，
赢得青楼⑦薄幸⑧名。

——（唐朝）杜　牧

［注释］

①遣怀：排遣情怀。②落魄：潦倒失意，放浪不羁。③江湖：此泛指四方各地。一作"江南"。④载酒行：指载着酒漫游。⑤楚腰纤细：指江南歌女体态苗条。楚腰，史载春秋时的楚灵王穷奢极欲，特别喜欢细腰的美女，后宫中女子因此忍饥以求腰细。后来楚腰就成了细腰的代名词。⑥掌中轻：形容女子体态轻盈。⑦青楼：此指歌馆妓院。⑧薄幸：薄情的意思。

［诗意］

在江湖上失意潦倒纵酒作乐，江南歌女体态苗条舞姿轻盈。扬州的十年犹如梦境浑噩，只在青楼落得个薄幸的名声。

［赏析］

杜牧曾在扬州任幕府推官、掌书记多年，那时他才30多岁。此诗是他对当年那段日子的追忆。前两句忆旧，概述当年喜好宴游，出入青楼的旧事。其实，所谓的"载酒行""掌中轻"，不过是诗人在困顿潦倒时的一种自我迷醉。因而诗人接着自己也说除得个薄幸名之外，什么也没有得到。因而，此诗当不仅仅是诗人的忏悔之作，而在诗人的自责当中，还应当含有诗人对当年怀才不遇，以致蹉跎岁月的感慨与叹息。

题乌江亭①

胜败兵家事不期②，
包羞忍耻③是男儿。
江东④子弟多才俊⑤，
卷土重来⑥未可知。

—— （唐朝）杜 牧

[注释]

①乌江亭：在今安徽和县东北的乌江浦。相传西楚霸王项羽兵败，在此处自刎。②不期：难以预料。③包羞忍耻：包容羞愧，容忍耻辱，意思是大丈夫应当能忍辱负重。④江东：长江下游的南岸地区，当年项羽起兵的地方。⑤才俊：才能出众的人。⑥卷土重来：意思是失败之后，经过整顿，重新再起。

[诗意]

胜败原本就是兵家常事，难以预料，能屈能伸，能忍辱负重，才是真正的铁血男儿。江东子弟中有很多才能出众之人，西楚霸王如果重新整顿、组织，说不定还可能卷土重来。

[赏析]

乌江边上的乌江亭，相传是西楚霸王项羽兵败自刎之处。会昌元年，杜牧在赴任池州刺史途中路经此处，有感而发，写下了这首著名的咏史诗。前两句是针对项羽兵败自刎而言的，诗人认为胜败乃兵家常事，真正的男儿应当能屈能伸。后两句是说当时项羽要是能"包羞忍耻"，说不定还可能卷土重来，东山再起。这既是替项羽惋惜，也是对他不听忠言、刚愎自用，遇到挫折就灰心丧气的诘责与批判。诗作叙事简略，议论精辟又很有见地。

杨敬之（唐朝）

杨敬之：生卒年不详。字茂孝，虢州弘农（今河南灵宝）人。唐代文学家。元和二年（807）中进士，官至户部郎中。现仅存诗七首，绝句六首。代表诗作《赠项斯》，因热情举荐后辈而特别受人赞赏。

赠项斯①

几度见诗诗总好，
及观②标格③过于诗。
平生不解④藏⑤人善⑥，
到处逢人说项斯。

——（唐朝）杨敬之

[注释]

①项斯：生卒年不详。②及观：等到、看到。③标格：指一个人的语言、行为、气质等方面的综合表现。④不解：不懂。⑤藏：隐藏、隐瞒。⑥善：优点、好的地方。

[诗意]

几次看到项斯的诗总觉得写得很好，等见到项斯以后感到他的才识、品行比诗还好。我平生不愿意隐瞒别人好的地方，所以凡碰到人我都谈起项斯，称许他的才德。

[赏析]

杨敬之比项斯年长，写此诗时，杨敬之已在朝为官，而项斯进士尚未及第。

一、二两句称许项斯的诗写得好，而他的品行比诗还好。由此可知杨敬之赏识项斯，是从赏识他的才学开始的，而且杨敬之更看重的是项斯的德。三、四两句，诗人不避自我标榜之嫌，说自己不懂得、也不愿意隐藏别人的优点。所以逢人便推荐揄扬项斯。这不但体现了作者的直率和古道热肠，还充分反映了作者为人磊落、真心实意奖掖后进的高尚品质。

寒　山（唐朝）

寒山：生卒年不详，姓、字、号均不详，现多认为约生于隋开皇三年（583），唐代诗僧。长安（今陕西西安）人。长住台州始丰（今属浙江天台）寒岩，即寒山，因名寒山。其诗影响很广，内容丰富，语言浅近，多用比拟手法。代表诗作有《杳杳寒山道》《有酒相招饮》等。

杳杳寒山道

杳杳①寒山②道，落落③冷涧滨。
啾啾④常有鸟，寂寂更无人。
淅淅⑤风吹面，纷纷雪积身。
朝朝不见日，岁岁不知春。

——（唐朝）寒　山

[注释]

①杳杳：幽暗状。②寒山：山名，在今浙江天台。③落落：寂静、冷落的样子。④啾啾：拟声词，鸟鸣声。⑤淅淅：拟声词，形容风声。

[诗意]

幽暗森森的寒山道上，寂静、冷落的山涧旁，常有鸟儿啾啾啼叫，但却空寂冷清不见人影。风，窸窸窣窣吹在脸上，雪，纷纷扬扬落在身上。我天天看不见太阳，也年年不知道春天。

[赏析]

此诗写寒山道上的景色和诗人的心情。一、二两句用"杳杳""落落"渲染寒山道上的幽暗、冷落。三、四两句用"啾啾"鸟声衬托出山中的孤寂。五、六两句先写朔风吹面，再写雪花积身，表现环境的肃杀。最后两句道出诗人超然物外，对一切已无感的冷漠心情。全诗句句都用叠词，增加了诗的音乐美，并把山、水、景、物、情感全都融合成一体，别具匠心。

朱庆余（唐朝）

朱庆余：生卒年不详，名可久，越州（今浙江绍兴）人。唐代诗人，宝历二年（826）进士，曾为秘书省校书郎。诗作曾得水部员外郎、诗人张籍的赏识。其诗多写现实生活，诗风简丽、清新，描写细致，含蓄婉转。代表诗作有《宫词》《近试上张水部》等。

近试上张水部①

洞房②昨夜停③红烛，
待晓堂前拜舅姑④。
妆罢低声问夫婿，
画眉深浅⑤入时无⑥。

——（唐朝）朱庆余

[注释]

①近试上张水部：张水部即张籍，当时任水部郎中。"近试"，即临近考试，朱庆余将要参加的是进士考试，他担心自己的诗作能否让主考满意，因此写此诗投赠张籍，希望能得到他的赞扬并让主考了解。在古代，这种做法叫"行卷"，是被允许的。②洞房：新婚卧室。③停：置放。④舅姑：公婆。⑤深浅：此指色彩浓淡。⑥入时无：是否时髦。

[诗意]

昨天夜里，摆放在洞房中的红烛整夜没熄灭，等待着清晨去拜见公婆。梳妆打扮好后轻轻地问一声丈夫，我的眉毛浓淡画得是否时髦。

[赏析]

在古诗中，将朋友、师生、君臣关系比喻成夫妻或恋人关系，是常用的表现手法，此诗也如此。诗中朱庆余自比新娘，把张籍比作新郎，把主考官比作公婆。前两句写新婚夜红烛不熄，新娘在烛光里画眉打扮，等清早去堂前拜见公婆。后两句问新郎自己的妆眉是否合时，而真实的意思是问张籍自己的诗作写得怎样。这个问，一语双关，妙趣横生，使诗意更加含蓄蕴藉。此诗有情节、有细节，写出了应试举子考前所特有的忐忑不安而又有所期待的复杂心情。

温庭筠（唐朝）

温庭筠（yún）（约812—866）：本名岐，字飞卿，太原（今属山西）人。唐代诗人、词人。才思敏捷，但恃才不羁，加上科举犯忌，只做过隋县县尉。他的诗辞藻华丽，但涉及现实生活的不多，而他的词注重文采，清疏自然，富有情韵，影响甚广，被尊为"花间词派"的鼻祖。他与李商隐齐名，合称"温李"，代表作有《商山早行》《望江南·梳洗罢》等。

望江南^①·梳洗罢

梳洗罢^②，独倚^③望江楼^④。过尽^⑤千帆^⑥皆不是，斜晖^⑦脉脉^⑧水悠悠^⑨。肠断^⑩白蘋洲^⑪。

——（唐朝）温庭筠

［注释］

①望江南：词牌名。②梳洗罢：梳洗打扮完毕。③独倚（yǐ）：独自靠着。独，独自。倚，靠着。④望江楼：楼名，因临江南而得名。⑤过尽：过完。过，过去。尽，完。⑥千帆：成千只船。千，虚指，形容多。帆，这里指代船。⑦斜晖：日落前的日光。晖，阳光。⑧脉脉：含情凝视、情意绵绵的样子。这里形容阳光微弱。⑨悠悠：闲适，自由自在。⑩肠断：形容极度悲伤。⑪白蘋洲：白蘋，一种水中浮草，色白，古时男女常采此花赠别。洲，水边的陆地。

［词意］

梳洗完毕，独自上了望江楼倚楼眺望。上千艘船过去了，都不是他的那一只。落日的余晖无力地照着江面，江水缓缓地流逝。望着白蘋洲，让人肝肠寸断。

此词截取一个女子倚楼盼夫归的场景，细腻、真切地写出了这位女子等夫归来，从希望到失望，最后到伤心"肠断"的情感历程。词开头写女子清晨登上望江楼等夫归来的情景。第二句是全词情感上的大转折，与首句的欢快情绪形成鲜明对照。"千帆过尽"写归船之多，从中衬托出女子的失望之深。最后一句"肠断白蘋洲"说明女子的视线已从江上移开，因为她知道希望已经破灭。而所以视线落在白蘋洲，是因为那是她和他分别的地方。至此，一个急切盼夫归来的思妇形象，就跃然纸上。此词虽仅二十八字，但内容丰富，情节生动，为温词中的精品之作。

梦江南①·千万恨

千万恨，恨极在天涯②。山月不知心里事，水风空落眼前花，摇曳③碧云④斜。

——（唐朝）温庭筠

［注释］

①梦江南：词牌名。②天涯：天边。形容极远的地方。③摇曳：摇荡。④碧云：青云。

［词意］

千千万万的恨，最恨的在天边。山间的明月不知道我的心事，无法向它倾诉。绿水清风中，花儿兀自凋落。不经意间，月儿已在青云边西斜。

［赏析］

这是一首闺怨词，写一位独守空闺的女子，丈夫出门日久，女子盼其归来，可希望总是落空。由此因爱生恨，爱恨交织，此词所表现的就是这种复杂的情感。开头两句直抒胸臆。"千万恨"，表明恨之重，"恨极在天涯"，点出恨的原因在于人"在天涯"。三、四两句写山月无知，不解人意，野花无情，只顾自己花开花落。这是侧面表现女子心事无处倾诉、无人怜惜的痛苦与哀伤。结句写碧云摇曳，月亮西斜，说明女子思夫，又是一个不眠之夜。此词婉约蕴藉，含而不露，颇具温词特色。

李商隐（唐朝）

李商隐（813—858）：字义山，号玉谿生。怀州河内（今河南省沁阳市）人。唐代著名诗人，与杜牧并称"小李杜"。开成二年（837）进士，当过秘书省校书郎、弘农尉。因夹在牛李两党的党争中，终生郁郁不得志。他是唐代为数不多刻意追求诗美的诗人。其诗文辞清丽，意韵含蓄朦胧。一些爱情诗、无题诗写得缠绵悱恻，优美动人，但有些诗过于隐晦，很难索解。代表诗作有《夜雨寄北》《乐游原》《锦瑟》等。

宿骆氏亭寄怀崔雍崔衮①

竹坞②无尘水槛③清，
相思迢递④隔重城⑤。
秋阴不散霜飞晚⑥，
留得枯荷听雨声。

——（唐朝）李商隐

[注释]

①骆氏亭：骆姓人家的亭子。骆，姓骆名峻。亭子在长安郊外。崔雍、崔

衮（gǔn），李商隐表叔崔戎的两个儿子。②竹坞：建在竹林边铺有木板供池中小船靠岸的设施。③水槛：临水有栏杆的亭子。槛，栏杆，此指骆氏亭。④迢递：遥远的样子。⑤重城：指长安。⑥霜飞晚：霜落得迟。

[诗意]

竹林边的船坞干干净净，临水的亭子十分清幽。思念之情隔着重重城池，飞向遥远的长安城。秋天连日阴天，霜落得比往年晚，留下这满池的枯荷，好让我这个彻夜难眠之人听听雨打枯荷的声音。

[赏析]

作此诗的前一年，李商隐应试落第，投奔时任华州刺史的表叔崔戎，崔氏一家对李商隐情深义重，不料崔戎第二年病故，此诗写于李商隐离开崔家，旅居在骆姓人家园亭中的时候。首句写骆氏园亭环境的清幽，次句写对从表弟兄弟俩的怀念。第三句写眼前之景。第四句是全篇的点睛之笔，写诗人夜听雨打枯荷的声音，极富诗意，也极有情调，同时体现了诗人低落、抑郁的情绪。诗作写景抒怀，诗意含蓄，韵致盎然。

咏 史

历览①前贤②国与家③，成由勤俭破由奢。
何须琥珀方为枕④，岂得真珠始是车⑤。
远去不逢青海马⑥，力穷难拔蜀山蛇⑦。
几人曾预南薰曲⑧，终古苍梧⑨哭翠华⑩。

——（唐朝）李商隐

[注释]

①历览：纵观。②前贤：指前代的君王。③国与家：即国家。④何须琥珀方为枕：“琥珀枕”，用典，相传有人送南朝宋武帝琥珀枕，言可疗金创，宋武帝碎之以分诸将。⑤岂得真珠始是车：“真珠车”，用典，春秋时的魏惠王自夸以径寸之珠装饰马车。⑥青海马：一种可日行千里的良马。⑦蜀山蛇：比喻祸国的宦

官、奸佞之臣。⑧南薰曲：传说为舜所作，一唱而天下太平，被喻为福音。⑨苍梧：即九嶷山，传说是葬舜之地。⑩翠华：用翠羽装饰的旗，指帝王仪仗。

[诗意]

纵览前代君王治国的历史，成功在于勤俭，失败是由于奢侈。何须用琥珀做枕头，岂能用硕大的珍珠来装饰马车。时运不济碰不着千里马，力量用尽了杀不死山中蛇。有几人参与过《南薰》曲的创作，从古至今，只有苍梧对着翠绿的华盖哭泣。

[赏析]

此诗首联由前代君王治国的历史，得出"成由勤俭破由奢"的观点，次联用琥珀枕和珍珠车两个正反史例，说明以上观点的正确。颈联为当朝文宗皇帝未能铲除宦官势力而致国力衰弱感到惋惜，尾联表达希望能有舜帝一样的圣人出现的愿望。诗作借古喻今，巧用典故，选材典型，说理透彻，主题深刻且富有现实意义。

韩冬郎即席为诗相送（其一）①

十岁裁诗②走马成③，
冷灰残烛动离情。
桐花④万里丹山⑤路，
雏凤⑥清⑦于老凤声。

——（唐朝）李商隐

[注释]

①韩冬郎：晚唐诗人韩偓（wò）的小名，其父韩瞻是李商隐的连襟。此诗诗题前原还有一段创作背景的说明，大意是大中五年（851），李商隐离长安赴梓州当幕僚，韩瞻设宴相送，酒席上才十岁的韩偓即席作诗，才动一座。五年后在返回长安途中，李商隐重诵韩偓的诗，忆及往事，写了两首七绝酬答，这是第一首。②裁诗：作诗。③走马成：形容才思敏捷，作诗快。④桐花：即梧

桐花。传说凤凰非梧桐不栖。⑤丹山：传说中凤凰的产地。⑥雏凤、老凤：借指韩冬郎父子。⑦清：清脆嘹亮。

[诗意]

十岁的韩偓即席作诗，酒席上的蜡烛快要燃尽，烛灰已冷，触动了离情。万里的丹山道上，一路开满桐花，不时传来雏凤的鸣声，应和着老凤苍凉的叫声，雏凤的鸣声更显得清脆嘹亮。

[赏析]

这首诗前两句记事，追忆当年韩瞻为他摆酒送别的情景。首句写十岁的韩冬郎即席赋诗，突出韩冬郎的才思敏捷。后两句将韩冬郎父子比喻成凤，又以"雏凤清于老凤声"作比，进一步突出韩冬郎的风采，同时借此揭示青出于蓝，年青一代必将后来居上，胜过老年人的社会发展规律。全诗叙事写景，比喻巧妙，内蕴丰富，哲理深刻。

无 题

来是空言去绝踪，月斜楼上五更钟。
梦为远别啼难唤，书被催成墨未浓。
蜡照半笼①金翡翠，麝②熏微度③绣芙蓉④。
刘郎⑤已恨蓬山⑥远，更隔蓬山一万重！

——（唐朝）李商隐

[注释]

①半笼：烛光未能照到整个帷帐，故谓"半笼"。笼，笼罩。②麝：动物名，此指麝香气。③微度：微微透过。④绣芙蓉：绣有芙蓉花的被褥。⑤刘郎：相传东汉时刘晨、阮肇一同入山采药，遇二女子，邀至家，留半年乃还乡，以此典喻"艳遇"。⑥蓬山：即蓬莱，传说中的仙山。

[诗意]

要来的承诺是空话，去了就没消息。斜月照在楼上，又听得五更钟响。梦中也为远别哭泣着难以呼唤，醒来后匆匆写好书信，却发现墨未磨浓。蜡烛照着绣有翡翠鸟的帷帐，麝香的香味微微透过绣有芙蓉的被褥。刘郎深恨蓬山遥远，而我与你比蓬山更隔千万重。

[赏析]

此诗首联写一位痴情女子清晨从梦中醒来，感叹所恋男子去无踪迹，归来承诺又成空言，百感交集。颔联写醒来后匆匆写信，从"墨未浓"看出女子心情急切。颈联写女子写好书信后孤独、寂寞的情景。尾联拿自己的恨和刘郎的恨对比，十分形象。诗人从梦醒下笔，最后又以梦醒收笔，情节回环曲折，情感爱恨交织，后人视此诗为李商隐无题诗中的代表作。

晚　晴①

深居俯夹城②，春去夏犹清。
天意怜幽草③，人间重晚晴。
并添高阁迥④，微注⑤小窗明。
越鸟⑥巢干后，归飞体更轻。

——（唐朝）李商隐

[注释]

①晚晴：傍晚雨后初晴。②夹城：建在城门外的护门小城。也叫曲城。③幽草：偏僻幽暗处的小草。④并：更。高阁：此指诗人住的楼阁。迥：高远。⑤微注：微微地照入。⑥越鸟：南方的鸟。

[诗意]

深居简出俯瞰夹城外的风景，春去夏来天气还是那么清朗。上天独独爱怜幽僻处的小草，人世间看重傍晚时的晴朗。登上高阁远眺更觉天地高远，夕阳的余晖透进小窗一片明亮。越鸟的鸟巢晒干以后，它们归巢时的身体会更加轻盈。

[赏析]

此诗首联写从高处看到的城外风景。颔联由草及人，写饱受雨水浸淹的幽草忽逢晚晴，在为幽草庆幸的同时，亦为诗人自己当时暂时的平静生活感到欣慰。颈联写景，先写高阁远眺，再写夕阳照小窗。尾联写越鸟归巢。诗作通过对天气、幽草和越鸟归巢的描述，表现了晚晴的可爱，告诉人们晚晴即使短暂，也值得珍惜，从中也体现出作者乐观、向上的人生态度。

高　骈（唐朝）

　　高骈（821—887）：字千里，幽州（今北京市）人。唐末名将、诗人。曾任淮南节度使、江淮盐铁转运使、诸道行营都统等职，后因拥兵自重，被朝廷褫夺兵权，最后为部将所害。他的诗、书法都很有才情。后人称其诗说"雅有奇藻"。其代表诗作有《山亭夏日》《风筝》等。

山亭夏日

绿树阴浓夏日长，
楼台倒影入池塘。
水晶帘①动微风起，
满架蔷薇②一院香。

——（唐朝）高　骈

[注释]

　　①水晶帘：如水晶般晶莹的帘子。②蔷薇：落叶或常绿灌木，种类很多，花有多种颜色，有芳香。

[诗意]

　　绿树枝繁叶茂，浓荫满地，夏日白昼漫长，楼台的倒影映在碧水盈盈的池塘里。微风吹拂，水晶帘子轻轻摆动，满架蔷薇让整个园子充满了芳香。

[赏析]

　　此诗写山亭夏日的迷人风光，写出了山亭夏日的清丽和幽静，传达出诗人惬意和恬淡的心情。一、二两句从大处落笔，描绘绿树浓荫、楼台倒影这些山亭的静态景物，色彩艳丽，犹如一幅浓墨重彩的水彩画。三、四两句抓住微风中水晶帘子的轻轻摆动和蔷薇的幽香写山亭的动景。着笔精细，描述生动。诗句格调高雅，诗中景物似无一点尘埃，清新脱俗，灵动生气，读后让人有一种心旷神怡之感。

曹　松（唐朝）

　　曹松：生卒年不详，字梦徵。舒州（今安徽安庆）人。唐代诗人。早年依附建州刺史李频。李死后，曹松流离失所，70多岁才考中进士，做了两年校书郎后即去世。他作诗也以苦吟著称，讲究反复推敲，诗风带有一种苦涩的味道。代表诗作有《己亥岁感事》《中秋对月》等。

己亥岁感事①

泽国②江山入战图③，
生民何计乐樵苏④。

凭⑤君莫话封侯事，

一将功成万骨枯。

——（唐朝）曹 松

[注释]

①己亥岁感事：己亥年的感想。②泽国：这里泛指江汉流域。③入战图：划入战争版图。④乐樵苏：乐于砍柴打草。樵，砍柴。苏，打草。⑤凭：请。

[诗意]

江汉流域如今都已经遍地战争，百姓砍柴打草的日子也过不上了。请你不要再提封侯拜将的事情，一个将军的成功不知道要牺牲多少士兵。

[赏析]

诗人写此诗时，唐王朝镇压农民起义的战争已殃及江南。当时节度使高骈因镇压起义有功而受到封赏，这使曹松有许多感触，于是写了此诗。诗人在诗中先讲战争范围之大，再讲战争造成的灾难之重，然后拿"一"和"万"，"荣"和"枯"作对比，揭露战争的残酷和给人们所造成的深重灾难。在所有唐诗中，这是一首为数不多的、令人印象深刻的反战诗。

罗 隐（唐朝）

罗隐（833—909）：字昭谏，余杭新城（今杭州富阳）人。唐代诗人。因诗文常用讽刺言词，为朝廷所憎恶，致使屡考不第。之后依附吴越王钱镠，历任钱塘令、给事中等职。其诗多为讽刺现实之作，重写实，多议论，而语言通俗易懂。代表诗作有《蜂》《雪》等。

自 遣①

得即高歌失即休，
多愁多恨亦悠悠②。
今朝③有酒今朝醉，
明日愁来明日愁。

——（唐朝）罗　隐

[注释]

①自遣：自我排遣、宽慰。遣，排解、发泄。②悠悠：悠闲自在的样子。③今朝（zhāo）：今天。

[诗意]

能考中就高歌，考不中也算了，有再多的愁再多的恨我也悠闲自得，毫不在意。今天有酒今天喝个醉，明天有愁明天去愁。

[赏析]

罗隐十考进士而不中，此诗当作于后面几次考试中的某一次考试后。头一句谈自己对考进士的态度，说考得上考不上都无所谓。次句是对首句"无所谓"态度的具体化、形象化，即哪怕落第，他也照样悠闲自在，毫不在意。后两句谈他对整个人生的态度，就是及时行乐，得过且过。诗作反映了罗隐愤世嫉俗、玩世不恭的颓废情绪，也寓含着诗人的无奈和作为潦倒文人内心的怨愤。

皮日休（唐朝）

皮日休（约838—约883）：字袭美，襄阳（今湖北襄阳）人。唐末文学家，与陆龟蒙齐名，世称"皮陆"。咸通八年（867）进士，历任著作郎、太常博士等。黄巢称帝时为翰林学士，后不知所终。诗作语言浅近，多反映社会现实。代表作品有《天竺寺八月十五日夜桂子》等。

天竺寺①八月十五日夜桂子②

玉颗③珊珊④下月轮，
殿前拾得露华⑤新。
至今不会⑥天中事，
应是嫦娥掷与人。

——（唐朝）皮日休

[注释]

①天竺寺：在浙江杭州，是一座历史悠久的著名寺院。②桂子：桂树的果实。③玉颗：玉珠，这里指桂子。④珊珊：一作"珊珊"，从容、缓慢的样子。⑤露华：意思是桂子上还沾着露水。⑥不会：不知道、不明白。

[诗意]

玉珠似的桂子，犹似从月宫里散落下来似的，在殿前拾起时，上面还沾着晶莹的露水。我不知道天上今夜发生了什么，莫非是嫦娥把它当作礼物，掷来送给我们的。

[赏析]

　　此诗写农历八月十五夜，诗人在杭州天竺寺桂树下赏月时的情景。首句写桂子从树上珊珊落下，诗人将其想象成从月亮上掉下来的玉珠。三、四两句是由第一句"玉颗珊珊下月轮"引发的奇思异想，诗人把落下的桂子，想象成嫦娥所送的礼物。这些说法有趣，想象奇特，格调高雅。全诗围绕桂子写，基调轻松，展现了诗人对美好事物的欣赏与向往。

韦 庄（唐朝）

　　韦庄（约836—约910）：字端己，长安杜陵（今陕西西安东南）人。唐末五代诗人、词人。诗、词都很有名。他的诗忧时伤乱，客观地反映了唐末动乱的社会现实。其词多写离情别绪和日常生活。词风清新，与温庭筠同为"花间派"代表作家，并称"温韦"。《台城》《秦妇吟》是其代表诗作。

台 城

江雨霏霏江草齐，
六朝①如梦鸟空啼。
无情最是台城②柳，
依旧烟笼十里堤。

——（唐朝）韦 庄

①六朝：指建都南京的吴、东晋及南朝的宋、齐、梁、陈六个朝代。②台城：原址在今南京市鸡鸣山南，本是三国时吴国的后苑城，后直到南朝结束，一直是朝廷台省和皇宫的所在地，但到唐末时已荒废。

［诗意］

江上细雨蒙蒙，江边青草萋萋，六朝往事如梦，鸟儿徒劳地啼叫。最无情的莫过台城的垂柳，只有它仍然如烟雾般笼罩着十里长堤。

［赏析］

这是一首凭吊六朝古迹台城的诗。首句描写江南的淫雨和江边的杂草，在梦幻般的景色中透出一股衰败、压抑的气息。次句回忆六朝的衰亡，感叹昔日繁华转瞬即逝。此后两句借柳抒情，用柳的"依旧"与"无情"暗示人世沧桑，以及作为晚唐诗人目睹唐王朝衰亡的无限伤感。诗作吊古伤今，由景生情，借景寄慨，意蕴颇深。

忆　昔

昔年曾向五陵①游，子夜歌②清月满楼。
银烛树前长似昼，露桃花③里不知秋。
西园公子④名无忌⑤，南国佳人⑥号莫愁⑦。
今日乱离俱是梦，夕阳唯见水东流。

——（唐朝）韦　庄

［注释］

①五陵：汉长陵、安陵、阳陵、茂陵、平陵五座皇陵的合称，此借指长安。②子夜歌：乐府民歌。③露桃花：《宋书·乐志》中有"桃生露井上，李树生桃旁"之语。此用"露桃花"借指美女。④西园公子：指曹丕（曹丕常在曹操生前建的西园内夜宴）。后又用曹丕代指王孙公子。⑤无忌：战国信陵君名号，此取横行无忌义。⑥南国佳人：来自南方的歌舞少女。⑦莫愁：古代女子名，

此取不知忧愁义。

[诗意]

往年我曾到五陵漫游，子夜歌清脆悦耳月光满楼。树前点着银烛亮似白昼，置身美女中分不清春秋。王孙公子自谓"无忌"，来自南方的歌女号曰"莫愁"。而今乱世全成了梦，唯见夕阳依旧照着江水东流。

[赏析]

韦庄原见过长安昔日的繁华奢靡，后移居虢（guó）州（今河南灵宝）。唐朝中和元年（881）一月，黄巢攻占长安，韦庄适到长安应举，见刚经战乱的长安满目疮痍，不禁抚今思昔，感伤不已，遂作此诗。前六句紧扣诗题中的"忆"字，描述昔日长安夜间的繁华景象，直到最后两句才转写现实中萧条破败的长安，感叹今日乱象"俱是梦"。诗作颇多弦外之音，味外之味。表面上"忆昔"，实则讥讽、抨击达官显贵的腐朽、腐败，表达诗人对国事的深深忧虑。

菩萨蛮·人人尽说江南好

　　人人尽说江南好，游人①只合②江南老。春水碧于天，画船③听雨眠。

　　垆④边人似月，皓腕⑤凝霜雪。未老莫还乡，还乡须断肠⑥。

——（唐朝）韦　庄

[注释]

①游人：词中指漂泊江南的人，实指词人自己。韦庄是长安人，是大诗人韦应物的四世孙，生于战乱频仍的晚唐，一度漂泊江南，而写此词时，当居蜀。②只合：只应当。合，应当、应该。③画船：装饰华美的游船。④垆：旧时酒店安放瓮的土台。⑤皓腕：洁白的手腕。多用于女子。⑥断肠：形容极度伤心。

[词意]

人人都说江南好，在江南漂泊的人，真值得在江南一直漂泊到老。江南春天的江水比天空还要澄清碧蓝，人躺在华美的船上听着雨声入眠该多么美妙。

垆边卖酒的女子美似皓月，她们的手腕如霜雪般洁白。要是没到老还是别回故乡。如果离开江南回故乡，那么，一定会让你极度伤心。

[赏析]

韦庄的《菩萨蛮》是组词，共五首。这是其中第二首，是回应第一首中"劝我（指当时还在江南漂泊的韦庄）早归家"之说的。上阕"春水碧于天，画船听雨眠"写出了游子在江南日子的惬意。下阕含蓄说明自己虽人在江南，但并不是不想归家，而是有家难归。词作既反映了词人对江南秀丽景色、惬意日子的留恋，又流露出漂泊异乡，故乡欲归不能的苦闷心情。词作不事雕琢，情感真实，含蓄婉转。后人说此词"强颜作欢快语，怕肠断，肠亦断矣"。

思帝乡·春日游①

春日游，杏花吹满头。陌上谁家年少②，足风流③。
妾拟将身嫁与④，一生休⑤。纵被无情弃，不能羞⑥。

——（唐朝）韦　庄

[注释]

①思帝乡：本是唐玄宗时教坊曲名，后用作词牌。②陌：田间东西方向的道路，这里泛指道路，野外的道路。陌上，道路之上。年少：即"少年"，小伙子，青年人。③风流：风度潇洒，举止飘逸。④妾：古代女子对自己的谦称。拟：打算，想要。与：给。将身嫁与：把自己嫁给他　。⑤休：此处指心愿得遂后的罢休，喜悦，欢乐。一生休：一生有了依托，一生满足。⑥纵：纵然，即便。弃：抛弃，弃置。"纵被"二句：即使被他无情无义地休弃了，也不后悔。

[词意]

春日踏青郊游，风吹杏花满头。田间路上是谁家少年，风度翩翩真风流。我想以身相许嫁给他，一生一世就此休。纵使他薄情无义抛弃我，也不后悔。

[赏析]

这首词写一个怀春少女对心上人的大胆追求，是一首脍炙人口的爱情自白。

在词的开篇，词人就描绘了一幅早春的缤纷美景。"春日游，杏花吹满头"，一个"吹"字，让人不禁联想到杏花开到极盛时，花瓣随风飘舞的美丽景象。或许正是这春日里的美丽景象，萌发了少女追寻意中人的春心。"陌上谁家年少，足风流"，紧接着，一位风度翩翩、神采飞扬的少年，吸引了女子的注意力，引起了她的爱慕之心。"妾拟将身嫁与，一生休"，少女直言想以身相许嫁给这位少年，这样一生一世就满足了。这里写出了少女对爱情的大胆追求和对幸福生活的殷切期望，结尾用"纵被无情弃，不能羞"加重了爱的力量。这种强力的爱慕之情，不仅使她要终身相许，嫁给他，而且即使以后少年将她无情地遗弃，她也绝不后悔。

这首词虽是少女单方面的一见钟情，然词人以白描的手法和清新明朗的笔调，刻画出了这位少女天真烂漫、极富个性的形象，语言质朴而多情韵，在花间词中独具一格，别开生面，给人耳目一新之感。

金昌绪（唐朝）

金昌绪：生卒年不详。唐朝余杭（今浙江杭州）人。生平事迹不详。今存诗作仅一首五言绝句《春怨》，广为流传。

春　怨

打起①黄莺儿，莫教②枝上啼。
啼时惊③妾梦，不得到辽西④。

——（唐朝）金昌绪

[注释]

①打起：赶走。②莫教：不要让。③妾：古时女子自谦的称呼。④辽西：辽河以西地区，诗中指女子丈夫戍边的地方。

[诗意]

我把树上的黄莺儿赶走，不让它们在树枝上乱叫。它们乱叫的声音惊醒了我的好梦，使我不能在梦中到辽西与丈夫相会。

[赏析]

这是一首被后人誉为"纯是天籁"的佳作。只短短四句却写了一个生动的故事，把一位少妇思念戍边丈夫的情感表现得淋漓尽致。首句起句突兀，甚至让人摸不着头脑，读了下句才明白原来是这位少妇不想让黄莺在枝上啼叫。为什么不让啼叫呢？答案又在下面的第三句，而第四句又是第三句的答案。全诗就是这样句句相承，句句紧扣，句句设疑又句句作答，饶有趣味。此诗通过少妇清晨驱赶黄莺这件小事，反映了当时百姓希望早日结束战争，过上安定生活的重大社会主题。

章 碣（唐朝）

章碣（836—905）：字丽山，睦州桐庐（今杭州建德梅城）人。唐代诗人。屡试不第，直到乾符三年（876）41岁时才中进士，只做过秘书省正字。今存诗作26首，《焚书坑》是其中最著名的一首。诗歌的特色是语言流畅，有思想，有内涵，立意新，不事雕琢。

焚书坑①

竹帛②烟销帝业虚，关河③空锁④祖龙居⑤。
坑灰未冷山东乱，刘项⑥原来不读书。

——（唐朝）章 碣

[注释]

①焚书坑：当年秦始皇焚书的地方，据传是一个洞穴，旧址在今陕西省西安市临潼区东南的骊山下。②竹帛：用于书写的材料，此代指书籍。③关河：指险要的地势。关，函谷关。河，黄河。④空锁：白白地据守。⑤祖龙居：指秦始皇的故居咸阳。祖龙，指秦始皇。居，故居。⑥刘项：指刘邦、项羽。

[诗意]

焚烧诗书的烟雾刚刚散去，秦始皇帝业的根基已经动摇。关河的险要护卫不了秦朝的天下。焚书坑里的纸灰未冷，山东已经大乱，当年的刘邦、项羽，何曾是读书人呢？

[赏析]

公元前213年，秦始皇欲通过焚书来禁锢人们的思想，达到帝业永固。此诗以焚书坑为切入点，对秦始皇的这一愚蠢行径予以讽刺和谴责。前三句中的"虚""空锁""乱"三词，尖锐地揭示出焚书的直接后果，高度概括，充分说明秦始皇焚书行径的荒谬可笑。最后一句不言焚书没用，而是故意戏谑地说起义首领刘邦、项羽原本就是不读书的，实际上是再次强调秦始皇焚书的荒谬。此诗有叙有议，见解深刻、独到。

王 驾（唐朝）

王驾（851—？）：字大用，自号守素先生，河中（今山西省永济市）人。唐代诗人。大顺元年（890）进士，官至礼部员外郎，后弃官回乡隐居。其诗以绝句见长，构思巧妙，自然流畅，清新脱俗。今存诗仅七首，但篇篇都是佳作。《晴景》《社日》是其代表诗作。

晴 景①

雨来未见花间蕊②，
雨后全无叶底③花。
蜂蝶④纷纷过墙去，
却疑⑤春色⑥在邻家。

——（唐朝）王 驾

[注释]

①晴景：一作"雨晴"。②蕊：露出在花朵中间的柱头状的花丝。③叶底：绿叶中间。底，底部。④蜂蝶：蜜蜂和蝴蝶。一作"蛱蝶"。⑤疑：怀疑。⑥春色：春天的景色。

[诗意]

下雨之前刚刚看到过花朵中间的花蕊，下雨后全看不到叶子中间的花朵了。蜜蜂和蝴蝶飞过来又飞到墙那边去了，大概是怀疑春天的景色在隔壁的邻居家里吧。

[赏析]

此诗写的全是寻常景物，但写得很有情趣。前两句拿雨前的花和雨后的花作对比：雨前的花，开得蓬勃，蓬勃到能看到花朵中间的花蕊；而雨后的花连绿叶中的花朵都看不到。后两句写雨后蜜蜂、蝴蝶过来采蜜嬉戏，但很快飞过墙到邻居那边去了，让诗人怀疑春色在邻家。这首小诗，取景十分简单平常，却能在平中见奇，写得妙趣横生，极富诗意。

社 日①

鹅湖山②下稻粱肥③，
豚栅④鸡栖⑤半掩扉⑥。
桑柘⑦影斜春社散，
家家扶得醉人归。

——（唐朝）王 驾

[注释]

①社日：古代春秋两季祭祀土神的节日。②鹅湖山：山名，在今江西铅山县境内。③稻粱肥：这里指庄稼长得好，丰收在望。④豚栅：关猪的栅栏。豚，小猪。栅，猪圈。⑤鸡栖：鸡窝。栖，居住。⑥扉：门。⑦桑柘：桑树和柘树，叶子都可以喂蚕。

[诗意]

鹅湖山下，庄稼茂盛，丰收在望，家家户户猪满圈、鸡满窝，柴门半掩。桑树和柘树影子西斜，春社刚刚走散，家家户户都扶着喝醉了的人，谈笑而归。

[赏析]

社日是古人祭神的节日，春天的叫春社，秋天的叫秋社，此诗写的是春社。诗开头描绘农家六畜兴旺，庄稼丰收在望的景象。而对人们如何欢庆春社的具体情况，诗人则通过最后一句"家家扶得醉人归"来体现。诗人这样处理，避免了冗长的叙述，使诗的结构更为紧凑。此诗生活气息浓厚，反映了当时的乡村习俗和人们生活的安定、祥和。

陈玉兰（唐朝）

陈玉兰：生卒年不详。唐代吴地（今江苏省苏州市）人。诗人王驾之妻。生平事迹不详，今流传下来的仅通俗易懂的《寄夫》一首诗。

寄 夫

夫戍边关妾①在吴②，

西风吹妾妾忧夫。

一行书信千行泪，

寒到君边衣到无。

——（唐朝）陈玉兰

[注释]

①妾：古代女子自称。②吴：指江苏一带，三国时江苏一带属吴国。

[诗意]

丈夫你戍守边关而我在吴地，冰凉的西风吹在我的身上而我为丈夫你担忧。书信上的每一行字都含着千行眼泪，寒风吹到你身边的时候，不知道我寄你的寒衣到了没有？

[赏析]

此诗以第一人称叙写，显得特别亲切和实在。头两句交代"寄衣"的原因，体现了少妇对戍边丈夫的关心。后两句拿女子的"一行书信"和女子的"千行泪"作对比，再拿凛冽的寒风与温暖的寒衣对比，既突出了对丈夫的惦念和细心的关怀，又表现了女子写信寄信时的复杂情感。此诗情感朴实，一唱三叹，节奏鲜明，如音乐般悦耳动听，把女子从思夫、念夫到忧夫的一系列心理活动刻画得十分细腻。

杜荀鹤（唐朝）

杜荀鹤（约846—904）：字彦之，号九华山人，池州石埭（今安徽石台）人。46岁中进士，但未授官。后经朱温推荐，才授翰林学士、知制诰。他的诗歌触及社会现实，朴实清新，风骨清雅，自成一体，被称为"杜荀鹤体"，《小松》《题弟侄书堂》是其代表作。

题弟侄书堂

何事①居穷道不穷②，乱时还与静时同③。
家山④虽在干戈地⑤，弟侄常修礼乐风⑥。
窗竹影摇书案⑦上，野泉声入砚池中。
少年辛苦终身事，莫向光阴惰⑧寸功。

——（唐朝）杜荀鹤

[注释]

①何事：为什么。②道不穷：意思是还要有道德、修养。③"乱时"句：乱时，战争、动乱时期。静时，太平时期。④家山：代指家乡。⑤干戈地：正在进行战争的地方。⑥礼乐风：代指儒家思想。⑦书案：书桌。⑧惰：懒怠。

[诗意]

居住简陋但道德修养不少，战乱时期仍和太平时期一样。家乡虽然还在打仗，弟侄却仍在学习儒家思想。窗外竹子的影子在书桌上摇晃，砚池中磨墨的声音好像野外溪水的声音。少年时的努力关系人的一生，面对匆匆逝去的光阴可不能有一丝懈怠。

[赏析]

此诗一、二两联赞许弟侄在战乱贫穷的环境中仍能学习礼教，重视修身立德。第三联由人写到书堂内的景致，表现了学习环境的清幽。尾联是诗人对弟侄的劝勉之词，言简意赅，语重心长。诗作是对弟侄在战乱中仍能潜心学习行为的肯定和赞许，强调了学习的重要性。

高　蟾（唐朝）

高蟾：生卒年不详，约881年前后去世，唐代诗人。河朔（今山西省、河北省北部）人。唐乾符三年（876）进士，官至御史中丞。为人崇尚气节，注重个人操守，官声甚好。其诗多感时之作，注重表情达意而不拘泥于格律。代表诗作有《晚思》《金陵晚望》等。

金陵①晚望

曾伴浮云归晚翠②，
犹陪落日泛秋声③。

世间无限丹青手④，

一片伤心画不成。

——（唐朝）高 蟾

［注释］

①金陵：今江苏省南京市。②晚翠：傍晚时苍翠的景色。③秋声：秋天时节自然界的各种声音，如风声、雨声、虫鸣声、鸟叫声等。④丹青手：画家、画师。丹青，图画。

［诗意］

金陵城在傍晚苍翠的景色中伴着悄然归来的浮云，也在四处的秋声里陪着落日。人世间有无数丹青高手，可谁也画不出我此刻内心的伤感。

［赏析］

此诗主要写秋天的傍晚，诗人登上金陵城头的所见所感。前两句写眼前之景：浮云、晚翠、落日，一片黯淡、悲凉。后两句写诗人触景生情，联想到已现末日景象的国家命运，因而"一片伤心"。浮云落日，丹青可画。而这种伤心，却是一种抽象的情绪，所以正如诗人所说，是任何一位丹青高手都画不出来的。

诗作借景抒情，真切地写出了诗人为国家前途担心，而又自感无能为力、回天乏术的痛苦心情。

黄　巢（唐朝）

　　黄巢（？—884）：曹州冤句（今山东曹县西北）人。屡考进士不中，以贩私盐为业。在唐末农民起义中，他被推举为领袖。881年初攻入唐都长安，自立为皇帝，国号大齐，但不久就被唐军击败，在狼虎谷（今山东莱芜西南）自杀身亡。今存诗三首，其中两首是以菊花为题材的咏物诗，颇有气魄，表现出一种全新的思想境界和艺术风格。

题菊花①

飒飒②西风满院栽，
蕊③寒香冷④蝶难来。
他年我若为青帝⑤，
报与桃花一处⑥开。

——（唐朝）黄　巢

[注释]

　　①题菊花：写菊花。②飒飒：形容风声。③蕊：这里指菊花的花蕊。④香冷：意思是菊花的香气似乎带着寒意。⑤青帝：传说中掌管春天的神。⑥一处：一起，同时。

[诗意]

　　满园的菊花在飒飒的秋风中怒放，幽冷的香气连蝴蝶也不敢来亲近。有朝一日如果我成为司春的青帝，就让菊花与桃花一起在春天开放。

[赏析]

　　这是一首具有全新思想境界和艺术风格的咏菊诗。首句中的"西风"一词点明节令，"满院"极言其多。诗人落笔就让菊花摆脱了孤独、孤单、孤芳自赏的传统形象。第二句写诗人为菊花的开不逢时惋惜，为其"蕊寒香冷蝶难来"这样的生存处境鸣不平。三、四两句直抒胸臆，直言自己一旦成为司春的青帝，就要让菊花与桃花一样，也在春天开放。这是诗人借此托物言志，表达推翻旧政权，掌握自己命运的愿望与决心。诗作充满豪情壮志，是一首寓有丰富思想内涵的咏菊名诗。

菊　花①

待到秋来九月八②，
我花③开后百花杀④。
冲天香阵⑤透长安，
满城⑥尽带黄金甲⑦。

——（唐朝）黄　巢

[注释]

　　①菊花：诗题一作《不第后赋菊》。②九月八：农历九月八。九月九是重阳节，古人有登高赏菊的习俗，为了押韵，所以此处将"九月九"说成"九月八"。③我花：指菊花。④杀：凋谢。⑤香阵：阵阵香气。⑥满城：全城。城，此处指唐朝京都长安。⑦黄金甲：金黄色的铠甲，此指菊花的颜色。

[诗意]

　　等到秋天九月重阳节的时候，菊花盛开后别的花就纷纷凋谢。阵阵香气弥漫整个长安城，城内遍地都是如黄金甲般金黄的菊花。

[赏析]

　　此诗是黄巢落第后写的，极尽笔墨呈现菊花灿烂耀眼的形象，称颂菊花威武凛然的精神，并以此表达等待时机改天换地的雄心壮志。首句点明菊花开放的季节。次句写菊花的威力，一个"杀"字尽显霸气。第三句写菊花的香味，

"冲天香阵"，表现菊花非同寻常的气势。末句写长安满城开遍菊花，显示菊花极其顽强的生命力。全诗境界开阔，气势豪迈，充分表现了作者非凡的气概和意欲改天换地的政治抱负。

黄檗禅师（唐朝）

黄檗（bò）禅师（？—855）：别名黄檗希运。唐代靖州鹫峰（今江西省宜丰县黄檗山）佛教高僧。因曾属黄檗山，故称黄檗禅师。他的诗歌由当时的宰相裴休辑录成《黄檗禅师诗》一书。其诗突出的特点是禅意深远，言浅旨远。代表诗作有《上堂开示颂》《赠廊壁》等。

上堂开示颂①

尘劳②迥脱③事非常，
紧把④绳头做一场。
不经一番寒彻骨，
怎得梅花扑鼻香。

——（唐朝）黄檗禅师

[注释]

①上堂开示颂：此诗原无题，诗题是后加的。②尘劳：尘世俗念劳累心思。③迥脱：摆脱、超脱。④紧把：紧紧把握住。

[诗意]

要摆脱尘世的俗念并非小事、易事，须紧紧把握信念，心无旁骛干一场。不经过一番彻骨寒冷的磨炼，哪里会有梅花的扑鼻芳香？

[赏析]

黄檗禅师精修禅法，终得大成。圆寂后，唐朝大中年间的宰相裴休收集整理其语录编成两卷传世。此诗偈头两句是说，要从劳心于尘世的俗念中超脱出来，不是一件寻常小事，对自己心里的俗念非得像放牛人抓住牛鼻子那样，方能远离。后两句以梅花设喻，说明只有经过"彻骨寒"，才能赢得"扑鼻香"。在诗中，梅花是一种精神的象征，作者的本意，是借此劝诫弟子，应有梅花那样的品格，坚志修行，以修得正果。

齐 己（唐朝）

齐己（约860—约937）：唐代末期诗僧，潭州益阳（今湖南宁乡）人。出身贫寒，自小聪颖，喜爱写诗，后入寺为僧，与郑谷、曹松等结为诗友。因为郑谷帮他把"昨夜数枝开"改为"昨夜一枝开"，故被齐己称为"一字师"。其诗格调清雅，不事雕琢。《早梅》是其代表作。

早 梅

万木冻欲折，孤根暖独回。
前村深雪里，昨夜一枝开。

风递幽香去，禽窥素艳①来。

明年如应律②，先发望春台③。

——（唐朝）齐 己

［注释］

①素艳：白色的花瓣。②应律：合乎节令、时令。③望春台：在唐时长安城东的龙首山上。此指京城长安。

［诗意］

万木被冻得折断了枝条，只有梅树的树根聚拢地下的暖气独具生气。在前村深深的雪地上，昨夜有一枝梅花凌寒独开。寒风传递着它的幽香，鸟儿窥着它白色的花瓣。寄语梅花，明年如按时开放，请先开在望春台上。

［赏析］

一、二两句用"万木冻欲折"这样夸张的说法，对比突出梅花不惧严寒的性格。三、四两句虽用语平常，但其中的"一"字，不仅照应了诗题，还突出了梅花的开放之早。五、六两句写梅花素雅的姿色和幽幽的风韵。七、八两句看似寄语梅花，其实是写诗人自己的心愿，即希望早登仕途，建功立业。整首诗紧扣"早"字展开，境界高远、意蕴深刻。

翁 宏（唐朝）

翁宏：生年不详。字大举，桂林（今广西贺州市桂岭镇）人。唐末五代诗人，生平事迹不详。一生无意仕途，安于寻常、平淡的生活。流传下来的诗歌仅三首，《春残》是其中之一。

春 残①

又是春残也，如何出翠帱②？
落花人独立③，微雨燕双飞。
寓目④魂将断⑤，经年梦亦非。
那堪⑥向愁夕⑦，萧飒⑧暮蝉辉。

——（唐朝）翁 宏

[注释]

①春残：春将尽。②翠帱：绿色没有顶的帐子。一作"翠帷"。③独立：单独一人站立。④寓目：过目。⑤魂将断：魂魄就要失去。形容极度伤心。⑥那堪：哪堪，怎么能忍受。"那"通"哪"。⑦向愁夕：愁苦的傍晚。"向"，助词，无实义。"愁"，一作"秋"。⑧萧飒：萧肃冷落。

[诗意]

又是春将尽的时候，让人怎么走出这绿色的帱帐？一个人独自站立在满园的落花前，成双成对的燕子在蒙蒙细雨中翻飞。眼睛看一下便无限伤心，经过好多年的梦境也会不同。怎么能忍受这愁苦的傍晚，蝉在萧肃凄冷的夕阳中闪着光辉。

[赏析]

此诗写一个女子春暮怀人。首句"又是"二字，凸显其内心的伤感。第二句是女子内心的独白，走不出"翠帱"，意思是走不出对暮春时节两人依依惜别往事的回忆。三、四两句采用"人独立""燕双飞"这种正反对比、衬托的手法，突出女子的孤独、寂寞。后四句反复写她触景伤怀，愁思、相思难以排解。全诗情景交融，用语温婉，心理刻画细致深刻。

张　泌（唐朝）

张泌：生卒年不详，字子澄，淮南（今江苏扬州）人。唐末词人。他是"花间词派"的代表人物之一。诗词内容多写地方风物、男女情感，特点是细腻婉约，铺写精致，含蓄隽永，用字工练。《寄人》《江城子》是其脍炙人口的代表作品。

寄　人

别梦依依①到谢家②，
小廊回合③曲阑④斜。
多情只有春庭月，
犹⑤为离人⑥照落花。

——（唐朝）张　泌

[注释]

①依依：模模糊糊、恍恍惚惚的意思。②谢家：泛指闺中女子。此指所思女子的家。③回合：回绕。④阑：栏杆。⑤犹：还、又。⑥离人：别离中的人。此指诗中的男主人公。

[诗意]

分别后在梦中恍恍惚惚地来到谢家，小小的回廊环绕着曲折的栏杆。只有春天庭院中的月亮最是多情，还为我这别离之人照着落花。

[赏析]

这是诗中的男主人公（据说就是张泌自己）与恋人分别后，多年不得相见，因而思念不已，遂作此诗以代信柬，故题为《寄人》。诗写得很细腻，很缠绵。

落笔就写梦境，写梦中迷迷糊糊地来到恋人的家，眼前的回廊、栏杆、庭院依旧，但不见所思之人。于是，男主人公情不自禁地感叹"多情只有春庭月，犹为离人照落花"，其遗憾与惆怅可感可知。此诗通过典型场景的描写，深沉曲折地表达了对恋人刻骨铭心的眷恋。

李　煜（五代南唐）

李煜（937—978）：原名从嘉，字重光，号钟隐，徐州（今江苏徐州）人。五代南唐的末代皇帝，世称李后主。国破被俘后软禁为囚，后在汴京去世。李煜精书法、善绘画、通音律，尤以词著名。他的词语言生动，意境深远，感情真挚，极富表现力和艺术感染力，有"千古词帝"之称。代表作有《相见欢·无言独上西楼》《虞美人·春花秋月何时了》等。

清平乐①·别来春半

别来春半，触目柔肠断。砌下②落梅如雪乱，拂了一身还满。

雁来音信无凭，路遥归梦难成。离恨恰如春草，更行更远还生。

——（五代南唐）李　煜

[注释]

①清平乐：词牌名。②砌下：阶下。

[词意]

自离别以来，春天已过去一半，目睹眼前景色令人愁肠寸断。落到阶下的梅花雪花翻飞般零乱，拂得一身满满。鸿雁已经飞回而音信全无，路途遥远连回去的梦也难以做成。离别的怅恨就像春草，越是走得远，越是蔓延滋长。

[赏析]

李后主乾德四年（966），李后主之弟李从善入宋后不得归，词人挂念殷殷，遂作此词。上片点出节令及别后的时间，后用"砌下落梅如雪乱，拂了一身还满"二句写暮春景色，其氛围与前面的"愁肠断"高度相融。下片承接上片"别来"二字，写雁来信不见，雁归人不归。结尾二句用春草比离愁，贴切、形象、生动，意蕴丰富。此词以物寓情，情景交融，备受后人赞赏。

相见欢①·林花谢了春红

林花谢②了春红③，太匆匆。无奈朝来寒雨晚来风。
胭脂泪④，相留醉，几时重⑤。自是⑥人生长恨水长东。

——（五代南唐）李　煜

[注释]

①相见欢：曲调名，又名《乌夜啼》《秋夜月》。②谢：告别。③春红：指艳丽的春天。④胭脂泪：指女子的眼泪。⑤重（chóng）：重复、重历。⑥自是：自然是、必然是。

[词意]

树林间的花儿已经告别艳丽的春天凋谢了，实在是太匆匆了，这花儿怎经得起清晨的冷雨、夜晚的风呢？遍地凋落的红花，似被和着胭脂的美人的泪水浸染，惹得怜花人如梦如醉。何时才能重逢呢？人生自然是令人怅恨的事情太多，就像那流水老是东流，无休无止。

[赏析]

此词作于李后主在汴京被囚禁期间。上片由暮春残景，感慨时光匆匆，人生苦短。这既是叹花，亦是词人为自己无力改变阶下囚的处境而自叹。下片用拟人手法写赏花人与落红之间的相怜相惜，反映出词人对自身命运、前途的迷茫。最后一句由落红离去推及整个人生，深感自己身不由己，命运无常。此词借伤春抒发了词人孤独无助之感，很有感染力。

破阵子①·四十年来家国

四十年②来家国，三千里地山河。凤阁龙楼③连霄汉④，
玉树琼枝作烟萝⑤，几曾识干戈⑥？

一旦归为臣虏，沈腰⑦潘鬓⑧消磨。最是仓皇辞庙⑨日，
教坊⑩犹奏别离歌，垂泪对宫娥。

——（五代南唐）李 煜

[注释]

①破阵子：词牌名。②四十年：南唐建国至灭国，共历三十八年，此四十年为概数。③凤阁龙楼：指帝王居所。④霄汉：云天。⑤烟萝：形容树叶繁茂，如同笼罩着雾气。⑥干戈：兵器，此借指战争。⑦沈腰：典故。沈指沈约。用沈约腰围顿减事借指人的消瘦。⑧潘鬓：典故。潘指潘岳。用潘岳白发事借指人中年白发。⑨庙：宗庙，供奉祖宗牌位的地方。⑩教坊：朝廷掌管宫廷舞乐的官署。

[词意]

南唐离开国已达四十年，疆域宽阔。雄伟的宫殿高耸入云，珍贵的草木云蒸霞蔚。什么时候见过战争呢？自从成了俘虏，人瘦了头发白了。特别记得那天慌慌张张辞别宗庙的时候，宫廷里的教坊奏起别离的曲子，而我只能对着宫娥默默垂泪。

[赏析]

此词作于李煜被囚汴京期间（976—978）。上片回忆故国昔日的繁华，幅员

辽阔，宫殿巍峨，庭内花繁树茂。李煜说作为皇帝的自己从未见过战争。下片一、二两句写自己被俘后人消瘦、鬓发花白的外貌变化。三至五句回忆国破当天哭辞宗庙时的凄惨情景。此词写出了一个亡国之君的亡国之痛、臣虏之辱，表达了词人对故国的留恋以及对亡国的无限悔恨。

虞美人①·春花秋月何时了

　　春花秋月何时了②，往事知多少。小楼昨夜又东风③，故国④不堪⑤回首月明中。

　　雕栏玉砌⑥应犹在，只是朱颜改。问君⑦能有几多愁？恰似一江春水向东流。

——（五代南唐）李　煜

[注释]

　　①虞美人：词牌名，因咏项羽宠姬虞美人而得名。②了：了结、完结。③东风：春风。④故国：指南唐。李煜961年嗣位，史称南唐后主。公元975年，南唐灭亡，写此词时，李煜被北宋囚禁在北宋的都城开封。⑤不堪：不能。⑥雕栏玉砌：雕花的栏杆，玉石砌的台阶。借指以前南唐的皇宫。⑦君：作者自称。

[词意]

　　春花秋月的事何时才能了结？记忆深处的往事说不清有多少。我住的小楼昨天晚上又吹来了春风，不堪回首的故国此刻也一定沐浴在这明亮的月光中。那有着雕花栏杆、白玉石阶的皇宫应该还在吧！只是我所怀念的人可能已经衰老了。你问我有多少忧愁，我的忧愁呀，就像一江向东流的春水，流也流不完。

[赏析]

　　李煜作此词时，被北宋囚禁于京都汴京。传说李煜在自己生日七夕的这一天，让歌妓反复吟唱此词。宋太宗获悉后，认为李煜复国之心不死，即刻赐毒酒毒死了李煜。因此，这也是李煜的绝命词。词前六句紧扣往事，通过对故国人、物今昔的交错对比，表达了词人对故国的眷恋和深深的亡国之痛。词的最后两句用自问自答的方式，把愁思比作东流的春水，使抽象的情感化为具体鲜明的形象，让人可感可知，因而被视为千古名句。本词为李煜词作艺术巅峰的集中体现，是"词中之帝"的经典代表作之一。

陶 谷（北宋）

陶谷（902—970）：原姓唐，字秀实。邠州新平（今陕西彬县）人。在后晋、后汉、后周、北宋都当过官，如中书舍人、兵部尚书等。著有《清异录》两卷。该书内容十分丰富，涉及天文、地理及花、草、果、木等等，但存诗仅三首，《题玉堂壁》是其中之一。

题玉堂壁

官职须由生处有，
文章不管用时无。
堪笑[1]翰林陶学士[2]，
年年依样画葫芦。

——（北宋）陶 谷

[注释]

①堪笑：可笑。②陶学士：即陶谷。学士，即翰林学士。

[诗意]

做官完全依赖出身，用人时不管其人有没有才能。可笑翰林院的那个陶学士，年年只会依样画葫芦。

[赏析]

据北宋魏泰撰的《东轩笔录》记载，当年为求重用，陶谷曾请人在宋太祖赵匡胤面前说情，但赵匡胤不以为然，认为陶谷并没有多大才能，让他起草文件，也只会"捡前人旧本"，即依样画葫芦。因而陶谷写此诗自我解嘲。诗的前两句是说当不当官，当多大的官，得靠命，与有没有才没关系。三、四两句以自己为例加以说明。这首诗虽是戏谑之作，但其实满篇都是陶谷的牢骚话。现在，这句"依样画葫芦"成了成语，被用来讽刺那些墨守成规、不动脑子、不求创新的人和这样的行为。

林　逋（北宋）

林逋（967—1028）：字君复，钱塘（今浙江杭州）人，赐谥"和靖先生"，世称"林和靖"。自幼聪慧好学，博闻强记，通经史百家，不屑功名利禄，终身未娶未仕。诗、书、画皆精，但不以为意，随作随弃。40多岁后隐居杭州西湖孤山，以植梅养鹤为乐。自谓"以梅为妻，以鹤为子"。苏轼评价他："先生可是绝伦人，神清骨冷无尘俗。"

山园小梅二首（其一）

众芳①摇落②独暄妍③，占尽风情④向小园。

疏影横斜⑤水清浅，暗香浮动⑥月黄昏。

霜禽⑦欲下先偷眼⑧，粉蝶如知合⑨断魂。

幸有微吟可相狎⑩，不须檀板⑪共金尊⑫。

——（北宋）林 逋

[注释]

①众芳：百花。②摇落：被风吹落。③暄妍：明媚鲜艳。④风情：风光。⑤疏影横斜：疏疏落落的梅花、横斜的枝干投在水中的影子。⑥暗香浮动：梅花清幽的香味在浮动。⑦霜禽：此指白鹤。⑧偷眼：偷偷地看。⑨合：理该，应当。⑩相狎（xiá）：亲近。⑪檀板：演唱时用的檀木拍板。借指唱歌。⑫金尊：贵重的酒杯。借指饮酒。

[诗意]

百花凋零，唯有梅花迎着寒风盛开，明媚艳丽的姿色占尽了小园风光。稀疏的梅花斜影投落在清浅的水中，清幽的芬芳浮动在黄昏的月光下。白鹤想飞下来的时候，先偷偷地看一下梅花，蝴蝶如果知道梅花如此暄妍，定会伤心至极。幸好我能低声吟诵，可以与梅亲近，不用唱着歌、饮着酒来欣赏它。

[赏析]

此诗首联直接赞赏梅花迎寒独开、占尽风情的品格和勇气。颔联描绘梅花的气质与风韵，写出了梅花花朵稀疏、花香清幽的特点，亦突出了梅的个性。颈联用拟人手法，借白鹤"偷眼"，蝴蝶"断魂"，侧面烘托和渲染梅的魅力。尾联直抒胸臆，表达诗人对梅的喜爱之情。此诗咏物与抒怀水乳交融，诗意隽永，是咏梅古诗中的绝唱。

点绛唇·金谷^①年年

金谷年年，乱生春色谁为主？余花落处，满地和烟雨。

又是离歌^②，一阕长亭^③暮。王孙^④去，萋萋无数，南北东西路。

——（北宋）林 逋

[注释]

①金谷：即金谷园，西晋巨富石崇建于洛阳的一幢极其奢华的别墅。他曾在此为王诩饯行。后人用金谷代称送行、饯行。②离歌：伤别的歌曲。③长亭：代指送行话别之处。④王孙：此指作者的朋友。

[词意]

金谷年年长青草，这乱生的春色谁是它的主人？残花在细雨中飘落满地。又是伤心离别之时，黄昏时在这里话别。友人远去，遍地芳草萋萋，遮没了四面八方的路。

[赏析]

这是一首借咏草表现离情别绪的词。开篇两句用典，借昔日奢华热闹的金谷如今人去楼空，春草乱生，荒凉冷落，寄寓词人的人世沧桑之感。三、四两句抓住落花、烟雨，描摹环境，点出节令。下阕用离歌、长亭、暮色、连天的芳草，组合成一幅凄美的送别场面，并以此表现惜别的伤感。王国维称赞此词是"咏春草绝调"。

柳 永（北宋）

柳永（约984—约1053）：原名三变，字景庄，后改名柳永，字耆卿，崇安（今福建武夷山）人。北宋著名词人，婉约派代表作家。景祐元年（1034）进士，但仕途坎坷不得志，后放浪形骸，以诗词自娱。他把俚词俗语用于作词，使词这种文学走向平民化、大众化。他的词语言通俗，音韵和谐，情感坦率真挚，长于铺陈，回味绵长。代表作品有《望海潮·东南形胜》《雨霖铃·寒蝉凄切》《八声甘州·对潇潇暮雨洒江天》等。

蝶恋花①·伫倚危楼②风细细

伫倚危楼风细细，望极③春愁，黯黯④生天际⑤。草色烟光残照里，无言谁会⑥凭阑⑦意。

拟把⑧疏狂⑨图一醉，对酒当歌，强乐还无味。衣带渐宽⑩终不悔，为伊⑪消得⑫人憔悴。

——（北宋）柳 永

[注释]

①蝶恋花：词牌名。②伫倚危楼：长时间倚靠在高楼的栏杆上。伫（zhù），站、立。危楼，高楼。③望极：极目远望。④黯黯：心情沮丧的样子。⑤生天际：从天边生起。⑥会：理解。⑦阑：同"栏"。⑧拟把：打算。⑨疏狂：生活狂放散漫，不受礼法拘束。⑩衣带渐宽：形容人渐渐消瘦。⑪伊：她，指所追求的人。⑫消得：值得。

久久倚靠在高楼的栏杆上，微风拂面，望不到边的是春日离愁，心里的沮丧、忧愁也从遥远的天际滋生开来。碧绿草色、缭绕的烟雾弥漫在夕阳的余晖里，默默无言，谁能理解我此时倚靠在栏杆上的心情。打算放纵一下，把疏狂的心情灌醉，对酒当歌，勉强快乐但索然无味，我日渐消瘦但始终不悔，为她值得精神萎靡人憔悴。

［赏析］

此词上片写景，词人登楼远望，天际芳草凄切，残照里暮霭沉沉，于是，一种黯然销魂的"春愁"油然而生。下片抒情，他要"疏狂图一醉"，但对酒当歌，强颜欢笑，最后还是感到索然无味。此时，词人才渐渐明白，这"春愁"原来是对恋人的无尽思念。而"衣带渐宽终不悔，为伊消得人憔悴"两句，则是词人自己对于爱的宣言。这首词境界疏旷凄淡，情韵深挚婉转，被后人誉为"爱的绝唱"。

望海潮①·东南形胜

东南形胜②，三吴③都会④，钱塘⑤自古繁华。烟柳画桥，风帘翠幕⑥，参差⑦十万人家。云树绕堤沙，怒涛卷霜雪，天堑⑧无涯。市列珠玑⑨，户盈罗绮⑩，竞豪奢。

重湖⑪叠巘⑫清嘉⑬，有三秋⑭桂子，十里荷花。羌管⑮弄晴，菱歌泛夜，嬉嬉钓叟莲娃⑯。千骑拥高牙⑰，乘醉听箫鼓，吟赏烟霞。异日图将好景，归去凤池⑱夸。

——（北宋）柳 永

［注释］

①望海潮：词牌名。②形胜：地理位置优越、交通便利的地区。③三吴：旧指吴兴郡、吴郡、会稽郡，这里泛指今江苏南部、浙江东部地区。④都会：都市。⑤钱塘：地名，今浙江杭州。⑥风帘翠幕：挡风的帘子和翠绿的帷幕。

⑦参差：这里指房子有高有低，高低不一。⑧天堑：天然形成的隔断交通的沟、坑等。一般指长江，这里借指钱塘江。堑，大坑、壕沟。⑨珠玑：珠子，这里代指珠玉珍宝。⑩绮：这里指高档的丝织品。⑪重湖：北宋时，西湖以白堤为界，分成里西湖、外西湖，故此处称西湖为"重湖"。⑫叠巘（yǎn）：重叠的山峰。巘，大山上的小山。⑬清嘉：清秀，美丽。⑭三秋：秋季，亦可指九月。⑮羌管：即羌笛。羌族的一种乐器。⑯莲娃：采莲女子。⑰高牙：军中大旗。这里借指军中高官，即柳永的朋友孙何。⑱凤池：即凤凰池，皇宫禁苑中的池沼，这里用来借指朝廷。

[词意]

杭州地理位置优越，是三吴的都会，自古十分繁华。烟雾笼罩的柳林，如画般美的桥，挡风的帘子，翠绿色的帷幕，房子有高有低，约有十万户人家。高耸入云的大树环绕着钱塘江边的沙堤，波涛汹涌，卷起霜雪似的洁白的浪花。江面广阔无垠，街市上陈列着珠玉珍宝，家家户户存满绫罗绸缎，互相攀比奢华。

西湖边重重叠叠的山峰清秀俊美，秋天有桂花，夏天有十里荷花。羌笛声在晴窗中传扬，夜晚还能听到采菱姑娘的歌声。垂钓的老翁、采莲的女子，人人喜笑颜开。孙何你外出时，千余随从前呼后拥，高举着牙旗，声势浩大，你微醉中听着笙箫鼓乐，吟诗作词，赞赏这里的湖光山色，他日再将这里美景画出来，去到朝中夸耀夸耀。

[赏析]

据说此词是柳永写赠朋友孙何的。孙何当时在杭州任两浙转运使，柳永欲借此词博得孙何的赏识，以便提拔自己入仕做官。词上阕前三句概括咏赞杭州地理位置重要，历史悠久，都市繁华。自第四句开始，具体描述杭州秀美的自然风光和市民的富裕生活。下阕前六句着力讴歌西湖美景，包括"三秋桂子，十里荷花"这样的自然美景和"羌管弄晴，菱歌泛夜，嬉嬉钓叟莲娃"这样诗意的人文景致。最后五句是对孙何闲适生活的称颂和前程的祝愿。词作栩栩如生地写出了杭州的秀美与富庶，给人身临其境之感，而且音律和谐，用词华美精致，情感饱满，铺叙大开大阖，是柳永的一首传世佳作。

范仲淹（北宋）

范仲淹（989—1052）：字希文，苏州吴县（今江苏苏州）人。北宋著名政治家、文学家。大中祥符八年（1015）进士，官至参知政事。一生为官清廉，体恤百姓。其诗词内容广泛，风格大气、豪放，境界开阔。散文文辞秀美。代表作品有《江上渔者》《苏幕遮·怀旧》等。

苏幕遮·怀旧

碧云天，黄叶地，秋色连波，波上寒烟翠。山映斜阳天接水，芳草无情，更在斜阳外。

黯①乡魂，追旅思②，夜夜除非，好梦留人睡。明月楼高休独倚，酒入愁肠，化作相思泪。

——（北宋）范仲淹

[注释]

①黯：黯然，心神颓丧、情绪低落的样子。②思：一作"意"。

[词意]

白云满天，黄叶满地，萧索的秋色与江水连在一起，江面上烟霭弥漫一片苍翠。斜阳映照着山，天连接着水，无情的芳草似还在斜阳的外面。

思念家乡，黯然销魂，缠人的游子的乡思无法排遣，夜夜除非有好梦才能入睡。明月照高楼的夜晚，切莫独自登楼凝望，酒进了愁肠，此刻全都化作了思乡之泪。

此词上片写景，把天、地、山、水、夕阳、寒烟、芳草等众多意象集中在一起，写出了塞外秋景辽阔苍茫、凄凉萧索的特点。下片抒情，通过夜晚难入睡、月下莫倚楼、酒入愁肠化作泪三事表现乡愁的浓烈、缠人、难解。词作强烈表达了作者的羁旅相思之情，造词鲜活，画面唯美，情景交融。境界高远开阔，词风俊朗、豪爽、深沉。

张 先 (北宋)

张先（990—1078）：字子野，乌程（今浙江湖州）人。北宋词人。天圣八年（1030）进士。做过吴江知县、嘉禾判官等。他的词与晏殊、柳永齐名，内容多以男女之情和士大夫的闲适生活为题材，词风婉约，描写细腻。代表词作有《天仙子·水调数声持酒听》《千秋岁·数声鶗鴂》等。

天仙子①·水调数声持酒听

水调②数声持酒听，午醉醒来愁未醒。送春春去几时回？临晚镜，伤流景③，往事后期空记省④。

沙上并禽⑤池上暝⑥，云破月来花弄影。重重帘幕密遮灯，风不定，人初静，明日落红应满径。

——（北宋）张 先

[注释]

　　①天仙子：词牌名。②水调：曲调名。③流景：逝去的光阴。景，日光。④空记省（xǐng）：白白地思念。⑤并禽：成对的鸟儿。这里指鸳鸯。⑥暝：天黑，暮色笼罩。

[词意]

　　拿着酒杯听几声《水调》歌声，午间的酒醒了愁还是依旧。送走了春天，春天何时回来？临近傍晚照镜子，惋惜年华流逝青春不再，过去的美好时光只能留存于记忆之中了。黄昏了，成对的鸳鸯在池上栖息，月光冲破云层洒向地面，花儿调弄自己的倩影。我拉上重重帘幕遮住灯光，风还没停，人声已经安静，明天园中的小路该铺满落花。

[赏析]

　　此词上阕写想借听歌饮酒解愁，结果酒醒了愁未消。傍晚照镜了，觉察岁月流转，青春易逝，于是顿生伤感愁绪。下阕写景抒情，从室外写到室内，由时景的变化，想到人生好景不长，更让词人落寞伤感。此词景中寓情，情景交融，给人意味无穷之感。

晏　殊（北宋）

　　晏殊（991—1055）：字同叔，抚州临川（今江西抚州）人。14岁以神童入试，赐同进士出身。北宋著名婉约派词人、文学家、政治家。官至同中书门下平章事兼枢密使。他唯贤是举，范仲淹、欧阳修均出自其门下。其词语言婉丽，音调和谐，对宋初的词风有很大影响。代表词作有《浣溪沙·一曲新词酒一杯》《破阵子·春景》等。

清平乐①·金风细细

金风②细细。叶叶梧桐坠。绿酒③初尝人易醉。一枕小窗浓睡。

紫薇④朱槿⑤花残。斜阳却照阑干⑥。双燕欲归时节，银屏⑦昨夜微寒。

——（北宋）晏 殊

[注释]

①清平乐：词牌名。②金风：秋风。③绿酒：古代所酿的酒，酒色黄绿，故诗人称之为绿酒。④紫薇：花名，五六月开，花红紫或白。⑤朱槿：落叶小灌木，此指红色的木槿花。⑥阑干：即栏杆。⑦银屏：洁白如银的屏风。

[词意]

秋风微微吹来，梧桐叶簌簌飘落。新酿的酒新尝，人容易喝醉。在小窗前沉沉地睡了很久。紫薇和朱槿花已经凋残，夕阳正照在楼阁的栏杆上。成双的燕子到了即将南归的时节，银屏昨夜已经微寒。

[赏析]

这是一首闲适词。词的上阕写酒后的浓睡。开头两句写景，并在写景中点明节令。三、四两句写醉酒、浓睡。表现了人的闲适与心境的宁静。下阕写酒醒后的场景。先写花谢日斜的眼前之景，再写随意想起的即将南归的燕子和昨夜夜色中微寒的银屏，思绪的随意更显出诗人心境的平静与放松。此诗格调闲雅，意境清幽，体现出了作者高雅、细腻的诗人气质。

破阵子①·春景

燕子来时新社②，梨花落后清明。池上碧苔③三四点，叶底黄鹂一两声。日长飞絮④轻。

巧笑⑤东邻女伴，采桑径里逢迎⑥。疑怪⑦昨宵春梦好，元是今朝斗草⑧赢。笑从双脸⑨生。

——（北朝）晏 殊

[注释]

①破阵子：词牌名。②新社：即春社日，时间在立春后、清明前。社日是古代祭祀土地神的日子，目的是祈丰收。有春秋两社，春天的叫春社，秋天的叫秋社。③碧苔：碧绿色的苔草。④飞絮：飞扬的花絮。⑤巧笑：形容少女美好的笑容。⑥逢迎：碰头、相逢。⑦疑怪：诧异、奇怪。这里是"怪不得"的意思。⑧斗草：古代妇女的一种游戏，也叫"斗百草"。⑨双脸：指脸颊。

[词意]

燕子飞回来的时候正赶上春社，梨花纷纷飘落后就到清明。池塘边上长了三四点青苔，树叶丛中传来一两声黄鹂的鸣叫，白天渐渐长起来了，柳絮轻轻飞舞。笑靥如花的东头邻家女孩，在采桑的路上邂逅相逢了。怪不得昨夜的春梦那么美好，原来预兆着我今天斗草赢了，不由得脸上挂满了笑容。

[赏析]

此词描写了古代少女春日的一个生活片段。上片写景，开头两句点明季节，用燕子、梨花、碧苔、黄鹂、柳絮烘托出浓浓的春意。下片写人，着力通过笑来刻画人物形象，表现少女的清纯、开朗、活泼以及青春的活力和纯洁的内心世界。词作清新、婉丽，形象生动，情趣悠长，充满了浓郁的乡间生活气息。

<h1 align="center">示张寺丞①王校勘②</h1>

元巳③清明假未开④，小园幽径⑤独徘徊。

春寒不定斑斑雨⑥，宿醉⑦难禁滟滟杯⑧。

无可奈何花落去，似曾相识燕归来。

游梁⑨赋客⑩多风味⑪，莫惜青钱⑫万选才。

——（北宋）晏 殊

[注释]

①寺丞：官职名，即太常寺丞。②校勘：官职名，掌图书著作之事。③元巳（sì）：即上巳。阴历三月上旬的巳日。④未开：尚未放假。⑤幽径：偏僻幽静的小路。⑥斑斑雨：点点滴滴的小雨。⑦宿醉：隔夜的余醉。⑧滟滟杯：满满地溢出酒杯。⑨游梁：汉梁孝王好宾客，故才士多聚梁园。此借此典故喻指人才。⑩赋客：辞赋家。⑪风味：风度。⑫青钱：铜钱。

[诗意]

元巳清明假日将来又还没到来，在花园的小路上我独自徘徊。春天忽冷忽热又点点滴滴地下着小雨，宿醉未醒还想满满地再喝几杯。花开花落谁也无可奈何，归来的燕子好似相识。梁园的宾客中有很多颇有才华，不要舍不得花钱，还是多选些人才吧。

[赏析]

这首诗是晏殊写给诗友寺丞张先、校勘王琪看的。首联点明作诗的时令，"独徘徊"透露出内心的闲适和淡淡的暮春伤感。颔联写雨和酒掺和在一起，表现了诗人伤春的情绪。颈联紧承上联，由"花落去""燕归来"的眼前之景，写到人对自然规律的无可奈何。尾联回应诗题，表达自己将不惜钱财、广选人才的意愿。全诗熔景、情于一炉，回味无穷。

宋 祁（北宋）

宋祁（998—1061）：字子京，安州安陆（今湖北安陆）人。北宋著名文学家、史学家、词人。天圣二年（1024）进士，与兄长宋庠齐名，世称"二宋"。曾官至礼部侍郎、工部尚书等。他的词多写个人生活，语言工丽，多有佳句。代表作有《玉楼春·春景》和《锦缠道·燕子呢喃》等。

玉楼春①·春景

东城渐觉风光好，縠皱②波纹迎客棹③。绿杨烟外晓寒轻，红杏枝头春意闹④。

浮生⑤长恨欢娱少，肯爱⑥千金轻一笑⑦。为君持酒劝斜阳，且向花间留晚照⑧。

——（北宋）宋 祁

[注释]

①玉楼春：词牌名。②皱：带有皱褶的纱，比喻水的波纹。③棹：船桨，这里指船。④闹：喧闹、热闹。⑤浮生：虚幻、短促的一生。⑥爱：吝啬的意思。⑦一笑：特指美人的笑。⑧晚照：夕阳的余晖。

[词意]

东城的风光渐渐更好，波光粼粼，好像在迎接游人的客船。绿色的柳枝似轻烟缭绕，初春的早上还有一些寒意，而红杏的枝头却喧闹着浓浓的春意。平生常埋怨欢乐的日子太少，怎能吝啬金钱而放弃欢乐？我为你举起酒杯劝说夕阳，请给我们在花丛中留下夕阳的余光。

　　这是一首歌咏春天的词。上阕描绘东城春日的旖旎风光，词中的"闹"字更是生动地凸显了杏花盛开时的状貌。下阕抒情，表达对人生的感悟和态度，有对春光的留恋，也有觉得该及时享乐的消极想法。词作用语华丽，讲究炼字，对仗工整，笔触细腻，备受时人赞赏、推崇。

梅尧臣（北宋）

　　梅尧臣（1002—1060）：字圣俞，宣州宣城（今安徽宣城）人，世称"梅宛陵"。北宋现实主义诗人，官至都官员外郎。与欧阳修、苏舜钦齐名，并称"欧梅"或"苏梅"。他的诗词主张写实，风格平淡瘦劲。人誉其为宋诗的"开山祖师"。代表作有《鲁山山行》《苏幕遮·草》等。

鲁山山行①

适与野情惬②，千山高复低③。
好峰④随处改⑤，幽径⑥独行迷。
霜落熊升树⑦，林空⑧鹿饮溪⑨。
人家在何许⑩，云外⑪一声鸡⑫。

——（北宋）梅尧臣

[注释]

①鲁山山行：在鲁山山中旅行。鲁山，在今河南鲁山县。山行，在山中旅行。②适与野情惬：恰好与我喜爱山野的情趣相合。适，恰好。野情，喜爱山野之情。惬，心满意足。③高复低：有高又有低。复，又、再。④好峰：美好的山峰。⑤随处改：（山峰）随着观看角度的变化而变化。⑥幽径：僻静的小路。⑦霜落熊升树：寒霜降落，熊爬上了树。霜落，霜降落。⑧空：空寂。⑨鹿饮溪：鹿在溪边饮水。"饮溪"即"溪饮"。⑩何许：何处、哪里。⑪云外：形容遥远。⑫一声鸡：暗示有人家。

[诗意]

恰好与我爱好山野的情趣相合，这群山高高低低、连绵起伏。美好的山峰，随着观看角度的改变不断变化，我独行在幽深的山路上竟然迷了路。寒霜落满地面，熊爬上了树，森林空寂，鹿在溪边饮水。人家在哪里呢？白云缥缈的远方传来一声鸡叫。

[赏析]

这首诗写深秋时节，诗人在鲁山中独行所见的山野风景。诗人以"行"为线索，采用移步换景的写法，首联道出对山野之景的喜爱及其原因。第二联继续写山行，发现山峰的姿态随着山行不断改变，走着走着，自己有时竟会迷失方向。第三联写到霜，写到看见熊上树，鹿在溪边饮水，既有趣，也说明这山中人迹罕至，十分幽静，这里用的是一种动中有静的写法。最后一联则改用设问的方法，营造出一种"空山不见人，但闻人语响"的意境，让人回味无穷。整首诗语言朴素，描写自然，写出了山景的千姿百态，也写出了诗人山行的乐趣。

欧阳修（北宋）

欧阳修（1007—1072）：字永叔，号醉翁，晚年又号六一居士。吉州庐陵（今江西吉安）人。北宋著名政治家、文学家和史学家，"唐宋八大家"之一。官至翰林学士、枢密副使、参知政事。他是北宋诗文革新运动的领袖，被推崇为一代文宗。其诗继承了韩愈雄健的散文化风格，而又清新流利。他的词扩大了词的抒情功能，也改变了词的审美趣味，婉约秀丽，更加通俗。诗词的代表作品有《画眉鸟》《生查子·元夕》等。

画眉鸟①

百啭千声②随意③移，
山花红紫树高低④。
始知⑤锁向金笼⑥听，
不及⑦林间自在啼。

——（北宋）欧阳修

[注释]

①画眉鸟：画眉，鸟名，叫的声音很好听。②百啭千声：形容画眉叫声婉转，富于变化。啭，鸟婉转地叫。③随意：随着自己的心意。④树高低：树的高处和低处。⑤始知：现在才知道。⑥金笼：名贵的鸟笼，喻指生活条件优越的居所。⑦不及：比不上。

[诗意]

画眉鸟不停地随意啼叫，在开满红色的、紫色的山花枝头飞来飞去。现在

216 ·

才知道，如果把它们关进鸟笼里，哪怕鸟笼再珍贵，也远不及在林间这样自由自在地鸣叫。

[赏析]

这首诗是欧阳修晚年的作品，当时的他已厌倦久居庙堂，为此多次辞官，但都未能如愿。此诗他明写画眉鸟，暗喻自己内心对自由自在、没有羁绊生活的向往。诗开头写景，透过画眉鸟的随意啼叫和自由飞翔，表现自由的可贵。后面两句由写景转为言理，将"锁向金笼"与前者对比，说明笼子再金贵，也无法与"林间自在啼"相比，这其实也是诗人的人生感悟。全诗情、景、理交融，并给人以深刻的启迪。

玉楼春①·尊前拟把归期说

尊②前拟③把归期说，未语春容④先惨咽⑤。人生自是有情痴⑥，此恨不关风与月。

离歌⑦且莫翻新阕⑧，一曲能教肠寸结。直须看尽洛城花，始共春风容易别。

—— （北宋）欧阳修

[注释]

①玉楼春：词牌名。②尊：即樽，古代盛酒的器具。③拟：打算、想要。④春容：像春色般妩媚的容颜。⑤惨咽：凄惨地低声啜泣。⑥情痴：感情极度痴迷的人。⑦离歌：离别时唱的送别曲。⑧翻新阕：根据旧的曲子填新词。

[词意]

端起酒杯想把归期说说，刚想说你就花容失色、凄惨低咽。人生自然有特别痴心的，这离愁别恨与风和月无关。离别的歌曲不要再填上新词，一曲离歌能让人柔肠寸断。只需我两一起把洛阳的牡丹看尽，再与春花一起与春风辞别，也许告别就会容易一些。

[赏析]

这是一首道离情的词。上片前两句写在饯行的酒席上欲话辞别的情事，简洁、明白。后两句是词人从"春容先惨咽"中悟到的人生感悟，也是这首词的主旨所在，概括得十分精辟又颇幽默，以致被后人视为经典名句。下片前两句重回前面的话别，用"一曲能教肠寸结"突出了话别时的哀伤。最后两句写词人赏花的豪兴。伤别之际尚有雅兴"看尽洛城花"，足见词人的豪放与豁达。

生查子·元夕①

去年元夜时，花市②灯如昼。
月上柳梢头，人约黄昏后。
今年元夜时，月与灯依旧。
不见去年人，泪湿春衫③袖。

—— （北宋）欧阳修

[注释]

①生查子·元夕：生查子，词牌名。元夕，即元宵节，农历正月十五夜。②花市：繁华的街市。③春衫：年少时穿的衣服，也指代年轻的作者自己。

[词意]

去年正月十五元宵节的时候，街市上的灯光如同白昼。月儿在柳梢头升起，我约她在黄昏后聚首。今年正月十五元宵节的时候，月光与灯光和去年一样。看不到去年的故人，泪珠儿不觉湿了衣袖。

[赏析]

此词上片忆旧，写去年元宵夜自己和情人约会时的情景，充满着幸福和留恋。"花市灯如昼"，描绘环境。"月上柳梢头，人约黄昏后"，写约会时间。下片写今年回旧地却"不见去年人"的痛苦和忧伤。词中"月与灯依旧"与"不见去年人"对比，更显出物是人非、旧情难续的苦痛。此词表现了一段难以忘怀的爱情，语言浅白，意境优美，充满着诗情画意，给人一种真淳、浪漫的美感。

苏舜钦（北宋）

苏舜钦（1008—1049）：字子美，出生于汴京（今河南开封）。北宋诗人，与梅尧臣齐名，并称"苏梅"。27 岁中进士。当过蒙城县令、长垣县令等。他的诗前期多抨击时政，议论激烈，后期多写山水。代表作有《淮中晚泊犊头》《题花山寺壁》《水调歌头·沧浪亭》等。

淮中晚泊犊头①

春阴②垂野③草青青，
时有幽花④一树明。
晚泊孤舟古祠⑤下，
满川⑥风雨看潮生。

——（北宋）苏舜钦

［注释］

①淮中晚泊犊头：傍晚在淮河的犊头停船靠岸。淮，淮河。犊头，淮河边的一个地名，在今江苏淮阳县境内。②春阴：春天的阴云。③垂野：笼罩原野。④幽花：偏僻幽暗处的花。⑤祠：祠堂。供奉祖宗、鬼神等的庙宇或房屋。⑥满川：满河。川，河。

［诗意］

春天的阴云笼罩田野，田野上杂草青青，偏僻、幽暗的角落时不时有些花朵映衬着树木。傍晚，我乘坐的孤舟停泊在古祠旁，透过满河的烟雨看到潮水渐渐涌起。

　　此诗是诗人被罢官到苏州寓居途中写的。先写日间行船途中所见到的两岸景色。"春阴垂野""草青青"是从整体着眼写景色,第二句"幽花一树明"写的是局部的风景,两句一大一小,表现了江南春天草青、花红、天常阴的季节特点。后两句写停船泊岸后的境况。"满川风雨"说明这一晚又是风又是雨,很不平静。这些写的都是实景。但此诗与众不同的是,只写景,不言情,比如诗人的心情如何,有何感触则只字未提,而联系诗人刚罢官的情况,这应当不难理解。

司马光（北宋）

　　司马光（1019—1086）：字君实,北宋著名史学家、散文家。陕州夏县（今属山西）涑水乡人。21 岁中进士,官至御史中丞。他编写了中国历史上第一部编年体通史《资治通鉴》。68 岁去世,追赠为温国公。他的诗词主要特色是笔调清新,语言质朴,意蕴悠长。代表作品有《居洛初夏作》《西江月·宝髻松松挽就》等。

居洛初夏作①

四月清和②雨乍③晴,
南山当户④转分明⑤。

更无柳絮⑥因风起，
惟有葵花⑦向日倾。

——（北宋）司马光

[注释]

①居洛初夏作：居洛，居住在洛阳。宋熙宁四年（1071），司马光与王安石政见不合，自请离开长安退居洛阳编撰《资治通鉴》，此诗即写于这一时期。②清和：（天气）清朗和暖。③乍：刚刚。④当户：正对门户。⑤转分明：意思是雨过云散后，山中的景色更加清楚。⑥柳絮：此处比喻见风使舵、政治上投机的人。⑦葵花：比喻忠心耿耿、立场坚定的人。

[诗意]

四月的初夏时节，雨后乍晴，天气晴朗和暖，正对着门户的南山，景色由模糊转为清晰。眼前没有随风起舞的柳絮，只有葵花向着太阳开放。

[赏析]

司马光退居洛阳编撰《资治通鉴》长达十五年，在洛阳期间很喜欢观赏自然风光，此诗所描绘的是他居室对面南山上的初夏风光。前两句写远景，交代了季节也写出了天气由雨转晴，景物由模糊转为清晰的过程。后两句写近景，用随风起舞的柳絮比喻政治上随波逐流、见风使舵的投机者，而自比"葵花"，暗示诗人自己始终保持着对皇帝的拳拳忠心。诗作把写景与述志融合在一起，手法甚为巧妙。

西江月①·宝髻②松松挽就

宝髻松松挽就，铅华③淡淡妆成。青烟翠雾罩轻盈，飞絮游丝无定。

相见争如④不见，有情何似无情。笙歌⑤散后酒初醒，深院月斜人静。

——（北宋）司马光

[注释]

①西江月：词牌名。②宝髻：古代妇女一种插有珍贵饰品的发髻。③铅华：妇女化妆用的铅粉、脂粉。④争如：怎如，倒不如。⑤笙歌：泛指歌舞。

[词意]

挽了个松松的发髻，化了个淡淡的妆容。青烟翠雾般的罗衣罩着你轻盈的身躯，舞姿似飞絮，游丝飘忽不定。此番相见不如不见，多情不如无情。笙歌散后，酒醉初醒，深深的庭院，月亮西斜，寂无人声。

[赏析]

这首词写司马光对一位舞女的爱慕之情。上阕从发髻、妆容、舞姿三方面表现舞女的清新脱俗和高超舞技。下阕一、二两句含蓄地向舞女示爱，话语深含哲理。三、四两句用席散分手后的惆怅反衬对舞女感情的真挚。词作体现了词人对舞女的真诚爱慕，语言浅近晓畅，好似信笔写就，但却言短味甘。

晏几道（北宋）

晏几道（1038—1110）：字叔原，号小山，抚州临州（今江西抚州）人，是晏殊的儿子。词与晏殊齐名，时称"二晏"。性格孤傲，只做过一些小官。他的词多以人生聚散和爱情为题材，词境空灵，风格婉约。代表作有《鹧鸪天·彩袖殷勤捧玉钟》《临江仙·梦后楼台高锁》等。

鹧鸪天^①·彩袖殷勤捧玉钟

彩袖^②殷勤捧玉钟^③，当年拼却^④醉颜红。舞低杨柳楼心月，歌尽桃花扇底风^⑤。

从别后，忆相逢，几回魂梦与君同^⑥。今宵剩把^⑦银钉^⑧照，犹恐相逢是梦中。

——（北宋）晏几道

[注释]

①鹧鸪天：词牌名。②彩袖：指代歌女。③玉钟：珍贵的酒杯。④拼却：甘愿、不惜。⑤"舞低"二句：描绘歌舞时间，彻夜狂欢。桃花扇，绘有桃花，用作歌舞道具的扇子。扇底，扇里。⑥同：相聚在一起。⑦剩把：尽把。剩，尽。⑧银钉（gāng）：银质的灯台，此代指灯。

[词意]

昔日你频频举杯殷勤劝酒，我开怀畅饮不惜喝醉满脸通红。从月照楼心直到月沉柳梢，尽情歌唱直到无力再把桃花扇摇。从那次别后，总是怀念那美好的相逢。多少次梦中和你相聚。今夜我尽力举着银灯把你细看，还怕这次相逢又是在梦中。

[赏析]

这首词写词人与歌女重逢时的情景。上片追忆当年两人在一起时的欢乐，三、四两句用互文的手法，借助月亮的升落和摇不动扇子的夸张说法，极言歌舞时间之长。下片从分别后的相思写起，写到重逢，虚虚实实，话语委婉如诉，情思缠绵，细腻地写出了恋人久别重逢时的真实感受。词作意象清丽，空灵深婉，是作者真情的流露。

曾　巩（北宋）

曾巩（1019—1083）：字子固，南丰（今江西南丰县）人。北宋诗人、散文家、史学家，"唐宋八大家"之一。38岁中进士。历任济州、洪州等地知府，晚年任史馆修撰，负责掌修国史。他的诗词关注现实，并有理趣，风格简洁清新。代表作品有《咏柳》《城南》等。

咏　柳

乱条①犹未变初黄，
倚②得东风势便狂③。
解④把飞花蒙⑤日月，
不知天地有清霜⑥。

——（北宋）曾　巩

[注释]

①乱条：杂乱的枝条。条，柳条。②倚：倚仗、倚靠。③狂：狂妄、狂放。④解：懂得、明白。⑤蒙：覆盖、遮掩。⑥清霜：借指秋天。

[诗意]

杂乱的柳条还没有完全变黄，倚仗着东风便肆意狂舞。只知道柳絮飞扬，遮蔽住了日月，不知道天地间还有秋天柳叶飘零的时候。

[赏析]

这是一首讽喻诗，抓住柳絮借风遮天蔽日，柳枝依仗风势狂舞的特征，讽刺那些依仗权势忘乎所以、胡作非为的无耻小人，告诫他们不要以为有恃便可无恐，要知道天地有正气，恶行一定没有好结果。第一句诗点出柳絮遮天蔽日、柳枝狂舞的季节，二、三两句写柳絮、柳枝肆意妄为的丑态。最后用"不知"一词嘲讽柳絮、柳枝的无知，含义深长，发人警醒。诗作托物寓意，富有现实意义，讽刺尖锐、辛辣，入木三分。

王 令（北宋）

王令（1032—1059）：字逢原，广陵（今江苏扬州）人。北宋诗人。父母早亡，自幼勤奋好学，成人后先以教书为业，后其诗得王安石赏识，帮助他娶妻成家，28岁得病去世。他的诗语言粗犷，风格劲健，或描写社会生活，或抒发自己的政治抱负。代表诗作有《送春》《春人》等。

送 春

三月残花落更开，
小檐日日燕飞来。
子规①夜半犹啼血，
不信东风②唤不回。

——（北宋）王 令

[注释]

①子规：身体黑灰色，初夏时常昼夜不停地叫。啼叫时口中会泛红，所以

古人误认为是带血而鸣，这样就有了"子规啼血"一说。②东风：春风。

[诗意]

三月暮春，凋零的残花掉落了，新花竞相开放。低矮的屋檐下每天都有燕子飞来飞去。半夜了，子规还在泣血悲鸣，希望唤回东风，它不相信春天会唤不回来。

[赏析]

这是一首写景的七绝。一、二两句写暮春景色。三、四两句借用杜鹃鸟的形象，通过杜鹃鸟为唤回春天而"夜半犹啼血"这一现象，巧妙地表达诗人对春天的热爱、珍惜和眷恋，从中也反映出诗人自信、执着、努力的生活态度和坚定、乐观的信念。全诗既给人一种凄凉的美感，亦给人一种不屈不挠、积极进取的精神影响。

程　颢（北宋）

程颢（1032—1085）：字伯淳，人称"明道先生"，与其弟程颐合称"二程"，洛阳（今河南洛阳）人。北宋哲学家，北宋理学的奠基人。嘉祐年间中进士，曾任监察御史里行，其诗文被后人编成《二程全书》。他的诗多写内心的感悟，语言平实，内涵丰富，多含哲理。代表诗作有《春日偶成》等。

春日偶成①

云淡②风轻近午天③，
傍花随④柳过前川。

时人⑤不识余⑥心乐，
将谓⑦偷闲⑧学少年。

——（北宋）程　颢

[注释]

①春日偶成：诗题又作《偶成》。偶成，偶然写成，不经意写成的诗。②云淡：云层淡薄。③午天：指中午。④随：沿着。⑤时人：旁人或当时的人。一作"旁人"。⑥余：我。一作"予"。⑦将谓：于是以为或就以为。将，于是、就。⑧偷闲：忙中抽出空闲的时间。

[诗意]

云淡、风轻，天气晴朗，快到中午，依着花丛，沿着柳荫，我漫步走过河边。旁人不懂我此刻心情的快乐，以为我是在学少年忙里偷闲呢！

[赏析]

此诗作于程颢任陕西鄠（hù）县主簿时，写一次自己郊游时见到的景色与心情。开头两句写春景：淡云，轻风，红花，绿柳，大自然美不胜收，又生机盎然。后两句写自己被美丽的春景感染，十分快乐，其中第三句是诗意的转折与推进，第四句是借时人之说袒露自得其乐的心情。诗作先写景后抒情，浅近通俗，平易自然，表现了诗人"余心乐"这种别样的人生理趣。

秋日偶成①

闲来无事不从容②，睡觉东窗日已红。
万物静观皆自得，四时佳兴③与人同。
道通天地有形外，思入风云变态中。
富贵不淫④贫贱乐，男儿到此是豪雄。

——（北宋）程　颢

①偶成：随意写成的诗。②从容：镇静，不慌乱。③佳兴：好的兴致（一说指好的景致）。④淫：这里是迷惑、放纵的意思。

[诗意]

闲了无事，不慌不忙，一觉醒来，东方早亮，红日已升。静下心观察万物，会觉得万物都有各自存在的道理，也能和别人一样感受四时美景带来的快乐。大道与天地间一切有形、无形的事物相通，思想渗透于风云变幻之中。只要能做到富贵不放纵淫逸，贫贱仍能保持快乐，这样的男儿就是英雄豪杰。

[赏析]

此诗前两联以诗人自身的生活状态为例，说明持有理学所倡导的"闲""静"（也就是佛、道两家所倡导的"心平气和""收心忍性"）的好处。第三联正面阐述理学的"道"（也就是理学所说的"天理"）的意义和作用。尾联提出理学对于判别英雄豪杰的人格标准。诗作既是理学观念、主张的宣示，也反映了诗人自己所持的人生态度和哲学观、人生观。

王 淇（北宋）

王淇：生卒年不详。字菉猗，生于华阳（今四川成都）。北宋政治家、文学家，豪放派词人。进士出身。天圣三年（1025）后任过大理评事、知制诰、姑苏郡守等。他的诗词构思别致，风格豪放，格局旷世，文气纵横。代表诗作有《梅》《望江南》《暮春游小园》等。

梅

不受尘埃^①半点侵^②，
竹篱茅舍^③自甘心。
只因误识林和靖^④，
惹得诗人说到今。

——（北宋）王 淇

[注释]

①尘埃：尘土，此比喻污浊的事物。②侵：侵蚀。③竹篱茅舍：竹编的篱笆，茅草盖的屋。比喻贫寒人家。④林和靖：即林逋，北宋诗人，钱塘人。他特别喜欢梅、鹤，终身未娶，旧时称其为"梅妻鹤子"。

[诗意]

高洁、坚贞的梅花，不受半点人世间污浊的侵蚀，心甘情愿地生长在竹篱边、茅舍旁。只是因为误识了酷爱梅花的林和靖，才被诗人谈论到今日。

[赏析]

王淇的这首七绝，用拟人手法表现和讴歌梅花高洁、坚贞的品格，并借此抒发自己不慕荣利、乐于淡泊自守的情怀。诗中无一字写到梅，但句句都在写梅。第一句写梅不受尘俗的半点污蚀，表现了梅花严持圣洁操守的特点。第二句写梅不慕荣华，自甘清贫，突出了梅乐于淡泊的精神。三、四两句把梅受人夸赞的现象说成是"误识林和靖"之故，这是赞扬梅不求人识、不事张扬的特质。此诗赋予梅人的品格与情感，被后人誉为古人咏梅诗中的翘楚之作。

杨 朴（北宋）

杨朴（921—1003）：字契元，自号东里野民。郑州新郑（今河南新郑）人。北宋诗人。性孤僻，好学好诗，不乐入仕做官，白衣终生，一辈子隐居乡间。其诗多以乡间的自然景色和隐居生活为题材，诗风与贾岛相近，讲究精雕细琢。代表作有《莎衣》《七夕》等。

七 夕①

未会②牵牛③意若何④，
须邀织女⑤弄金梭⑥。
年年乞⑦与人间巧，
不道⑧人间巧已多。

——（北宋）杨 朴

[注释]

①七夕：传说这一天的晚上，牛郎织女在银河相会。②未会：不理解，不明白。③牵牛：星名，在银河西。神话故事《牛郎织女》中的牛郎。④若何：怎么样。⑤织女：在银河东，有四颗星。神话故事《牛郎织女》中的天帝之孙女。⑥弄金梭：指用金梭织锦。梭，织布时牵引纬线（横线）的工具。⑦乞：求、讨要。⑧不道：不知道、没想到、没料到。

[诗意]

不明白牵牛心里是怎样想的，为何一定要邀织女摆弄那织布的金梭。年年都赐予人间许多巧，不知道人间的巧已经太多了。

"乞巧",是一种旧俗,即每年七夕夜晚,妇女们向天上的织女乞求机巧智慧。本诗却不是写如何乞巧,而是就乞巧发议论。开篇两句质疑是否有必要年年为人间送巧,最后说"不道人间巧已多"。当然,这前后两种"巧"是不同的。后者的"巧",是人间的奸巧,是尔虞我诈、钩心斗角之类的"巧"。诗人故意把这两种"巧"混在一起,是一种艺术的表现手法,是对世俗社会奸巧行为的强烈讽刺。此诗语言质朴,构思巧妙,是一首典型的讽喻诗。

王安石（北宋）

王安石（1021—1086）：字介甫，号半山，抚州临川（今江西抚州）人。北宋杰出的政治家、文学家、思想家，"唐宋八大家"之一。22岁中进士，官至参知政事。曾实施历史上有名的"王安石变法"，政绩斐然。他的诗词，内容充实，用词精练。议论文逻辑严密，说理透彻。诗词的代表作品有《元日》《泊船瓜洲》《桂枝香·金陵怀古》等。

题张司业①诗

苏州司业②诗名老③，
乐府④皆言妙入神。
看似寻常最奇崛⑤，
成⑥如⑦容易却艰辛。

—— （北宋）王安石

[注释]

　　①张司业：即张籍，唐代诗人，曾任国子司业，故称"张司业"。②苏州司业：张籍原籍苏州，故称"苏州司业"。③诗名老：诗作的名气由来已久。老，长久。④乐府：此指张籍创作的乐府诗歌。⑤奇崛：奇特突出。⑥成：指诗写成功。⑦如：好像。

[诗意]

　　苏州司业的诗歌名气由来已久，大家都称赞他的乐府诗奇妙入神。看着很平常其实最奇崛，成功好像容易实则很艰辛。

[赏析]

　　这首诗是对唐代诗人张籍乐府诗歌的评论。张籍的乐府诗题材广泛，反映社会现实，语言通俗明白，风格质朴自然，与王安石诗风相近。此诗前两句通过诗名与众人的评价，肯定张籍诗歌的艺术成就。后两句阐述自己的观点，指出张籍诗歌看起来寻常，但仔细品味，却平常中见奇崛。由此，作者认为要取得艺术创作的成功是要付出巨大艰辛的。诗作语言平实，由个别推及一般，是对艺术创作规律的客观总结。

商　鞅

自古驱民①在信诚②，
一言为重百金③轻。
今人未可非④商鞅⑤，
商鞅能令⑥政必行。

——（北宋）王安石

[注释]

　　①驱民：驱使、役使百姓，此为管理的意思。②信诚：诚信，诚实守信。③金：古代货币单位。百金，形容分量很重。④非：议，否定。⑤商鞅：卫国国君的后裔，故又称卫鞅。后立功获封商十五邑，号为商君，故称商鞅。商鞅实施变法，史称"商鞅变法"。⑥令：使、使得。

[诗意]

　　从古到今要管理好老百姓在于诚信，一言为重，百金为轻。现在的人可不能非议商鞅，如有商鞅的精神，新法一定能顺利推行。

[赏析]

　　宋朝嘉祐三年（1058），王安石开始推行他的变法主张，但遭到朝中一些权臣的激烈反对。此诗是他在此期间写的一首咏史诗。诗的前两句，以历史的经验为例，阐述取信于民的重要性。后两句是对现实中那些否定商鞅、反对变法人的告诫，指出只要有商鞅那种不屈不挠的精神，自己的革新主张一定能顺利实行。诗作语言平实，观点鲜明，说理有力。

苏　轼（北宋）

　　苏轼（1037—1101）：字子瞻，号东坡居士，眉州眉山（今四川眉山）人。北宋著名文学家，"唐宋八大家"之一，与父亲苏洵、弟弟苏辙并称"三苏"。嘉祐进士。做过杭州、徐州等地的地方官，政绩颇著，官至礼部尚书。他的诗、词感情充沛，题材广泛，热情奔放，是豪放词派的主要代表。代表诗词作品有《饮湖上初晴后雨》《题西林壁》《水调歌头·明月几时有》《念奴娇·赤壁怀古》等。

海　棠①

东风袅袅②泛崇光③，
香雾④空蒙⑤月转廊⑥。

只恐⑦夜深花睡去，

故烧高烛照红妆⑧。

——（北宋）苏 轼

[注释]

①海棠：落叶小乔木，花白色或淡粉红色。②东风袅袅：形容春风轻轻吹拂状。东风，春风。袅袅，形容风的和缓轻柔。③崇光：华贵的光泽。④香雾：混合着海棠花香的雾气。⑤空蒙：形容月色朦胧的样子。⑥廊：此指屋檐下的过道。⑦恐：担心、担忧。⑧红妆：此处喻指海棠。

[诗意]

春风袅袅，海棠在夜色中泛着高洁美丽的光泽，幽幽的花香四处弥漫，月光朦胧，移过园中的围廊。担心夜深花会睡去，所以点燃高高的蜡烛，以免错失品赏的机会。

[赏析]

元丰三年（1080），苏轼因"乌台诗案"被贬黄州，黄州的居处有一棵海棠，苏轼甚是爱怜。此诗即为诗人借咏此海棠表达自己爱花惜花的情感。诗作开头两句，营造了一个既梦幻又略带幽寂的境界，显示出海棠的高贵与美丽。然后化用唐玄宗戏赞杨贵妃"海棠睡未足"的典故，以人喻花，最后一句用"故烧高烛照红妆"的浪漫之举，把自己爱花的真情表露无遗。全诗构思别致，想象奇丽，富有诗情画意。

春 宵①

春宵一刻②值千金，

花有清香月有阴。

歌管③楼台声细细，

秋千④院落夜沉沉。

——（北宋）苏 轼

①春宵：诗题又作《春夜》。春宵，春天的夜晚。宵，夜。②一刻：很短暂的一段时间。③歌管：唱歌奏乐。歌，唱歌。管，笙、箫。④秋千：一种运动和游戏用具，在木架或铁架上系两根长绳，下面拴上一块板子，人在板上利用蹬板的力量在空中前后摆动。

［诗意］

春天的夜晚十分宝贵，短短的一刻就价值千金。花儿散发着淡淡的清香，月光在花丛中投下朦胧的阴影。悠悠的歌声和动听的管乐声从楼台轻轻地传来，挂着秋千的院落，人们还在忘情地嬉戏，而夜已经很深了。

［赏析］

此诗描写春夜的迷人景色。开首两句系因果关系，前一句是果，后一句是因。因为"花有清香月有影"，所以"春宵一刻值千金"。但诗人为了突出春宵的宝贵，故把前后两句倒过来了。后面两句写尽管夜很深了，而人们却还在浅吟低唱，尽情享乐。诗歌明白如话，但诗意耐人寻味。现在的人们则常用"春宵一刻值千金"来形容良辰美景的短暂和宝贵。

和①董传②留别

粗缯③大布④裹⑤生涯⑥，腹有诗书⑦气⑧自华⑨。
厌伴老儒⑩烹瓠叶⑪，强⑫随举子⑬踏槐花⑭。
囊空⑮不办寻春马⑯，眼乱⑰行看⑱择婿车⑲。
得意⑳犹堪夸世俗，诏黄㉑新湿字如鸦㉒。

—— （北宋）苏 轼

［注释］

①和（hè）：唱和。指依照别人所作的诗词体裁和题材写作。②董传：字至和，洛阳（今河南洛阳）人。③缯（zēng）：古代丝织品的总称。④大布：古代用麻织成的粗布。⑤裹：经历。⑥生涯：指从事某种活动和职业的生活。

⑦腹有诗书：胸有学问。腹有，胸有。诗书，原指《诗经》与《尚书》，此指书籍。⑧气：表现出来的精神气质。⑨华：美丽而光彩。⑩老儒：博学而年长的学者。⑪烹瓠叶：《诗经·小雅·瓠叶》首章两句为"幡幡瓠叶，采之烹之"。此为用此典故，以瓠叶言其食之粗陋。⑫强：勉强。⑬举子：指参加科举考试的读书人。⑭踏槐花：指参加科举考试。槐花，槐树的花。槐树春天开花，唐代的科举考试也正在这时候。所以，把举子参加科举考试称为"踏槐花"。唐代就有"槐花黄，举子忙"的俗语。⑮囊空：口袋里空空的，比喻穷，口袋里没有一个钱。⑯寻春马：唐代孟郊有"春风得意马蹄疾，一日看尽长安花"两句诗。苏轼将此诗意转化为"寻春马"一说。⑰眼乱：眼花缭乱。⑱行看：且看。⑲择婿车：唐代，官贾之家多选择进士放榜的日子，和自家待嫁的女子一起去放榜处选择佳婿。"择婿车"即指此种车子。⑳得意：此指董传科举及第，高中进士。㉑诏黄：即诏书，古代诏书用黄纸书写，故谓"诏黄"。㉒字如鸦：指诏书上写的黑字。

[诗意]

生活中穿着粗布劣衣，胸中有学问，气质自然光彩、高雅。厌倦了与老儒闲聊清淡这无聊穷困的日子，勉强随着举子一起上京赶考。囊中空空，手上无钱，不能去买"看花"的马，且看看那些眼花缭乱的择婿车。高中进士，春风得意，还是可以向世俗的人们夸耀，诏书上新写的黑字中有我的名字。

[赏析]

嘉祐六年（1061），苏轼在任凤翔府签判时与穷困潦倒的董传有过交往。当时董传正准备参加科举考试。此诗是第二年苏轼罢官凤翔府签判赴汴京（今河南开封），途经长安与董传重聚话别时书赠董传的。前两联着重称赞董传虽然贫穷，生活艰困，但饱读诗书，志向远大。后两联是苏轼对董传金榜题名的祝愿，戏谑地说他登第后即使不能像孟郊那样"骑马看花"，但还是可看看打扮花哨、豪华的择婿车，夸夸诏黄上新写的字中有自己的名字。戏谑之语也表现了苏轼的风趣与随和。全诗最大的特点是巧于用典，诗句精练含蓄。特别是"腹有诗书气自华"这一句更是凝练概括，流传千古，现在常被人用来称赞别人学问渊博，气度不凡。

初到黄州①

自笑平生为口忙②，老来事业转荒唐。
长江绕郭③知鱼美，好竹连山觉笋香。
逐客④不妨员外⑤置⑥，诗人例作水曹郎⑦。
只惭无补丝毫事，尚费官家压酒囊⑧。

——（北宋）苏 轼

[注释]

①黄州：今湖北黄冈一带。②为口忙：语意双关，一指为谋生糊口，二指自己因言（即"乌台诗案"）获罪贬职。③郭：外城。黄州位于长江边上，故言"长江绕郭"。④逐客：遭贬谪放逐之人，此为作者自指。⑤员外：编额以外的官员。⑥置：安置。⑦水曹郎：即水部员外郎。史载南朝的何逊、唐朝的张籍等诗人都做过水部的官，所以苏轼说自己也不例外。⑧压酒囊：官府酿酒用剩的酒袋。古代官员的俸禄，一部分给实物，"压酒囊"即指此。

[诗意]

自己也觉得好笑，平生要为嘴巴忙碌，到老了事业也变得荒唐。这里长江绕城，知道鱼的味美；到处都是竹山，感觉竹笋很香。我这个贬逐之人，自然不妨安置一个闲职，反正诗人按惯例都做员外郎的。惭愧的是我丝毫无补于政事了，却还要耗费官家的钱财。

[赏析]

元丰三年（1080），苏轼因"乌台诗案"被贬黄州，此诗为初到黄州时所作。诗作用平实的语言，写出了自己当时极为复杂的心情。首联自嘲平生为口忙，饱含无限的辛酸。颔联写有鱼、有笋的生活处境，体现了诗人随遇而安的生活态度。颈联也是一种自我解嘲，但明显含有牢骚、不平之意。尾联叹息自己不能有所作为。诗人面临如此处境，而仍能如此旷达，着实不易。

蝶恋花^①·春景

花褪^②残红青杏小。燕子飞时，绿水人家绕。枝上柳绵^③吹又少，天涯^④何处无芳草^⑤。

墙里秋千墙外道。墙外行人，墙里佳人笑。笑渐不闻声渐悄^⑥，多情却被^⑦无情^⑧恼^⑨。

——（北宋）苏 轼

[注释]

①蝶恋花：词牌名。②褪：凋零。③柳绵：即柳絮。④天涯：指极远的地方。⑤芳草：香草。⑥渐悄：渐渐没有声音。⑦却被：反被。⑧无情：指墙内荡秋千的佳人对墙外行人的多情毫无觉察。⑨恼：恼恨，使生气和怨恨。

[词意]

花朵凋零，枝头结出小小的青杏。燕子在天空飞，绿水绕着村落人家流。柳枝上的柳絮被风吹得越来越少，走遍天涯，什么地方没有芳草？围墙里有少女荡秋千，围墙外有行人经过，墙外行人听到墙内少女的笑声。笑渐渐听不到，声音也渐渐消散，多情的行人仿佛被少女的无情惹得不快。

[赏析]

这是一首伤春抒怀之作。上片写伤春。"花褪残红""柳绵吹又少"，预示着春天即将过去，流露出词人对春光易逝的惋惜感伤。下片写伤情，通过对墙外行人的有意和墙内佳人的无感的描述，暗喻词人不被人理解，"多情却被无情恼"的苦恼和惆怅。此词虽然婉约，但情绪并不消沉，"天涯何处无芳草"就反映了苏轼的豁达与乐观。

浣溪沙^①·簌簌衣巾落枣花

簌簌^②衣巾^③落枣花，村南村北^④响缲车^⑤。牛衣^⑥古柳卖黄瓜。

酒困路长惟欲睡，日高人渴漫思茶⑦。敲门试问野人家⑧。

——（北宋）苏 轼

[注释]

①浣溪沙：词牌名。②簌（sù）簌：花朵飘落的声音。③衣巾：衣服和头巾。头巾是我国古代男子裹头的织物。④村南村北：泛指整个村庄。⑤缫（sāo）车：即缫丝车。从茧上抽出丝的用具。"缫"同"缲"。⑥牛衣：蓑衣之类的用具。这里指代穿牛衣的人。⑦漫思茶：想随便去哪儿找点水喝。漫，随意。⑧野人家：乡野人家，即农家。

[词意]

枣花簌簌地落在我的衣服和头巾上，村子里四处响着缫车缲丝的声音。古老的柳树下一个穿牛衣的人正在叫卖黄瓜。酒后困乏，路途遥远，只想睡觉，烈日高照，口渴，想随便去哪儿找点水喝，于是（我）敲开一户农家的门，问问可否给一碗茶喝。

[赏析]

此词写于苏轼任徐州知府时。北宋元丰六年（1083），徐州春旱，苏轼率众赴乡间求雨。得雨后，又去谢雨。在此往返路上，写成组词《浣溪沙》，共五首，这是第四首。此词写他途经乡间时的见闻和感受。上片通过枣花落满衣巾、四处缫车声、农人叫卖黄瓜三个镜头，描绘了一幅初夏时节，充满活力的乡村生活的画面，生动、真切、传神。下片记事，诗人叙述自己日高口渴，向农家求茶的情形，至于农家如何回应，最后讨到茶没有，词中没有交代。这样处理，使词更有回味。词中的"试问"一词，也是很妙的一笔，说明作者没有官架子，作风谦和平易。此词质朴，有浓厚的生活气息，而且既写了事，也写了人，全诗犹如一幅赏心悦目的乡村风情画。

浣溪沙①·细雨斜风作晓寒

细雨斜风作晓寒，淡烟疏柳媚②晴滩③。入淮清洛④渐漫漫⑤。

雪沫乳花浮午盏⑥，蓼茸⑦蒿笋⑧试春盘⑨。人间有味是清欢。

——（北宋）苏 轼

[注释]

①浣溪沙：词牌名。②媚：使动用法，向……献媚。③晴滩：晴日的沙滩。④洛：洛河。源出安徽合肥，北入淮河。⑤漫漫：大水浩渺貌。⑥"雪沫"句：谓午间喝茶。雪沫乳花，形容煎茶时浮上来的白泡。午盏，午茶，盏，茶杯。⑦蓼茸：蓼菜的嫩芽。⑧蒿笋：即莴笋。⑨试春盘：意思是说尝尝春节的菜。旧俗以立春为春节。

[词意]

细雨斜风有点微寒，淡淡的烟雾和疏疏朗朗的柳树似在向十里滩献媚。流入淮河的洛河渐渐宽广。喝着浮有乳白泡沫的好茶，尝尝春节新鲜的野菜，人间真正的味道还是清淡的欢愉。

[赏析]

宋朝元丰七年（1084），苏轼在赴任汝州（今河南汝州）团练使时，途经泗州（今安徽泗县），随友游泗州的南山，此诗即叙此次游历。词的上片写天气和沿途的景观。第二句中的"媚"字用得极为生动，它真切地传达出诗人内心的喜悦。下片写游览小憩时喝茶野餐的情形与心情，透着浓浓的生活气息。特别是"人间有味是清欢"这一句更有情趣，深含哲理。词作反映了诗人对生活的热爱和旷达乐观的人生态度。

送安敦秀才失解西归①（节选）

旧书②不厌③百回读，
熟读深思子④自知。
他年⑤名宦恐不免，
今日栖迟那可追⑥。

——（北宋）苏 轼

①"送安敦"句：安敦（1042—1104），字处厚，广安人。曾官为监察御史、兵部尚书、同知枢密院事。秀才，宋代向朝廷贡举人才应礼部会试，由各府举荐的士子都称秀才。失解，参加贡举考试未中称失解，中榜者称发解。西归，苏轼当时在京都汴京任职。广安在汴京西，安敦回广安老家，故称西归。②旧书：此指经典之作。③厌：满足。④子：你。⑤他年：将来。⑥"今日"句：栖迟，闲散、懈怠、不上进。追，追求。

［诗意］

读过的书还是要一遍一遍反复地读，读熟了你自然而然就会理解其中的意思。你将来一定能成为一名显赫的大官，今天的漂泊失意不要太在意。

［赏析］

宋神宗熙宁二年（1070），28岁的安敦参加乡试未中，落第西归，苏轼写此诗送他。原诗二十句，节选的是开头四句。全诗的主旨是劝勉安敦不要过分在意考试的成败，而要去追求理解经典的确切含义，应该回家去再安心好好读书。开篇的两句是经典之语，虽然文字简短，但揭示了熟读深思对于读书学习的重要性，它是作者读书经验的总结，也是一种极为重要的读书方法。

定风波·南海归赠王定国侍人寓娘①

常美人间琢玉郎②。天应乞与点酥娘③。尽道清歌传皓齿④，风起，雪飞炎海⑤变清凉。

万里归来颜愈少⑥，微笑。笑时犹带岭⑦梅香。试问岭南应不好，却道：此心安处是吾乡。

——（北宋）苏 轼

［注释］

①定风波：词牌名。王定国：王巩，作者友人。寓娘：王巩的歌妓。②玉郎：古代女子对心上人的爱称。此泛指青年男子。③酥娘：诗中指柔奴，即王

巩的歌妓。④皓齿：洁白的牙齿。⑤炎海：形容酷热。⑥颜愈少：容貌更加年轻。⑦岭：此指我国南方五岭以南地区。

[词意]

我常羡慕世间那些如玉般雕琢出来的俊美男子，好像上天也特地吩咐，赠予他们貌美聪慧的女子。酥娘能自作歌曲，歌声清亮，明眸皓齿。风起时，她的歌声似雪片飞传，使炎热的岭南也变得清凉。酥娘从遥远的地方归来，显得更加年轻，笑容依旧，这笑声也像带有岭梅的芳香。问她岭南那地方应不太好吧？她却说，我的心能安定的地方，就是我的故乡。

[赏析]

王巩是苏轼好友，受苏轼"乌台诗案"牵连被贬岭南，其歌妓柔奴（别名柔娘）也随行至岭南。后王巩自贬所归来，酒席上苏轼问柔奴岭南如何，柔奴答"此心安处是吾乡"，苏轼深为感动。于是作此词。下片着重表现柔娘重情重义，旷达、乐观的心灵美。"此心安处是吾乡"，话虽简单，却寓有深刻的哲理。

望江南①·超然台②作

春未老③，风细柳斜斜。试上超然台上望，半壕④春水一城花。烟雨暗千家。

寒食⑤后，酒醒却咨嗟⑥。休对故人思故国⑦，且将新火⑧试新茶⑨。诗酒趁年华。

——（北宋）苏 轼

[注释]

①望江南：词牌名。②超然台：在密州（今山东诸城）北城上，苏轼在密州为官时重修，并称此台为"超然台"。③老：即晚春时节。④壕：此指护城河。⑤寒食：即寒食节，旧时清明节的前一天。⑥咨嗟：叹息。⑦故国：此指故乡、故国。⑧新火：寒食节后重新生火，称"新火"。⑨新茶：指每年清明节

采摘制作的茶。

[词意]

　　春天还没到暮春时节，风细细的，柳条被风吹得斜斜的。登上超然台远眺，护城河只有半河的春水，城内却是一城的繁花。烟雨中千家万户的房舍朦朦胧胧。寒食节后，酒醒了，却因思乡而频频叹息。还是别在老朋友面前念叨故乡吧，暂且生起新火煮一杯新茶，作诗品酒都得趁好年华啊！

[赏析]

　　苏轼于宋朝熙宁七年（1074）秋，从杭州调至密州，第二年重修密州城北的旧台，第三年，即熙宁九年（1076）春，登超然台触发乡思，写了此词。上片写登台所见之景。前两句点明节令，点出风细柳斜的季节特征。后三句写城外的春水、城内的春花和烟雨中的房舍，色彩一明一暗，飘溢出浓浓的生活气息。此词虽然篇幅不长，但妙语连珠，清新自然，堪为宋词中的极品之一。

和孔密州①五绝（其三）·东栏②梨花

梨花淡白柳深青，
柳絮飞时花满城。
惆怅东栏一株雪③，
人生看得几清明④。

——（北宋）苏　轼

[注释]

　　①和（hè）孔密州：和（hè），依照别人所作的诗词题材、体裁写作。孔密州，即密州知府孔宗翰。②东栏：指苏轼所住庭院东边的栏杆。③雪：指梨花。④清明：清澈明朗。

[诗意]

　　梨花淡淡的白，柳条青青的，柳絮飞扬时，就像雪花飘满全城。心绪惆怅，就似东栏那一树雪白的梨花，谁能把这纷繁的人生看得清清楚楚呢？

熙宁九年（1076）冬，苏轼被调离密州到徐州为官，此诗是他第二年春，即熙宁十年（1077）春到任后写给接替他当密州知府的孔宗翰的。在此之前几年，苏轼在政治上受打击，被调出朝廷，家庭又屡出变故，母亲、妻子、父亲相继离世，所以，心情万般惆怅，此诗就借梨花的飘落，抒发春光易逝，人生短暂，难以捉摸的伤感之情。首句以淡白状梨花，以青色状柳色，写的是静景。次句写满城飞扬的柳絮，写动景，一静一动，表现了春意之浓，也衬托出春愁之深。三、四句将"一株雪"和"几清明"对着写，借景抒情，更给人一种物是人非，人生短促，感伤、悲凉的感觉。

临江仙①·送钱穆父②

一别都门③三改火④，天涯踏尽红尘。依然一笑作春温⑤。无波真古井⑥，有节是秋筠⑦。

惆怅孤帆连夜发，送行淡月微云。尊⑧前不用翠眉⑨颦⑩。人生如逆旅⑪，我亦是行人。

——（北宋）苏 轼

[注释]

①临江仙：词牌名。②钱穆父：钱勰，作者友人。③都门：京都的城门。④改火：此指年度的更替。⑤春温：意为春天般的温暖。⑥古井：即枯井，喻心如死水、平静，不为外物所动。⑦筠（yún）：竹子。⑧尊：酒器。⑨翠眉：此指女子的眉毛。⑩颦：皱眉头。⑪逆旅：旅馆。

[词意]

我们在京城分别已经三年，你远走天涯四处奔波，但相逢一笑依旧春天般温暖。心似枯井不起波澜，高风亮节似秋天的竹子。我十分惆怅，因为你连夜就要扬帆起程，送行时天有微云，月光淡淡。酒席上的歌女不必皱眉伤感。人生就像住在旅馆，我也只是个匆匆的过客。

[赏析]

苏轼和钱穆父是志趣相投的好友，后苏轼被贬杭州，钱穆父贬越州、瀛州，三年后在杭州重逢，苏轼作此词相赠。上阕写久别重逢，回忆前番离别和友人这几年的奔波，称道友人处逆境仍坚持操守，有秋竹的风骨。下阕写月夜送别，先写景衬托临别前的惆怅心情。后用"人生如逆旅，我亦是行人"劝勉友人，开释胸怀，随遇而安。诗作意境高远，情感厚重，体现了诗人超脱、旷达的胸怀。

石苍舒①·醉墨堂②（节选）

人生识字忧患始，姓名粗记可以休③。
何用草书夸神速，开卷④惝恍⑤令人愁。
我尝好之每自笑，君有此病何能瘳⑥！
自言其中有至乐，适意无异逍遥游⑦。

——（北宋）苏 轼

[注释]

①石苍舒：字才美，京兆（唐朝长安）人。善草书、隶书。②醉墨堂：石苍舒居室名。③"姓名"句：化用《史记·项羽本纪》中项籍语"书足以记名姓而已"。④开卷：此意为翻开书。⑤惝恍（tǎng huǎng）：迷迷糊糊，不清楚。⑥瘳：病愈。⑦至乐、逍遥游：都是《庄子》中的篇名，这里用的是字面的意思。

[诗意]

人生的忧患都是从识字开始的，所以，只要大致能认字，能写自己的姓名就可以了。更何况你还用草书来夸耀书法的神奇与快速，打开一看，让人糊涂，这让人担忧。我自己也每每为曾经爱好书法感到可笑，想不到你也有这毛病，不知何时能病愈。我还说书法当中有最大的快乐，称心如意，如同庄子的逍遥游一般。

[赏析]

这是苏轼寄赠友人石苍舒的诗作。苏轼是大书法家，此诗在谈书法中融入了诗人对人生、对社会的感悟。全诗二十四句，节选的是开头八句。前两句是苏轼的牢骚话，是因为官场上的委屈才愤出此言。后六句谈草书，说草书写得龙飞凤舞，让人看得糊里糊涂，令人担忧。这些其实都是正话反说，明贬暗褒，是在夸赞友人的草书造诣高，这在写法上被称为"骂题格"。诗作言辞纵横，信手拈来，显示了诗人的磅礴才华。

南歌子①·送行甫②赴余姚

日出西山雨，无晴又有晴③。乱山深处过清明。不见彩绳花板④、细腰轻。

尽日行桑野⑤，无人与目成⑥。且将新句⑦琢琼英⑧。我是世间闲客、此闲行。

—— （北宋）苏 轼

[注释]

①南歌子：词牌名。②行甫：姓刘，名撝，字行甫，长兴（今浙江长兴县）人。熙宁五年（1072）进士。③"日出"句：出自刘禹锡《竹枝词》"东边日出西边雨，道是无晴却有晴"句。④彩绳花板：用于荡秋千的彩色绳子和绘有图案的踏板。⑤桑野：田野。⑥目成：用眉目传情以至相亲相爱。⑦新句：诗文中清新美好的诗句。⑧琼英：原指如玉的美石，此借指美好的诗句。

[词意]

太阳出来了，西边却在下雨，说不是晴天，又有太阳；说是晴天吧，又时而下雨。在这个清明时节，我却置身于群山深处，看不到秋千架上女子苗条纤细的身姿，整天在桑野之中行走，没人可以眉目传情。还是暂且琢磨琢磨美好的诗句吧。我是世间清闲的过客，就把这次当成是一次悠闲的旅行。

[赏析]

宋朝元丰二年（1079），苏轼在湖州（今浙江湖州）任上时，被指攻击新法，诋毁朝廷而下狱，过了四个多月获释，被贬至黄州任团练副使。此词当作于元丰五年（1082）三月，他在黄州期间。上片写出行时的天气、节令和乱山深处清静的环境。下片写行旅中的孤寂和闲适。词作表现了词人寂寞的心境以及被贬后赋闲的郁闷与悲愤。

和子由渑池怀旧①

人生到处知何似，应似飞鸿②踏雪泥③。

泥上偶然留指爪，鸿飞那复计东西。

老僧④已死成新塔，坏壁无由见旧题。

往日崎岖还记否，路长人困蹇驴⑤嘶。

——（北宋）苏　轼

[注释]

①和子由渑池怀旧：这是苏轼和其弟写给他的《怀渑池寄子瞻兄》一诗的和诗。子由，苏轼之弟苏辙，字子由。渑池，今河南渑池县。苏辙曾被任命为渑池县主簿，但因中了进士未去赴任，而在考进士的途中与苏轼一同在渑池一僧舍中借宿，并在墙上题诗。诗题中的"怀旧"即指此事。②飞鸿：即鸿雁。③雪泥：雪地。④老僧：指苏轼兄弟当年借宿时认识的僧人。⑤蹇驴：跛脚的驴子。

[诗意]

人的一生东奔西走到处跑，像什么呢？应当说就像鸿雁暂时在雪地里落落脚似的。虽然地面上偶尔会留下爪痕，但鸿雁飞走了，哪里会时时记着那留下的爪痕呢？当年的老僧已死，成了新塔。题诗的墙壁也已倒塌，不见了曾经的题诗。当年赶考路上的艰辛你还记得吗？那天路远人累，连那头跛脚的驴子都累得直叫。

此诗前三联是苏轼对其弟苏辙所赠诗中提及的"怀旧"一事所作的议论和回应。在苏轼看来，人生到处奔波，就似"飞鸿踏雪泥"，没必要对旧事太在意。即使留下痕迹，也是暂时的。所以，也不必长记着，念念不忘。诗的尾联，苏轼借兄弟俩当年的艰辛，婉转地劝告并希望弟弟苏辙能珍惜当今，着眼未来。诗作反映了苏轼乐观、旷达、顺应自然的人生态度和处世哲学，言简意丰，收放自如，寄意深远。

释道潜（北宋）

释道潜（1043—1106）：俗姓何，本名昙潜，号妙总法师，临安人（今杭州临安）人。北宋诗僧，幼时即出家为僧，苏轼在杭州做通判时与其相识，称赞他的诗句清绝。后苏轼遭贬谪，道潜被勒令还俗，但尔后又出家为僧。诗学陶渊明，蕴藉有致。《临平道中》是其代表作之一。

临平①道中

风蒲②猎猎③弄清柔，
欲立蜻蜓不自由。
五月临平山下路，
藕花④无数满汀洲⑤。

——（北宋）释道潜

[注释]

①临平：指临平山，在今浙江省杭州市东北。②风蒲：被风吹动的蒲苇。③猎猎：风声。④藕花：荷花。⑤汀洲：水边平地。此指汀洲间的水面。

[诗意]

风声猎猎，吹得蒲苇轻柔地摆动，蜻蜓想停在蒲苇上又停不住，一点也不自由自在。走在临平山下的路上，看到汀洲间的水面上开满了荷花。

[赏析]

这首写景诗，是一首"诗中有画"的佳作。一、二两句抓住蒲苇在风中摆动、蜻蜓欲立立不稳的两个细节，把临平道中的夏日风景描绘得极有情趣。尤其是其中的一个"弄"字，不但突出了蒲苇细长的体态，还写出了蒲苇在风中摆动时姿态的美妙。第三句点明此句前后所叙景色所涉及的时间与地点，在全诗中起了补叙的作用。诗篇意境优美，画中有诗，画面优美。据传，苏轼对此诗亦甚为欣赏。

黄庭坚（北宋）

黄庭坚（1045—1105）：字鲁直，号山谷道人，洪州分宁（今江西修水）人。北宋诗人、词人、书法家，是"苏门四学士"之一，与苏轼齐名，并称"苏黄"。23岁中进士。官至提点明道官兼国史编修官。他开创了江西诗派，诗歌个性色彩浓厚。其词风格豪放秀逸，其书法与苏轼、米芾、蔡襄并称为"宋四家"。代表作有《寄黄几复》《登快阁》等。

清平乐①·春归何处

　　春归何处？寂寞②无行路③。若有人知春去处，唤取④归来同住。

　　春无踪迹谁知？除非问取⑤黄鹂。百啭⑥无人能解，因风⑦飞过蔷薇⑧。

——（北宋）黄庭坚

[注释]

　　①清平乐：词牌名。②寂寞：冷清，寂静。③无行路：没有留下回去的踪迹。行路，行踪。④唤取：唤来。取，助词，无义。⑤问取：询问。取，助词，无义。⑥百啭：形容不停地叫。啭，鸟婉转地叫。⑦因风：乘着风势。⑧蔷薇：一种落叶灌木，花白色或淡红色。

[词意]

　　春天到哪里去了呢？四周一片寂静，找来找去找不到它溜走的踪迹。如果有人知道它去了哪里，请叫它回来和我们住在一起。春天的踪迹有谁能知道呢？除非去问问黄鹂。但黄鹂虽然叫个不停，可有谁能听懂呢？而且它也已乘风飞过蔷薇丛消失了。

[赏析]

　　此词把春直接当作人来写，开篇就问春去哪儿了，词人要唤春回来与他同住。下阕更是幻想黄鹂会知道春的去处，他要去问问黄鹂，可没人能听懂黄鹂说的话，所以最后还是无法得知春的去处。全词妙趣横生，通过词人的问春、寻春，表现了词人爱春、惜春的情感，从中也体现出词人对美好事物的热爱与珍惜。词作轻松活泼，情节一波三折，构思新巧。

寄黄几复①

我居北海君南海②，寄雁传书谢不能③。

桃李春风一杯酒，江湖夜雨十年灯。

持家但有四立壁④，治国不蕲⑤三折肱⑥。

想得读书头已白，隔溪猿哭瘴溪⑦藤。

——（北宋）黄庭坚

[注释]

　　①黄几复：黄庭坚少时好友。②"我居"句：诗人其时在德州（今属山东）为官，黄几复在广东四会当县令，两地都是海滨，且一北一南，故谓"北海""南海"。③"寄雁"句：古有雁南飞不过衡阳之说。而黄几复在岭南，所以说"传书谢不能"。④四立壁：家徒四壁之意。⑤蕲：同"祈"。⑥折肱：古有三折肱而成良医的说法。⑦瘴溪：即弥漫着瘴气的山溪。

[诗意]

　　我住北方海滨，你住南方海滨，托鸿雁传书自然不能。当年春风中赏桃李饮美酒，今日江湖落魄十年来常常思念你。你持家清廉家徒四壁，我不祈愿你三折肱成良医。你读书勤奋如今该白发满头，隔着山溪猿猴哀鸣攀缘在充满瘴气的青藤上。

[赏析]

　　此诗首联点出两人一南一北，流露出怀念之情。第二联连用"桃李""春风""酒""江湖""雨""灯"六个意象，将昔日相聚时的欢乐与如今的凄凉孤独作对比，突出了对友人的怀念。三、四两联从"持家""治病（实为从政）""读书"三方面，赞扬友人的清廉、才干和勤奋好学，并隐喻对老友怀才不遇，得不到朝廷赏识、重用的不平与惋惜。

秦 观（北宋）

秦观（1049—1100）：字少游，高邮（今属江苏）人，别号邗沟居士。北宋文学家、词人。37岁中进士，曾为太学博士、杭州通判等。与黄庭坚、晁补之、张耒合称"苏门四学士"。秦观的诗感情深厚、意境悠远。其词被誉为北宋婉约派的一代词宗，多具含蓄、婉丽的明显特征。代表词作有《浣溪沙·漠漠轻寒上小楼》《鹊桥仙·纤云弄巧》等。

浣溪沙^①·漠漠轻寒上小楼

漠漠②轻寒③上小楼，晓阴④无赖⑤似穷秋⑥。淡烟流水⑦画屏幽。

自在飞花轻似梦，无边丝雨细如愁。宝帘⑧闲挂⑨小银钩。

——（北宋）秦 观

[注释]

①浣溪沙：词牌名。②漠漠：广漠而寂静的样子。③轻寒：微寒。④晓阴：清晨时的阴天。⑤无赖：无聊，无意趣。⑥穷秋：晚秋。⑦淡烟流水：此形容画屏图上淡淡的轻烟，潺潺的流水。⑧宝帘：缀着珍珠之类宝物的帘子。⑨闲挂：随意地挂着。

[词意]

在漫漫的轻寒中独自登上小楼，清晨就阴着的天像到了晚秋。画屏上淡淡青烟、潺潺流水，景色清幽。楼外，自由自在的飞花轻轻飞扬犹似梦境，无边无际的细雨好像一缕缕忧愁，缀着珠宝的帘子随意挂着小小的银钩。

［赏析］

　　此词作被誉为秦观小令中的压卷之作。上片写女子的感受、天气和房内的景致，用词轻灵，意境恬淡，表现女子淡淡的春愁，含蓄有味。下片前两句写临窗所见。把"飞花"比作梦幻，把雨丝比作愁思，妥帖、别致，让无形之物成了有形之景。末句的"宝帘闲挂小银钩"，再现闺房内的闲适、梦幻。词作意境寂寥，不言愁而愁自现。

鹊桥仙^①·纤云弄巧^②

　　纤云弄巧，飞星^③传恨，银汉^④迢迢^⑤暗度。金风玉露^⑥一相逢，便胜却人间无数。

　　柔情似水，佳期如梦，忍顾^⑦鹊桥归路。两情若是久长时，又岂在朝朝暮暮^⑧。

——（北宋）秦 观

［注释］

　　①鹊桥仙：词牌名。②纤云弄巧：细长的云彩玩弄出各种巧妙的花样。纤云，轻盈的云彩。③飞星：此指牛郎星、织女星。④银汉：银河。⑤迢迢：遥远貌。⑥金风玉露：秋风和秋天的露水，借指秋天的气候。⑦忍顾：怎忍回看。⑧朝朝暮暮：指朝夕相聚。

［词意］

　　细长的云彩在天空中弄出巧妙的花样，牵牛、织女传递出不能常聚的离恨。悄悄渡过辽阔的银河，在秋风白露的七夕相会一次，已胜过人间那些貌合神离夫妻的长相厮守。柔情似水，美好的时光梦似的，怎忍心回头看那回去时的鹊桥路。只要两情忠贞不渝，又何必在乎长久相守。

［赏析］

　　此词借牛郎织女的神话故事，讴歌真挚、坚贞的爱情。上片叙牛郎、织女七夕相会。前三句描述相聚的环境与不易，后两句描述两人的相逢，赞美圣洁、高贵的爱情。下片写相会时的情景。"柔情似水，佳期如梦"，传达出爱情的甜蜜。"忍顾鹊桥归路"，浸透了别离的辛酸悲苦。结尾两句道出了爱情的真谛，见解独到精辟。整首词立意高远，不落俗套，是婉约词中的上品佳作。

贺　铸（北宋）

贺铸（1052—1125）：字方回，又名贺三愁，自号庆湖遗老。祖籍山阴（今浙江绍兴）。北宋词人。曾任泗州、太平州通判，终生不得志。其词风格多样，讲究锤炼字句，有刚有柔。后期词作题材、思想境界有所突破，有一定的社会意义。代表作有《青玉案·横塘路》《更漏子·独倚楼》等。

踏莎行①·杨柳回塘②

杨柳回塘，鸳鸯别浦③，绿萍涨断莲舟路④。断⑤无蜂蝶慕幽香，红衣⑥脱尽芳心苦⑦。

返照⑧迎潮，行云⑨带雨，依依⑩似与骚人⑪语。当年不肯嫁春风，无端却被秋风误。

——（北宋）贺　铸

[注释]

①踏莎行：词牌名。②回塘：池岸弯曲回环的水塘。③别浦：江河的支流

入水口。④莲舟路：指采莲船进出的水道。⑤断：绝对、肯定的意思。⑥红衣：指荷花红色的花瓣。⑦芳心苦：莲心苦。⑧返照：落日的回光。⑨行云：飘动的云。⑩依依：荷花随风摇摆的样子。⑪骚人：诗人。

[**词意**]

池塘边杨柳成行，鸳鸯在嬉戏。绿色的浮萍布满水面，阻塞了采莲小船行进的水路，绝对不会有蜜蜂蝴蝶慕香而来。荷花掉光了红色的花瓣，只剩下莲子一片苦心。夕阳返照着傍晚的湖水，飘动的云彩带着雨滴。荷花摇摆着像是在向诗人诉说。只因当年不肯嫁于春风，而今无端被秋风所误。

[**赏析**]

此词上片通过浮萍阻塞水道、蜂蝶不来等境况的描绘，表现荷花的孤单和无人赏识的落寞。下片借荷花向词人倾吐心事的想象，将花开在春季比喻成嫁给春风，突出开头写到的秋季荷花的高贵倔强以及孤芳自赏的个性。此词由物及人，托物言志，抒发词人悒悒不得志的人生感慨。

青玉案①·凌波不过横塘路

凌波②不过横塘③路，但目送、芳尘去④。锦瑟华年⑤谁与度？月桥花院，琐窗朱户⑥，只有春知处。

飞云冉冉蘅皋⑦暮，彩笔新题断肠句。试问闲情都几许⑧？一川⑨烟草，满城风絮⑩，梅子黄时雨⑪。

—— （北宋）贺　铸

[**注释**]

①青玉案：词牌名。②凌波：形容女子步态轻盈。③横塘：地名，在苏州城，贺铸曾在此隐居。④芳尘去：喻佳人离去。⑤锦瑟华年：指美好的青春年华。⑥琐窗朱户：琐窗，雕绘有连锁花纹的窗子。朱户，朱红色的大门。⑦蘅（héng）皋：长有香草的水边高地。蘅，即杜蘅，一种香草名。⑧都几许：一共有多少。⑨一川：一地、满地。⑩风絮：此指柳絮。⑪梅子黄时雨：江南梅子

成熟时常多雨，这一时期的雨称"梅雨"。

[词意]

她轻盈的脚步没能走过横塘，我只能目送佳人远远离去。她的青春年华将与谁共度？在架有弯月似的小桥、鲜花飘香的院子里，有美丽的琐窗，朱红的大门，但只有春天才知她的住处。云朵慢慢飘过，暮色弥漫高地，我用彩笔刚写下这断肠的诗句。若问我的闲愁有多少？就好像这一地烟雾蒙蒙的草，一城飞扬的柳絮和这梅子黄时的雨。

[赏析]

此词上阕写偶遇佳人却不得见，更不知其所居的情形。下阕承上阕词意，写可望而不可即引起的惆怅情绪。词人一生怀才不遇，郁郁不得志，只做过一些小官。所以，实际上此词是词人借不得佳人而吐露不被人识，理想不能实现的遗憾与苦恼。词作立意曲折，表现手法虚虚实实，最后用"一川烟草，满城风絮，梅子黄时雨"三句景色描写来比喻"闲愁"，可谓别出心裁，令人赞叹。

陈师道（北宋）

陈师道（1053—1102）：字履常，号后山居士。彭城（今江苏徐州）人。北宋诗人，是江西诗派的重要作家。由苏轼等人推荐入仕，曾为徐州州学教授。他的诗感情质朴，恬淡而有味，缺点是过于刻板、生硬，而且内容狭窄。代表作有《田家》《绝句·书当快意读易尽》等。

绝 句

书当快意①读易尽，
客有可人②期③不来。
世事相违每如此，
好怀④百岁几回开？

——（北宋）陈师道

[注释]

①快意：惬意，称心满意。②可人：合心意的人。③期：盼、希望。④好怀：好兴致。

[诗意]

一本称心如意的好书，读起来很快就读完了，与合心意的朋友，往往希望和他多聚聚、谈谈，可偏偏不能常来。人世间的事总是这样事与愿违，人生百年，让人真正开怀的能有多少回呢？

[赏析]

此诗谈的是诗人的一种生活感受，即一本好书往往很快就看完了；与志趣相投的朋友，很希望常在一起聊聊，可这位朋友偏偏不能常来。诗人接着感叹，世界上的事情往往多是这样事与愿违，很难有称心如意的时候。诗作语言通俗如口语，诗意浅显明白，既是一种生活感受的客观反映，又从中折射出诗人当时孤独寂寞的真实处境。

周邦彦（北宋）

周邦彦（1056—1121）：字美成，号清真居士。祖籍钱塘（今浙江杭州）。北宋著名婉约派词人，近人王国维称其为"词中老杜"。官至太学正，但仕途并不顺畅。词擅长调，内容多写男女情感和乡愁。章法严谨，词风富艳婉约。代表作有《苏幕遮·燎沉香》《瑞龙吟》等。

苏幕遮·燎沉香

燎沉香①，消溽暑②。鸟雀呼晴，侵晓③窥檐语。叶上初阳干宿雨④，水面清圆，一一风荷举。

故乡遥，何日去？家住吴门⑤，久作长安旅。五月渔郎相忆否？小楫轻舟，梦入芙蓉浦⑥。

———（北宋）周邦彦

[注释]

①燎沉香：烧沉香。燎，烧、燃。沉香，一种名贵香料。②溽暑：潮湿、闷热的夏天天气。③侵晓：天快亮的时候。侵，迫近。④宿雨：昨晚下的雨。⑤吴门：原指苏州及苏州一带，这里实指钱塘（今浙江杭州）。⑥芙蓉浦：即荷塘。

[词意]

点燃沉香，消除潮湿、闷热的暑气。鸟雀叽叽喳喳呼唤晴天，天刚亮就在屋檐下偷看天气说个不停。荷叶上昨夜的雨滴被初升的太阳晒干，水面上荷花清新圆润，荷叶一一挺起。家乡遥远，何日才能回去？我家在钱塘，却长久旅居长安。又到五月了，小时一起捉鱼的伙伴还记得我吗？划一只小舟，梦中的我驶进了荷花塘中。

[赏析]

这是一首借咏荷抒发乡思的佳作。上阕写景，从前两句的屋内静景写到屋外"鸟雀呼晴"的动景，重点写雨后清晨水灵、圆润、动感十足的风荷。下阕抒情，写夜晚驾小舟入故乡荷塘的归梦，以此传达终日萦绕在心头的思乡之情。词作意象丰富，语言不假装饰，清新淡雅，韵味十足。

曹 组 (北宋)

曹组：生卒年不详。北宋词人。字元宠，颍昌阳翟（今河南禹州）人。颇受宋徽宗赏识，曾官为睿思殿应制。著有《箕颍集》，惜已亡佚。今存诗 36 首，词笔婉丽，言情写景，含蓄蕴藉。代表作品有《如梦令·门外绿阴千顷》《卜算子·兰》等。

如梦令①·门外绿阴千顷

门外绿阴千顷②，两两黄鹂相应③。睡起不胜情④，行到碧梧⑤金井⑥。人静，人静。风动一庭⑦花影。

——（北宋）曹 组

[注释]

①如梦令：词牌名。②千顷：形容广阔。③相应：互相应和。④不胜情：

感情无法承受。胜，能承受。⑤碧梧：碧绿的梧桐树。⑥金井：装饰华贵的井栏。⑦庭：庭院。

[词意]

门外绿荫连绵，极其广阔，树上成双成对的黄鹂互相应和着叫个不停。睡醒起来，情感上受不了孤单寂寞。我独自走到绿色梧桐树边的井栏旁。人很安静，人很安静。忽然，一阵风吹来，吹得满院花影在风中晃动。

[赏析]

此词写词人在睡梦中被树上成对黄鹂的和鸣声吵醒，向门外张望，门外是一片无边的绿色，绵延不绝。再写起来后感到特别的孤单寂寞，为了解闷，漫步至碧梧下的井栏旁。接着写词人正黯然神伤，忽然一阵风吹来，吹得满院花影晃动。整首词都采用以动衬静的方法，把静境写得极为迷人，并充满了浓厚的幽趣。诗作表现了闺怨女子的些许寂寞与孤独。

李重元（北宋）

李重元，生卒年不详，约宋徽宗宣和年间（约1122）去世。生平不详，《全宋词》中收其词四首，分别为《忆王孙·春词》《忆王孙·夏词》《忆王孙·秋词》和《忆王孙·冬词》，篇篇都是佳作，意境高远，情景交融，构思巧妙，风格明快，别有特色。

忆王孙·春词

萋萋①芳草②忆王孙③。柳外楼高空断魂。杜宇④声声不忍闻。欲黄昏。雨打梨花深闭门。

—— （北宋）李重元

[注释]

①萋萋：形容草长得茂盛的样子。②芳草：香草。③王孙：此指诗中女子所思念的游子。④杜宇：即杜鹃鸟。初夏时常不停地叫，叫声凄厉，好像在劝说行人"不如归去，不如归去"。

[词意]

眼前繁茂的芳草让我想起了离家日久的游子。柳树外高楼耸立，凝神远望，令人黯然神伤。杜鹃鸟声声悲凄的叫声，让人不忍听闻。快要黄昏了，暮雨打得满地都是梨花，我默默地把房门关紧。

[赏析]

这首小令，先写眼前芳草触动少妇对丈夫的思念，接着写远处的高楼和耳旁的杜鹃叫声，然后再写雨打梨花与暮色中的庭院。场景由大而小，由近而远，再由远而近，而词中的人物则是从"忆王孙"到"欲断魂"，再到"不忍闻"，最后默默关上房门。这种把景和人物结合起来写的方法，生动地写出了词中女主人公内心情感的变化。词作构思巧妙，风格独特。

朱敦儒（南宋）

朱敦儒（1081—1159）：字希真，号岩壑老人，河南洛阳人，自称洛川先生。宋代著名词人。早年隐居不仕，后应诏为官，赐进士出身。历任秘书省正字、兵部郎官等。诗、词俱佳。词作早年浓艳明丽，晚年清疏凄怆，多抒忧时不堪之慨。代表词作有《西江月·世事短如春梦》等。

鹧鸪天·西都①作

我是清都②山水郎③，天教分付与疏狂④。曾批给雨支风券⑤，累上留云借月章⑥。

诗万首，酒千觞⑦。几曾着眼⑧看侯王？玉楼金阙⑨慵⑩归去，且插梅花醉洛阳。

——（南宋）朱敦儒

[注释]

①西都：宋朝时指洛阳。②清都：道教所说的天帝的居所。③山水郎：为天帝掌管山水的郎官。④疏狂：狂放，不受约束。⑤雨支风券：支使风雨的手令。支，支使。⑥章：上呈天帝的奏章。⑦觞：酒杯。⑧着眼：下意识地用眼睛看。⑨玉楼金阙：指富丽堂皇的宫殿。⑩慵：懒散。

[词意]

我是天帝处掌管山水的郎官，是天帝让我狂放不羁。天帝曾给我支使风雨的手令，我也多次上奏章留彩云、借月亮。我钟情诗书，嗜好美酒，有几次正眼瞧过将相权贵？富丽堂皇的宫中，我懒得去，我还是只想插枝梅花，醉倒在花都洛阳城!

[赏析]

　　朱敦儒年轻时厌弃功名，以清高自许，狂放不羁，一生大部分时间隐居乡间。上阕写他当年的"豪言壮举"，表现自己的极度轻狂与高傲。下阕用反问句"几曾着眼看侯王"，向世人直言宣告自己蔑视权贵，而且只乐"且插梅花醉洛阳"的人生态度。

　　词作首尾呼应，结构谨严，自然流畅，率真奔放，体现了词人独特的个性和淡泊超凡的情怀与思想境界。

曾　几（南宋）

　　曾几（1084—1166）：字吉甫，自号茶山居士，赣州（今属江西）人。南宋诗人，陆游的老师，学识渊博，做过江西、浙西提刑、礼部侍郎等。他的诗多为抒情述怀、唱酬题赠之作。讲究对仗，气韵流畅，注意炼字炼句，咏物则重神似。代表诗作有《三衢道中》《投壶》等。

三衢道中①

梅子黄时②日日晴，
小溪泛尽③却山行④。
绿阴⑤不减⑥来时路，
添得黄鹂四五声。

——（南宋）曾　几

[注释]

①三衢道中：在去三衢的路上。三衢，即今浙江衢州，因境内有三衢山而得名。②梅子黄时：指农历五月，梅子成熟的季节。③小溪泛尽：乘船到小溪尽头。泛，乘船。尽，尽头。④却山行：再走山间小路。却，又、再的意思。⑤绿阴：苍绿的树荫。⑥不减：意思是并没有减少多少。

[诗意]

梅子黄了的季节天天都是好天气，我先乘船到小溪尽头，再改走山路。回来时，这里的树荫和来时一样葱绿，只不过多了几声黄鹂的叫声而已。

[赏析]

此诗首句点明出行的季节和天气，次句交代行程：先坐船，等小溪到头了，再改走山路步行。后面三、四两句照应首句的"山行"写。"不减""添得"用得十分巧妙，说明诗人在归途中，不仅给人带来清凉的绿荫没有减少，而且还多了几声黄鹂的叫声。诗句明快、清新，写出了三衢道上初夏时节的宜人风光，也写出了诗人出游时轻松愉悦的心情。

陈与义（南宋）

陈与义（1090—1139）：字去非，号简斋，洛阳（今河南洛阳）人。宋代诗人。政和三年（1113）进士。在北宋做过太学博士、符宝郎。在南宋做过中书舍人、参知政事。他的诗重意境，重白描，被称为"陈简斋体"。词作清婉秀丽，格调高雅。代表作品有《登岳阳楼》《襄邑道中》等。

登岳阳楼二首（其一）①

洞庭之东江水②西，帘旌③不动夕阳迟④。
登临吴蜀横分地⑤，徙倚⑥湖山⑦欲暮时。
万里来游还望远，三年多难⑧更凭危⑨。
白头⑩吊古⑪风霜里，老木沧波⑫无限悲。

——（南宋）陈与义

[注释]

①登岳阳楼：岳阳楼，湖南岳阳西门城楼，在长江南岸，邻洞庭湖。②江水：指长江。③帘旌：酒店或茶馆的招子。④夕阳迟，夕阳缓慢地下沉。迟，缓慢。⑤吴蜀横分地：三国时吴国和蜀国争夺荆州，大将鲁肃曾率兵几万人驻扎在岳阳。横分，这里指瓜分。⑥徙倚：徘徊。⑦湖山：湖光山色。⑧三年多难：宋钦宗靖康二年（1127）北宋灭亡，到写此诗时已有三年。⑨凭危：指登楼。凭，靠着。危，指高处。⑩白头：白发人。⑪吊古：凭吊，哀悼。⑫沧波：青绿色的水波。

[诗意]

岳阳楼矗立在洞庭湖东面长江西面，阁楼上的帘旗一点不动，而夕阳正慢慢西下。我登上当年吴国和蜀国的分界处，在将要黄昏时徘徊在洞庭湖的湖光山色中。漂泊万里来此游览还要眺望远方，经历三年多的灾难又登上了高楼。我这白发人在这秋天的风霜里凭吊古人，目睹眼前的古木沧波无限悲伤。

[赏析]

这是一首七言律诗，写北宋灭亡后流落到洞庭湖的诗人在登上岳阳楼时的所见所感。首联上句介绍岳阳楼的地理位置，下句由近及远，写举目所见。颔联从静态的景物描写转为强烈抒情，将历史和现实结合起来。从中融入了诗人难以言状的怅惘情绪。颈联"万里来游还望远，三年多难更凭危"两句，用近乎直呼的方式，道出了一个亡国之民心中的愤懑。诗的尾联不说伤今，只言"吊古"，以无限悲凉的身世之概收束全篇。全诗融情于景，苍凉悲壮，抒发和表达了国破家亡，流离失所，饱经风霜的愤懑以及忧国忧民的心绪。

李清照（南宋）

李清照（1084—1155）：号易安居士，齐州章丘（今属山东）人。宋代杰出的女词人，婉约词派的代表，有"千古第一才女"之称。早期生活优裕，金兵占领中原后，流落南方，境遇孤苦，不知所终。所作词，前期多写其悠闲生活，清丽婉约，明快俊朗；后期多悲叹身世，伤时念旧，缠绵凄伤。她的诗则有慷慨激昂之作，与词风迥异。代表作品有《夏日绝句》《声声慢·寻寻觅觅》《武陵春·风住尘香花已尽》等。

如梦令①·昨夜雨疏风骤

昨夜雨疏②风骤，浓睡③不消残酒④。试问卷帘人⑤，却道海棠⑥依旧。知否，知否？应是绿肥红瘦⑦。

——（南宋）李清照

[注释]

①如梦令：词牌名。②疏：稀疏、不密集。③浓睡：沉睡，酣睡，睡得很好。④残酒：残存的酒意。⑤卷帘人：此指卷起帘子的侍女。⑥海棠：观赏花木。⑦绿肥红瘦：意思是绿叶肥大而花朵凋零。

[词意]

昨夜雨虽稀疏风却猛烈，睡得很好醒来酒意却还未消尽。我问正在卷帘子的侍女，园子里的海棠怎样，她说海棠还是一样，没什么改变。我说，知道吗？知道吗？应该是绿叶肥大，红花凋零了。

这是一首小令。开篇两句追忆昨晚之事，用"雨疏风骤"一词为下文埋下伏笔。此后五句写主仆二人谈海棠如何的事。词作表达了词人爱花、惜花的情感。篇幅虽短，但轻灵、精致，情节曲折，人物形象栩栩如生。而且造词生动、传神，如"绿肥红瘦"一词，就让后人为之赞叹不已。

点绛唇①·蹴罢秋千

蹴②罢秋千，起来慵③整纤纤④手。露浓花瘦，薄汗轻衣透。

见客入来，袜划⑤金钗溜⑥。和羞走，倚门回首，却把青梅嗅。

——（南宋）李清照

[注释]

①点绛唇：词牌名。②蹴：踩、踏。③慵：倦怠的样子。④纤纤：此为细嫩的意思。⑤袜划（chǎn）：没穿鞋，只穿着袜子走路。⑥金钗溜：指头上的饰物掉下来。

[词意]

荡罢秋千，起身时慵懒地揉揉细嫩的双手。纤瘦的花枝上挂着大大的露珠，身上的香汗湿透了薄薄的罗衣。突然见有人来，慌得来不及穿鞋，只穿着袜子羞羞答答地就走，连头上的金钗也滑落了下来。进了房间靠着门回头，佯装着嗅嗅青梅。

[赏析]

此词上片写少女荡罢秋千后的情态。"慵整"一词用得特别好，把少女运动后疲乏、慵懒的精神状态表现出来了。第三句点明时间，也是以花写人，表现少女的美丽与娇羞。下片写小憩中的少女见有人来的慌张状态。从"袜划金钗溜，和羞走""倚门回首"这些举动，显示出少女的惊诧、惶遽与羞怯。词作展现了一个天真烂漫的少女形象，风格明快，语言清丽优美。

醉花阴①·薄雾浓云愁永昼

薄雾浓云愁永昼②，瑞脑③销金兽④。佳节又重阳⑤，玉枕⑥纱厨⑦，半夜凉初透。

东篱⑧把酒⑨黄昏后，有暗香⑩盈袖⑪。莫道⑫不销魂⑬，帘卷西风⑭，人比黄花⑮瘦。

——（南宋）李清照

[注释]

①醉花阴：词牌名。②愁永昼：愁难以排遣，觉得白天太长。③瑞脑：一种香料，俗称冰片。④销金兽：香炉里香料逐渐燃尽。金兽，兽形的铜香炉。⑤重阳：即重阳节。⑥玉枕：瓷枕的美称。⑦纱厨：纱帐。⑧东篱：泛指采菊之地。⑨把酒：端起酒杯。⑩暗香：这里指菊花的幽香。⑪盈袖：满袖。⑫莫道：莫要说。⑬销魂：形容极度忧愁、悲伤。⑭帘卷西风：秋风吹动帘子。西风，秋风。⑮黄花：菊花。

[词意]

薄薄的雾，浓浓的云，愁闷难以排遣，总觉得白天太长。瑞脑在金兽炉里渐渐燃尽了。又到了重阳佳节，我枕着玉枕在纱帐中独眠，到半夜，凉气透入纱帐。黄昏后，我在东篱下赏菊饮酒，淡淡的菊香沾满双袖。别说这情景不让人忧愁、悲伤。西风卷起门帘，帘内的人儿比黄花还要消瘦。

[赏析]

此词写李清照婚后不久，丈夫赵明诚出门远游，时逢重阳，李清照写下此词寄给丈夫，以抒相思之苦。上片从白昼落笔，用"愁永昼"三字写出独守空房时的度日如年之感。接着三句写重阳节的夜晚，虽"玉枕纱厨"，但自己仍辗转反侧，难以成眠。下片倒叙黄昏独自赏菊饮酒时的凄苦，特别是最后三句比喻奇妙，以花喻人，以人之"瘦"，表现"愁"之重。全词由"愁"字开篇，用"瘦"字作结，可谓处处让人感到词人的孤独、寂寞和深深的相思。但用语含蓄，情感虽重，却显得高雅。

武陵春①·风住尘香花已尽

风住尘香②花已尽，日晚倦③梳头。物是人非④事事休，
欲语⑤泪先流。

闻说双溪⑥春尚好，也拟⑦泛轻舟⑧。只恐⑨双溪舴艋舟⑩，
载不动许多愁。

——（南宋）李清照

[注释]

①武陵春：词牌名。②风住尘香：风停了，尘土里带有落花的香气。③倦：懒。④物是人非：景物依旧，人事已变，这里是说丈夫已死。⑤欲语：想要诉说。欲，想要。⑥双溪：浙江武义、东阳两江水流至金华，并入婺江，两水合流处叫双溪，是当时当地的风景区。⑦拟：打算。⑧泛轻舟：是"轻舟泛"的倒装，即驾着轻舟泛游。⑨恐：恐怕，担心。⑩舴艋舟：一种形似舴艋的小舟。

[词意]

风停了，尘土里还带有落花的香气，百花已经凋零。很晚了，我还懒得梳洗。眼前景物依旧，可人事已改。一切事情都完了。想要诉说，眼泪早已止不住地流。听说双溪的春光不错，也打算驾轻舟前去泛游。只担心双溪的舴艋小舟，载不动我这么多的忧愁。

[赏析]

此词作于宋高宗绍兴五年（1135），当时已52岁的李清照遭遇国破家亡，丈夫病死，为避战乱，只身逃亡至浙江金华，可谓无依无靠，境遇十分悲惨。此词上片从暮春景象落笔，通过"日晚倦梳头"和"欲语泪先流"两个细节，突出了词人内心的无限悲苦。下片借欲泛舟双溪，"只恐双溪舴艋舟，载不动许多愁"的夸张比喻，写出了内心深处忧愁的深重。词作词风简约含蓄，用笔细腻，充分体现了婉约派词作的特征。

摊破浣溪沙①·病起萧萧两鬓华

病起萧萧②两鬓华③，卧看残月上窗纱。豆蔻④连梢⑤煎熟水⑥，莫分茶⑦。

枕上诗书闲处好，门前风景雨来佳。终日向人多酝藉⑧，木樨花⑨。

—— （南宋）李清照

[注释]

①摊破浣溪沙：词牌名，又名《山花子》。②萧萧：这里是形容两鬓头发稀疏的样子。③华：花白。④豆蔻：多年生草本植物。⑤梢：这里指豆蔻的顶端或末端。⑥熟水：这里指用豆蔻熬煮的一种药用饮料。⑦分茶：一种用汤匙分取茶汤的茶艺。⑧酝藉：温雅有涵量。⑨木樨花：即桂花。

[词意]

病后两鬓头发稀疏、花白，躺在床上看残月照在纱窗上。把豆蔻连同梢头一起煎成熟水，不必分至盏中饮食。靠在枕上看看诗书，闲适自在多好，门前的风景在雨中更佳。整日陪伴着我，让我感到蕴藉的，是那木樨花。

[赏析]

此诗写词人病后的生活起居。上片写夜里睡前情景，先写发现自己病后头发少了，两鬓白发多了，夜晚早早睡下。再写用豆蔻煎成汤水茶饮用，自斟自酌。下片写白天靠在枕上读诗书，而整日陪伴自己的只有木樨花。此词写出了生活的本真味道，体现了词人平静、闲适的心境。

南歌子①·天上星河转

天上星河②转，人间帘幕垂。凉生枕簟③泪痕滋④。起解罗衣⑤聊问夜何其⑥。

翠贴莲蓬小，金销藕叶稀。⑦旧时天气旧时衣。只有情怀不似旧家⑧时。

——（南宋）李清照

[注释]

①南歌子：词牌名。②星河：银河。③枕簟（diàn）：枕头和竹席。④滋：增添、加多。⑤罗衣：轻软丝织品制成的衣服。⑥夜何其：夜到什么时候了。其，助词，无义。⑦"翠贴"两句：指绣在衣服上的青绿色的莲蓬和用金线绣成的莲叶。⑧旧家：从前。

[词意]

天上的星河不断地移动，人间闺房中的帘幕却始终低垂。竹席生凉，眼泪流得更多，醒了坐起来脱下丝织的外衣，姑且问一下，夜到什么时候了？这件绣有翠绿色莲蓬的衣服已经太小，金丝绣的荷叶颜色变淡，叶了也少了。还是以前这样的天气，穿的还是这种衣服，只是人的心情已经不是以前那样的心情了。

[赏析]

此词为北宋亡后，李清照逃亡到江南后所作。上阕写秋夜独宿难眠。一、二两句是对句，给人的心灵一种异常沉重的感觉。第四句中的"聊问"是词人本人内心的揣度，并无旁人可问。下阕写见旧衣而忆往昔，令词人感叹人世的沧桑。此词用寻常事寻常词，写出了词人国破家亡、孤独无依的悲怆与痛苦。

刘子翚（南宋）

刘子翚（1101—1147）：字彦冲，建州嵩安（今福建武夷山）人。南宋词人，著名理学家，朱熹的老师。以父职荫补承务郎，后因疾辞归家乡讲学，人称屏山先生。诗歌"风格高秀，不袭陈固"，多抒发忧国之情和无力为国请缨的苦闷。代表作有《汴京纪事》《望京谣》等。

汴京①纪事

空嗟②覆鼎③误前朝④，
骨朽⑤人间骂未销⑥。
夜月池台王傅⑦宅，
春风杨柳太师⑧桥。

——（南宋）刘子翚

[注释]

①汴京：北宋都城，今河南开封。②空嗟：白白地叹息。③覆鼎：宝鼎翻过来，形容败坏国家大事的行径。④前朝：指北宋王朝。⑤骨朽：尸骨腐烂。⑥未销：未消失。⑦王傅：指北宋末年的太傅王蒲，卖官鬻爵，贪污卖国。⑧太师：指北宋末年的蔡京，他和王蒲一样，也是祸国的奸臣。

[诗意]

白白地叹息奸臣误国，致使前朝北宋覆亡。误国奸臣的尸骨早已腐烂，而人世间的骂声从未消失。夜月依旧照着池台楼阁，当年王傅的宅第早已换了主人。春风依旧吹拂着杨柳，昔日的太师桥只剩下荒凉的遗址。

这是一首政治讽喻诗，表达了作者对祸国殃民奸臣的无比愤慨和极度憎恨。首句中的"误"字，清楚表明北宋的灭亡是由于前朝奸臣的误国。后两句由议论转为写景，同时又通过当年的"风""月"依旧，而奸臣贼子所营造的池台楼阁早已不存的对比，嘲讽这些祸国之臣所追求的荣华富贵不过是过眼云烟。诗作语言极沉着而情感极沉痛，引人深思。

曹　豳（南宋）

曹豳（bīn）（1170—1249）：字西士，号东畎，温州瑞安人。33岁中进士，当过建昌知县、福州知州、浙东提点刑狱，一生清正。其诗文大多散佚。他的律诗精切，诗风朴实粗犷。代表作有《春暮》《上竿诗》等。

春　暮①

门外无人问落花，
绿阴②冉冉③遍天涯④。
林莺⑤啼到无声处⑥，
青草池塘独听蛙。

——（南宋）曹　豳

[注释]

　　①春暮：春晚。暮，晚、将尽。②绿阴：绿树浓荫。③冉冉：慢慢地。这里也有柔软下垂的意思。④天涯：天边。此指广阔大地。⑤莺：黄莺。⑥无声处：指村间春莺已老，啼声将歇。

[诗意]

　　暮春时节，已没人去过问路边的落花。浓郁的树荫，无边无际，遍及天涯。树林中的黄莺，早已不再啼叫。长满青草的池塘边，只传来蛙的叫声。

[赏析]

　　这是一首描写暮春景物的诗。先写花，再写绿荫，接着写黄莺，最后写蛙。四句诗都紧扣诗题，突出一个"暮"字，把暮春时节江南绿肥红瘦、处处蛙声的节令特点反映得淋漓尽致。当然，诗中还蕴含着诗人对百花凋残、春天即将过去的几分感慨，以及由时序更替而引起的淡淡伤感。但诗人掩盖得很含蓄，需要读者从字里行间细细品味。

曹　勋（南宋）

　　曹勋（1098—1174）：字公显，号松隐。颍昌阳翟（今河南禹州）人。南宋文学家、词人。赐同进士出身。曾官为阁门宣赞舍人。多次出使金国，后遭秦桧猜忌，退居天台。词多为咏物之作。代表词作有《清平乐·秋凉破暑》《点绛唇·惨惨春阴》等。

清平乐^①·秋凉破暑

秋凉破暑^②。暑气^③迟迟^④去。最喜连日风和雨。断送^⑤凉生庭户。晚来灯火回廊。有人新酒初尝。且喜薄衾^⑥围暖，却愁秋月如霜。

——（南宋）曹　勋

[注释]

　①清平乐：词牌名。②破暑：除去了夏天的炎热。破，消除。③暑气：盛夏的热气。④迟迟：缓慢的样子。⑤断送：送来。⑥衾：被了。

[词意]

　秋的凉快除去了夏的炎热，夏天的炎热终于慢慢地消失了。最让人高兴的是一连几天的秋风秋雨，使庭院都凉爽起来了。晚上，庭院的走廊上灯火通明，有人在品尝新酒。轻薄的被子能抵御秋夜的凉意，使我欢喜，而像银霜一般的月色又勾起我的思乡之情。

[赏析]

　曹勋词作不多，这首《清平乐》是其中最为出色的一首。词作用几近口语的语言，先写夏天过去，几场秋风秋雨使天气很快凉了下来。接着写秋夜灯火通明，人们欢欢喜喜品尝新酒的场景。最后笔下一转，出人意料地改写自己的乡愁。词作语言质朴，情节平常，但表现手法平中见奇。

岳 飞（南宋）

岳飞（1103—1142）：字鹏举，相州汤阴（今河南汤阴）人。南宋著名抗金将领。一生出生入死，凭军功官至枢密副使，后遭权奸诬陷，在临安（今浙江省杭州市）被杀害。他的诗词多抒发爱国情怀，言辞慷慨，气势充沛。代表作品有《满江红》《池州翠微亭》等。

池州翠微亭①

经年②尘土满征衣③，
特特④寻芳⑤上翠微⑥。
好水好山看不足⑦，
马蹄催趁⑧月明归。

——（南宋）岳 飞

[注释]

①池州翠微亭：池州，今安徽池州市贵池区。翠微亭，在贵池南齐山顶上。②经年：常年。③征衣：这里指在外从军时穿的衣服。④特特：特地，专门。亦可解释为马蹄声。⑤寻芳：看花，看美景。⑥翠微：即翠微亭。⑦看不足：看不够。⑧趁：赶紧。

[诗意]

我的征衣上面，常年落满尘土，今天特地到翠微亭寻赏美景。这里的好山好水，还来不及看够，马蹄声已在催我速速回去。

　　绍兴五年（1135）春，岳飞率兵驻守池州。此诗记述他出游池州翠微亭时的情形。首句是对多年军旅生活的高度概括，次句回应诗题，交代这次出游的目的和地点。第三句用"好山好水"概括了对翠微亭的总体印象。第四句"马蹄催趁月明归"说明军情紧急，也突出了军旅生活的高度紧张。岳飞诗作不多，这是他难得的记叙军旅日常生活的佳作之一。

满江红·写怀

　　怒发冲冠①，凭栏处②、潇潇雨歇③。抬望眼④，仰天长啸⑤，壮怀激烈。三十⑥功名尘与土⑦，八千里路云和月⑧。莫等闲⑨，白了少年头，空悲切！

　　靖康耻⑩，犹未雪。臣子恨，何时灭！驾长车，踏破贺兰山缺⑪。壮志饥餐胡虏⑫肉，笑谈渴饮匈奴血。待从头、收拾旧山河，朝天阙⑬。

——（南宋）岳　飞

[注释]

　　①怒发冲冠：形容极度愤怒，愤怒得头发直竖，把帽子都顶了起来。②凭栏处：倚着栏杆的时候。凭，倚、靠。处，表示时间，"有……时"的意思。③潇潇雨歇：急骤的雨刚刚停止。潇潇，急骤的雨声。歇，停止。④抬望眼：抬眼远望。⑤长啸：撮口发出长而清越的声音。这里是指因心情激动而为的一种抒发情绪的行为。⑥三十：约数，指岳飞当时的年龄。⑦尘与土：像尘与土一样微不足道。⑧八千里路云和月：一说指岳飞以前的千里征战、披星戴月的战场生活；一说指形容日后直捣黄龙府任重道远。⑨等闲：随便、轻易。⑩靖康耻：靖康是宋钦宗赵桓的年号。这里指靖康元年（1126）汴京被金攻陷后，宋徽宗、宋钦宗被掳的奇耻大辱。⑪贺兰山缺：贺兰山，位于今宁夏与内蒙古交界处，当时被金兵占领。一说是位于河北省邯郸市磁县境内的贺兰山。缺，

残缺。⑫胡虏：对金军的蔑称。⑬朝天阙：拜见皇帝。朝，朝拜。天阙，原指皇宫中帝王生活的地方，此代指皇帝。

[词意]

我愤怒得头发直竖，倚着栏杆，骤雨刚刚停歇。抬眼远望，不由得仰天长啸，灭胡虏，誓死报效国家的壮烈情怀激荡在我的心间。我三十多年来所建的功业如尘土微不足道，而日后披星戴月的千里征战还任重道远。可不要虚度年华，等年老了白白地悲伤。

靖康之耻，尚未洗雪；臣子的冤恨，何时才能平息！我要驾战车踏平贺兰山，饿了就食胡虏肉，渴了笑饮敌人的血。待重新收复了往日的山河，我再回京都去朝拜帝皇。

[赏析]

这是岳飞的一首代表性词作，是一首气壮山河，读后令人热血喷涌，被世人广泛传颂的千古名作。上阕落笔即用"怒发冲冠"开篇，气势磅礴，表现出作者的极度愤怒和同仇敌忾的心情。之后，作者很快用"凭栏处"一句转入对自己戎马一生的回顾，并从中表达渴望为国建功立业的雄心壮志。词的下阕作者连用"靖康耻，犹未雪。臣子恨，何时灭"四句三字短话，表达对胡虏的极度痛恨和对雪国耻、收拾旧山河的极度渴望与无比坚定的意志。整首词充满了炽烈的爱国主义情感，字字掷地有声，激荡人心，磅礴着英雄气概，极具感染力。

陆　游（南宋）

陆游（1125—1210）：字务观，号放翁，越州山阴（今浙江绍兴）人。南宋杰出的爱国主义诗人，曾在四川从军，后任严州知州等职。一生著述丰富，具有多方面的文学才能，尤以诗的成就最为突出。他的诗抒发政治抱负，反映民生疾苦，批判统治者屈辱求和的投降政策。风格雄浑、豪放、悲壮，而描写日常生活的诗作则清新细腻，平淡自然，意境优美。代表作品有《示儿》《游山西村》《卜算子·咏梅》等。

卜算子①·咏梅

驿外②断桥③边，寂寞开无主④。已是黄昏独自愁，更著⑤风和雨。

无意苦⑥争春，一任群芳⑦妒。零落⑧成泥碾⑨作尘，只有香如故。

——（南宋）陆　游

[注释]

①卜算子：词牌名。②驿外：驿站外面。③断桥：残破的桥。④无主：自生自灭，无人照管和玩赏。⑤著：同"着"，遭受、承受。⑥苦：尽力。⑦群芳：众花、百花。⑧零落：凋落，植物的花叶落下。⑨碾：轧、压。

[词意]

在驿站外的断桥旁边，无人照看、无人欣赏的梅花寂寞地开放。时已黄昏，独自伤感忧愁，还遭受着风吹雨打。她并不想尽力去占有春光，完全任凭百花排斥嫉妒。纵然凋落被碾作尘泥，沁人的芳香却依旧如故。

[赏析]

词上片通过"驿外""断桥""黄昏""风""雨"这些意象，描述梅花极其艰苦恶劣的生存环境，赞美梅花面对艰难处境坦然处之的精神和顽强的生命力。下片写梅花不与百花争春，任由群芳嫉妒，即使零落成泥，气节、操守依旧不改的高风亮节。诗人写梅，实是借此表明自己不管遭受怎样的打击，也决不放弃抗金、爱国的初心。词作灵活运用比拟、象征等手法，使梅的形象具有了深刻的思想内涵。

冬夜读书示子聿①

古人学问②无遗力③，
少壮④工夫老始成⑤。
纸⑥上得来终觉浅⑦，
绝知此事要躬行⑧。

——（南宋）陆 游

[注释]

①冬夜读书示子聿：冬天的晚上读书时有所感，写下来给子聿看。子聿，陆游的小儿子。示，出示。②学问：指读书学习，做学问。③无遗力：意思是全身心投入。遗，保留。④少壮：青少年的时光。⑤始成：才有所成就。始，才。成，成就。⑥纸：指代书本。⑦浅：肤浅，浅薄。⑧躬行：亲自参与，亲自去实践。

[诗意]

古人学知识都很投入，不遗余力。年轻时下功夫，老了才会有所成就。书本上得来的知识总是比较肤浅，要透彻理解，就必须亲自参与实践。

[赏析]

这是陆游教育儿子如何学习的一首诗。说了两个方面：一是以古人为例，说明做学问只有从年轻时就开始努力，到年老才会有所成就。这是教育儿子应明白读书、做学问，不可能轻易成功；二是强调实践的重要性，告诉儿子从书本上得来的知识往往是肤浅的，要真正认识事物，透彻理解，还得亲自参与实践。陆诗的这些见解在今天仍很有意义。

文　章

文章本天成，妙手偶得之。
粹然①无疵瑕②，岂复须人为？
君看古彝器③，巧拙两无施。
汉最近先秦，固④已殊淳漓⑤。
胡部⑥何为者，豪竹⑦杂哀丝⑧。
后夔⑨不复作，千载谁与期⑩？

——（南宋·）陆　游

[注释]

①粹然：纯粹的样子。②疵瑕：此指文章的缺点、不足。③彝（yí）器：古代青铜器中的礼器。④固：本来。⑤淳漓：质朴、浅薄。⑥胡部：此指胡的音乐。⑦豪竹：竹制的乐器。⑧哀丝：弦乐器。⑨后夔：人名，舜的乐官。⑩期：约会。

[诗意]

文章本是天然形成的，是技艺高超的人偶然间得到的。纯粹没有瑕疵，哪里需要人为去刻意加工？你看古代的青铜礼器，精美的、笨拙的都没有人为影响。汉离先秦最近，本来文章的浅薄、深厚就很有差异了。胡乐是怎样的呢？就是一些管弦与丝竹罢了。后夔不再写音乐了，千百年来，谁还能与他相比呢？

[赏析]

此诗的开头两句是全诗的论点。此后十句，先举好文章无须人为加工，好的古乐器并非人工施加影响所致两个例子正面阐述，再以汉、先秦文章的差异和胡乐的特色为例从反面加以证明。全诗说理严谨，观点鲜明，能给人启迪。当然，陆游在这里说的"文章天成"，其意只不过是反对文章的人为造作，而并不是说文章就是上天恩赐的。

病起书怀①

病骨②支离③纱帽宽，孤臣④万里客⑤江干⑥。
位卑未敢忘忧国，事定⑦犹须待阖棺⑧。
天地神灵扶庙社⑨，京华⑩父老望和銮⑪。
出师一表⑫通今古，夜半挑灯更细看。

——（南宋）陆 游

[注释]

①病起书怀：病愈抒发情怀。②病骨：病中的身躯。③支离：憔悴疲惫。④孤臣：孤单无助或不受重用的臣子。⑤客：诗人是绍兴人，写此诗时在成都做官，故言客。⑥江干：江边。江，指成都的锦江。⑦事定：放下心事。事，指收复中原的心事。⑧阖棺：合上棺材盖，意指死后。⑨庙社：宗庙和社稷，喻指宋朝的江山。⑩京华：京城。⑪和銮（luán）：皇帝的车队。⑫出师一表：指诸葛亮的《出师表》。

[诗意]

病体疲惫消瘦，致使头上的纱帽也显得宽松了，我这个孤单无助的臣子漂泊万里，客居在锦江岸边。虽然我职位低微，但不敢忘记为国事担忧，收复中原的心事只能等合上棺材盖才能放下。但愿天地神灵护佑我大宋江山，京城的父老乡亲一直盼着朝廷的军队。诸葛亮的《出师表》古今传诵，半夜挑灯再细细看看。

[赏析]

宋淳熙三年（1176），陆游在成都被免官后病了二十多天，此诗为病愈后所

　　　　　　　　　　　　　　　　　　　　　中学生课外必读

写。前两句讲述自己"病骨支离""客江干"的处境。三、四两句是诗人拳拳爱国之心的真情表白。五、六两句写希望神灵护佑自己的国家收复失地，重返故都。最后两句借诸葛亮的《出师表》再次表达出师北伐，收复中原的决心。诗作反映了诗人矢志不渝的爱国情怀和热切盼望国家统一的心愿，情感炽烈，感人肺腑。

临安①春雨初霁②

世味③年来薄似纱，谁令骑马客④京华⑤。
小楼一夜听春雨，深巷⑥明朝⑦卖杏花。
矮纸⑧斜行⑨闲作草⑩，晴窗⑪细乳⑫戏分茶⑬。
素衣⑭莫起风尘叹⑮，犹及⑯清明可到家。

——（南宋）陆　游

[注释]

①临安：今浙江杭州。②霁（jì）：雨或雪后转晴。③世味：社会上的人情世故。④客：客居、旅居。⑤京华：京城的美称。⑥深巷：又长又狭窄的巷子。⑦明朝（zhāo）：明天。⑧矮纸：尺幅短小的纸。⑨斜行：倾斜的行列。⑩草：草书。⑪晴窗：明亮的窗户。⑫细乳：指用沸水沏茶时浮在上面白色的小泡沫。⑬分茶：一种煎茶方法。⑭素衣：作者自称。⑮风尘叹：意指用不着为京城的不良风气叹息。⑯犹及：还来得及。

[诗意]

这些年社会上的人情淡薄如纱，谁又叫我客居京华再出来做官呢？住在小楼上听了一夜的春雨，明天小巷中会有人叫卖杏花了。闲着无事，摊开小纸，写几行草书，在明亮的窗前煮茶、品茗。我呀，不必为京城的风气叹息，清明前还是可回到家里的。

[赏析]

淳熙十三年（1186），赋闲五年的陆游被重新起用，赴任前住在临安的客栈里听候皇帝召见，此诗就写于此时。首联写对世态炎凉的感受，可看出诗人对朝廷的重新起用并无热情。颔联形象而深致地写出了江南所特有的春的情调。颈联虽然笔下写的是草书、品茶这种闲适的生活小事，其实藏着诗人忧国忧民、壮志难酬的苦闷和感慨。尾联是诗人的自我解嘲，寓有京城污浊，还是及早回家的意思。诗作表现了诗人客居京华时郁闷、孤寂的心情。

诉衷情^①·当年万里觅封侯

当年万里觅封侯^②，匹马戍^③梁州^④。关河^⑤梦断^⑥何处？尘暗^⑦旧貂裘。

胡未灭，鬓先秋^⑧，泪空流。此生谁料，心在天山^⑨，身老沧洲^⑩。

————（南宋）陆 游

[注释]

①诉衷情：词牌名。②觅封侯：寻找封侯的途径。觅，寻找。侯：原指封建王朝爵位的第二等，这里泛指做官。③戍：守卫。④梁州：今陕西汉中市一带的地区。⑤关河：关隘、河防。⑥断：消失、消逝。⑦暗：使……暗。⑧秋：秋霜，意思是说两鬓变白。⑨天山：这里泛指边关。⑩沧洲：水边。古时以为是适宜隐者居住的地方。

[词意]

想当年我为建功立业驰骋疆场，单枪匹马带兵驻扎在边关。如今，这军旅生活已成为梦境。那时穿过的貂裘战衣也已经破旧。现在，敌人还没有消灭，我的两鬓却早早地花白，眼泪也是白白地流。这一生怎么也没想到，我的心还在边疆，身却在家中老去。

[赏析]

这首词写于淳熙六年（1179），陆游被罢官，在山阴老家隐居期间。词的上阕回忆乾道八年（1172），诗人在西北前线的军旅生活。下阕表达对未能看到北方平定、失地收复的遗憾和感慨。词作通过对当年意气风发、驰骋疆场到如今两鬓斑白、身老沧洲的今昔对比描述，抒发了有志却不能遂愿的不甘和苦闷。全词情绪悲壮，但并不消沉、泄气，暮年仍不忘国忧的精神令人深为感动。

沈园二首①（其一）

城上斜阳画角②哀，
沈园非复旧池台。
伤心桥下春波绿，
曾是惊鸿③照影来。

——（南宋）陆　游

[注释]

①沈园：又名沈氏园，故址在今浙江绍兴市南。宋高宗绍兴十四年（1144），20岁的陆游娶母舅之女唐琬为妻，婚后夫妻恩爱，但陆母不喜欢儿媳，俩人被迫于三年后离异。陆游另娶王氏，唐琬改嫁赵士程。绍兴二十五年的三月，陆游三十一岁在沈园偶遇唐赵夫妇。后来，陆游赋《钗头凤》一词于沈园壁上，唐琬见后和了一首。在此后的日子里，唐琬郁郁寡欢，终至抱恨而死。唐琬死后的五十年间，陆游写了多首悼亡诗。②画角：一种军乐器，其声凄厉哀怨。③惊鸿：原喻女子体态轻盈，此指唐琬。

[诗意]

城头上的画角凄凉悲哀，沈园已不见旧时的池阁亭台。令人伤心的桥下春水依旧碧绿，当年曾见她的倩影似惊鸿飘来。

[赏析]

此诗写75岁的陆游重游沈园，此时距他在沈园邂逅唐琬已过去45年，这是陆游对当年在此邂逅唐琬的回忆。首句点明重游时间、环境，气氛悲凉、凝重。第二句写时过境迁，沈园中的亭台楼阁都换了模样，不可复认。三、四两句写对当年遇唐琬情景的回忆。四句诗先写景渲染悲凉气氛，后以物是反衬人非，情感深沉、凝重，反映了诗人对唐琬的一往情深。

唐　琬（南宋）

唐琬（约 1128—约 1156）：字蕙仙，宋朝越州山阴（今浙江绍兴）人。有才有貌，曾嫁与陆游为妻，婚后遭陆母不满，被迫离异。多年后她在沈园偶遇陆游，陆游题《钗头凤》一词于墙上。唐琬尔后再游沈园，见陆游所题之词，亦作《钗头凤》相和。不久，郁郁而终。

钗头凤①·世情薄

世情薄，人情恶，雨送黄昏花易落。晓风干，泪痕残。欲笺②心事，独语斜阑③。难，难，难！

人成各，今非昨，病魂常似秋千索。角声寒，夜阑珊④。怕人寻问，咽泪装欢。瞒，瞒，瞒！

——（南宋）唐　琬

[注释]

①钗头凤：词牌名。②笺：写出。③斜阑：栏杆。④阑珊：将尽、快完了。

[词意]

世情太薄，人情太恶，风雨送走黄昏，花朵在风雨中飘落。晨风吹干了泪水，只留下淡淡的泪痕。想把心事写出来，又怕不便，只好倚着斜栏自言自语。难啊，难啊，难啊！人已经分开，现在也不是从前，疾病缠身，魂魄常似秋千般荡来荡去，整日心神不宁。城头响起凄凉的角声，夜将尽了。怕人问我，只能咽下眼泪，强颜欢笑。瞒啊，瞒啊，瞒啊！

[赏析]

　　此词上片抨击封建礼教的世俗人情，诉说唐琬自己备受摧残的悲惨境遇和满腹心事无处诉说的痛苦。下片讲述自己的病弱不堪和人前只能强颜欢笑、诸事只有瞒、瞒、瞒的万般无奈。词作情真意切，感人肺腑，表现了唐琬对陆游的一往情深和对爱的忠贞不渝，可谓是一首爱的绝唱。

夏元鼎（南宋）

　　夏元鼎：生卒年不详，约1201年前后去世。字宗禹，自号云峰散人，永嘉（今浙江永嘉）人。曾做过一些地方小官，50岁左右弃官修道。著有诗词53篇，作品述理精辟入微，语言浅近，蕴含丰富。代表作有《西江月·道》《绝句·崆峒访道至湘湖》等。

绝　句

崆峒①访道至湘湖②，
万卷诗书看转愚。
踏破铁鞋无觅处，
得来全不费工夫。

　　　　　　　　　　——（南宋）夏元鼎

[注释]

　　①崆峒：山名，在今甘肃平凉市西，为道教圣地。传说黄帝问道于崆峒山

广成子，因而被称为道教第一山。②湘湖：湖名，在今杭州市萧山区境内。湖边一带是吴越时越王勾践屯兵、练兵之地。

[诗意]

为了求道，我从崆峒辗转来到湘湖，我觉得求道也好，做学问也好，如果一味迷信书本知识，那么反而会误入迷途。就像有时候你想要的东西，花了千辛万苦找不到，无意中却不费力气地得到了。

[赏析]

这是一首哲理诗，谈的是作者的生活体验。夏元鼎信奉道教，首句是说他四处访道，走遍各地，结果却在离家很近的湘湖找到了理想的修道之所。二句谈访道中的感受，觉得一味地死读书，迷信书上的知识，反而会使自己愚笨。三、四两句借生活中常遇之事说明求道求学问，不能盲目、死板，适时转换思路，说不定会有意想不到的收获。

范成大（南宋）

范成大（1126—1193）：字至能，晚年号石湖居士，苏州吴县（今江苏苏州）人。南宋诗人。29岁中进士，官至参知政事。与杨万里、陆游、尤袤合称南宋"中兴四大家"。他的诗题材广泛，语言平易浅显，诗风清新明快，有很浓的乡土气息。《四时田园杂兴》是他的主要代表诗作。

春日田园杂兴①（其二、其三）

土膏②欲动雨频催，万草千花一饷③开。
舍后荒畦④犹绿秀，邻家鞭笋⑤过墙来。
高田二麦接山青，傍水低田绿未耕。
桃李满村春似锦，踏歌⑥椎鼓⑦过清明。

——（南宋）范成大

[注释]

①春日田园杂兴：范成大写有《四时田园杂兴》组诗，共六十首。这里选的是其中两首。②土膏：此指肥沃的土地。③一饷：片刻。④荒畦：荒芜了的田地。畦，小块田地。⑤鞭笋：竹子地下茎上横生的芽。⑥踏歌：一种边歌边舞的古老舞蹈。⑦椎鼓：击鼓。

[诗意]

土地解冻，地气回暖，春雨频频催着土地快点苏醒。好多好多的草呀、花呀瞬间长芽、开花。屋后荒地也一片葱绿，邻家的鞭笋长到我家院子里。山上田地里的大麦、小麦和山上的草木一样青葱，山脚下水沟旁的田地还未开始耕种。满村的桃花、李花盛开，春色似锦，人们踏歌、击鼓，快快乐乐地过清明。

[赏析]

这是范成大《春日田园杂兴》组诗中的二、三两首，每首四句，共八句。前四句中的一、二两句概括土膏动，雨频催，万草千花开，即春到乡间的总貌。三、四两句从全景转到屋后一角，通过荒畦绿，鞭笋过墙，表现春的无限生命力。后四句重点写春日农村的农事与农村生活。诗作语言浅近，风格清新脱俗，充满了春到乡间特有的乡村生活气息。

晚春田园杂兴

蝴蝶双双入菜花^①，
日长无客到田家^②。
鸡飞过篱犬吠窦^③，
知有行商^④来买茶。

————（南宋）范成大

[注释]

①菜花：指油菜花。②田家：农家。③犬吠窦：狗在狗洞前叫。窦，洞。
④行商：游走的商人。

[诗意]

蝴蝶成双成对地飞入油菜花丛中，白昼长起来了，没有客人来农家了。鸡从墙上飞过，狗在洞口叫，人们知道这是有行商来村里买茶叶了。

[赏析]

这是范成大组诗《四时田园杂兴》中的其中一首。诗开头从写景落笔，首句通过"蝴蝶双双飞""油菜花盛开"点明节令。接着紧承上句，写白昼渐长，农家已无客人串门，村子里一片恬静。三、四两句写动景，鸡飞狗叫，客商吆喝买茶，这两句反衬乡村无闲事的农忙情况。诗作生活气息浓厚，表现了诗人对乡村生活的欣赏与热爱。

孙道绚（南宋）

孙道绚：生卒年不详，约 1131 年前后去世。号冲虚居士，建安（今福建建瓯市）人。南宋女词人。从小聪颖绝人，30 岁丧夫，守志以终。一生撰写文章诗词甚多，不幸悉被火烧毁。尔后其子补得其中六首，《南乡子·春闺》便是其中之一。其词意境婉深，含蓄蕴藉，描写细腻。

南乡子①·春闺

晓日②压重檐，斗帐③春寒起来忺④。天气困人梳洗懒，眉尖，淡画春山⑤不喜添。

闲把绣丝捴⑥，认得金针又倒拈。陌⑦上游人归也未？恹恹⑧，满院杨花不卷帘。

——（南宋）孙道绚

[注释]

①南乡子：词牌名。②晓日：早晨的太阳。③斗帐：形状如斗的帐子。④忺（xiān）：高兴、适意。⑤春山：指女子的眉。⑥捴：取。⑦陌：田间的小路。⑧恹恹：有病的样子。

[词意]

初升的太阳压着一层层屋檐，从床上起来还觉春寒很不适意。这天气使人困倦懒得梳洗，连眉毛也只淡淡地画了几笔。闲着无事取来绣丝做做女红，认得是针却又拿倒了。远游的人啊，回不回来？没精打采，闷闷不乐，暮春了，满院杨花也懒得卷起帘子去看看。

这是一首闺怨词。词人牵挂远游未归的丈夫，因而写下此词。上片写春日早上起来时的情状，通过懒于梳洗、淡画眉毛，表现自己的慵懒和内心的不快。下片用"闲把绣丝挦""认得金针又倒拈"等反常举止，把词人当时心不在焉、百无聊赖的情态表现得惟妙惟肖，给人印象深刻。

杨万里（南宋）

杨万里（1127—1206）：字廷秀，号诚斋，吉州吉水（今江西省吉安市）人。南宋著名诗人。28岁中进士，曾官为太常监、秘书监等。他是南宋诗坛"中兴四大家"之一。其诗通俗明畅，新颖活泼，富有生活情趣，被称为"诚斋体"。代表作品有《小池》《晓出净慈寺送林子方》等。

闲居初夏午睡起二绝句①（其一）

梅子②留酸软齿牙③，
芭蕉分绿④与窗纱。
日长睡起无情思⑤，
闲看儿童捉柳花⑥。

——（南宋）杨万里

[注释]

①闲居初夏午睡起二绝句：这是二首绝句，所选的是其中第一首。②梅子：南方的一种水果，四五月成熟，味极酸。③软齿牙：指梅子吃多了，牙齿的一种感受。④芭蕉分绿：指芭蕉的绿色映在纱窗上。⑤无情思：百无聊赖，什么兴致也没有。⑥柳花：柳絮。

[诗意]

吃过梅子，酸味还留在嘴里，牙齿好像被酸倒了。芭蕉已经长得很高，碧绿的颜色映在纱窗上。夏天日子长，午睡起来，什么也不想做，闲着无事，看看儿童在空中捕捉飘飞的柳絮。

[赏析]

此诗前两句紧扣诗题中的"初夏"一词，选取梅子、芭蕉这两种最具初夏特征的物象表现初夏景象。三、四两句回应诗题中的"午睡起"，用"闲看儿童捉柳花"这件小事，反映午睡起后的"无情思"和闲适。诗作语言浅显直白，情趣盎然，是诚斋体诗风的典型代表诗作。

朱 熹（南宋）

朱熹（1130—1200）：字元晦，号晦庵，又称紫阳先生。祖籍徽州婺源（今属江西省），南宋著名教育家、思想家、诗人。19岁中进士，曾任秘书阁修撰等职，在经学、史学、文学等领域均卓有成就。诗词主要特色是用诗述理，注重思辨。代表诗作有《春日》《观书有感》等。

偶　成

少年易老学①难成，
一寸光阴不可轻②。
未觉池塘春草梦③，
阶④前梧叶已秋声。

——（南宋）朱　熹

[注释]

①学：学问、事业。②轻：轻视、忽略。③池塘春草梦：语出东晋谢灵运《登池上楼》诗："池塘生春草，园柳变鸣禽。"④阶：台阶。

[诗意]

青春的时光容易过去，每一寸光阴都不能看轻。当你还没有从春梦中醒来，台阶前的梧桐树叶已在秋风中沙沙作响了。

[赏析]

这是一首告诫青年人应珍惜光阴、及时努力、勤奋向学的诗作。头两句写时光匆匆，青春年华转瞬即逝，而学问、事业却都是很难达成的。所以，要珍惜每一寸光阴，不可轻视。三、四两句用池塘才生春草，而转眼梧叶飘落，时已入秋的自然现象，再次说明光阴荏苒如白驹过隙。诗作比喻妥帖，诗意明白易懂，语重心长，富有教育意义。

张 栻（南宋）

张栻（1133—1180）：字敬夫，号南轩。汉州绵竹（今四川省绵竹市）人。南宋学者、教育家、理学家。30岁以后在湖南岳麓书院等多家书院讲学，并创立了颇有特色的湖湘学派。其诗词对仗工整，诗语生动，自然质朴。代表作品有《节妇吟》《立春日禊亭偶成》等。

立春日禊亭偶成①

律回②岁晚③冰霜少，
春到人间草木知。
便觉眼前生意④满，
东风吹水绿参差⑤。

——（南宋）张 栻

[注释]

①立春日禊亭偶成：立春偶有所感写下来。立春，二十四节气之一。②律回：大地回春的意思。③岁晚：诗中所说的这一年的立春是在新年前，民间称作年里春，故称"岁晚"。④生意：生机、生气。⑤参（cēn）差（cī）：指长短、高低不一。此指水波高低起伏。

[诗意]

岁末春近冰霜逐渐减少，春回大地草木最先知晓。只觉得眼前生机盎然，东风吹得绿水的水波高高低低。

这是一首在立春日作的感怀诗。首句点出这个立春"律回岁晚"的特殊性，再用"冰霜少"显示这一时期的自然特征。次句用"草木知"的拟人说法代替对"春到人间"的具体描绘。三、四两句由写感受转到写春到人间，生机盎然，东风送暖的情景。诗作写出了立春前后大自然的变化过程，既显示出大自然的蓬勃生机，又给人一种积极向上的精神感染。

辛弃疾（南宋）

辛弃疾（1140—1207）：字幼安，号稼轩，历城（今山东济南）人。南宋著名词人，曾任江西、福建安抚使等。他是豪放词派的主要代表之一。其诗词充满爱国热情，慷慨悲壮，豪气纵横，境界阔大，与苏轼并称"苏辛"。善于运用夸张、比拟、对偶等多种修辞手法，代表作品有《永遇乐·京口北固亭怀古》和《清平乐·村居》《西江月·夜行黄沙道中》等。

菩萨蛮·书江西造口壁①

郁孤台②下清江③水，中间多少行人泪！西北望长安④，可怜⑤无数山。

青山遮不住，毕竟东流去。江晚正愁余⑥，山深闻鹧鸪⑦。

——（南宋）辛弃疾

[注释]

①书江西造口壁：书写在江西造口的石壁上。造口，在今江西万安县。南宋时，金兵从湖北进军江西，曾追隆裕皇太后至此。辛弃疾有感于此，遂作此诗。②郁孤台：在今江西省赣州市城区西北。③清江：即赣江，金兵曾在此大肆杀戮。④长安：今陕西省西安市。此借指宋朝的国都汴京，即今河南开封。⑤可怜：可惜。⑥愁余：即"余愁"，我发愁。余，我。⑦鹧鸪：鸟名。鹧鸪的叫声似为"行不得也哥哥"，词中暗喻朝廷中力主与金议和之人说的"恢复之事行不得"的腔调。

[词意]

郁孤台下奔流不息的赣江，江水中有多少逃难百姓的眼泪！站在这里向西北眺望家乡长安，可惜被重重叠叠的山峦阻断。青山终究是阻隔不了的，毕竟还是波浪滚滚向东流去。在这江边傍晚，我正愁绪满怀，却又听到深山中传来鹧鸪的叫声。

[赏析]

此词上阕从怀古开端，想到当年金兵入侵赣州的情形和中原尚未恢复的现实，透过一个"望"字，折射出词人对国土沦陷、百姓遭殃的感慨与痛苦。下阕借"青山遮不住，毕竟东流去"的眼前之景，语意双关，表明自己对收复故国山河充满信心。最后又借鹧鸪的叫声，吐露自己壮志难酬的苦闷。词作境界开阔，苍劲悲凉，有沉郁顿挫之美。

鹧鸪天①·代人赋

陌上②柔桑破嫩芽③，东邻蚕种已生些④。平冈⑤细草鸣黄犊⑥，斜日寒林点暮鸦⑦。

山远近，路横斜，青旗⑧沽酒⑨有人家。城中桃李愁风雨，春在溪头荠菜⑩花。

——（南宋）辛弃疾

　　①鹧鸪天：词牌名。②陌上：田园。③破嫩芽：嫩芽冒出来了。④些：句末语气助词。⑤平冈：平坦的小山坡。⑥黄犊：小牛。⑦暮鸦：傍晚归巢的乌鸦。⑧青旗：酒店用布做的招牌，多用青布，故称青旗。⑨沽酒：此指卖酒。⑩荠菜：一种菜名，花白色或黄色，北方俗称野菜。

[词意]

　　田间桑树柔软的枝条冒出了嫩芽，东边邻居的蚕种孵出了小蚕。山坡上长满了绿油油的小草，小牛边吃草边哞哞地叫。落日照着还有些寒意的山林，一只只晚归的乌鸦忙着归巢。看山，山有远有近。看路，路有横有斜。远处挂着青旗的是卖酒的人家，城里的桃花既怕风吹也怕雨打，春天则在乡间溪头的荠菜花上。

[赏析]

　　此词题为"代人赋"，实写诗人自己的感受与思想。上阕写乡村早春风光及农事与家畜的活动。下阕在写景中加入人的活动，使词作更有生气与情调。最后两句是点睛之笔，拿城中的桃李与乡间溪头的荠菜花比照，提醒人们真正的春天在乡间。此词明的表现词人对乡村和乡村生活的赞美和热爱，暗的则旨在借此向朝廷表明：本人不在乎罢官，不在乎被谪居在乡间。

丑奴儿①·书博山道中壁②

　　少年不识③愁滋味，爱上层楼④；爱上层楼，为赋新词强⑤说愁。

　　而今识尽⑥愁滋味，欲说还休⑦。欲说还休，却道"天凉好个秋"！

——（南宋）辛弃疾

[注释]

　　①丑奴儿：词牌名，又名采桑子。②书博山道中壁：书写在博山路边的

石壁上。博山，在今江西广丰县西南三十余里，此山远望似庐山香炉峰。辛弃疾罢职闲居信州（今江西省上饶市）期间常往来于博山道中。③不识：不知道，不懂得。④层楼：高楼。⑤强：勉强、硬要。⑥识尽：尝尽、尝够。⑦休：停止。

[词意]

人年少时不知道忧愁的滋味，总是喜欢登上高楼远望；喜欢登上高楼远望，为写作一首新词无愁也硬要说愁。

如今尝尽了愁的滋味，想说终究还是停住不敢说。想说终究还是停住不敢说，而只说"好一个凉爽的秋天啊"！

[赏析]

此词作于词人罢官后闲居信州（今江西上饶）时，意在抒释胸中的郁闷。上阕写少年时思想单纯，不知愁而强说愁。下阕写而今尝尽愁而不敢言愁。词人用两句重复的"欲说还休"，写出了当时壮志难酬、有苦难言的无奈和内心的压抑。本词通过词人少年与而今的前后对比，反映了词人当时处境的艰难以及有愁难说愁的痛苦。构思巧妙，表现手法独特。

朱淑真（南宋）

朱淑真（约1135—约1180）：号幽栖居士，钱塘（今浙江杭州）人，一说今浙江海宁人。南宋著名女词人。婚后夫妻不睦郁郁早逝。今仅存《断肠集》《断肠词》数卷。词文言词清婉，缠绵动人。代表作有《蝶恋花·送春》《秋夜》等。

蝶恋花·送春

楼外垂杨千万缕，欲系①青春②，少住春还去。犹自③风前飘柳絮，随春且看归何处。

绿满山川闻杜宇④，便做无情，莫也⑤愁人苦。把酒⑥送春春不语。黄昏却下潇潇雨。

——（南宋）朱淑真

[注释]

①系：拴住。②青春：此指春天。隐指词人青春年华。③犹自：依旧、仍然。④杜宇：杜鹃鸟。⑤莫也：岂不。⑥把酒：端着酒杯。把，拿、端。

[词意]

楼外垂杨千万缕摆来摆去，欲拴住春天，春天稍稍停留还是归去。只有柳絮依然在风里飘来飘去，似乎要随春风去看看春天究竟去了哪里。山川一片碧绿，传来杜鹃鸟的啼声，即使无情之人，岂不也满腹愁苦？端起酒杯想送别春天，春天不语。黄昏时却下起潇潇夜雨。

[赏析]

此词采用拟人手法，通过垂杨拴春、柳絮随春、词人把酒送春，体现了女词人爱春、恋春、惜春的思想情感。从中也通过无计留春的自然现象，表达词人对韶华易逝、岁月难留的无奈和感伤。此词词情凄怆，言辞清丽，意境优美，余音袅袅。

无门慧开禅师（南宋）

无门慧开禅师（1183—1260）：俗姓梁，钱塘（今浙江杭州）人。南宋诗僧。幼年入道，后遍历浙江、湖北、苏州、镇江、金陵等地的名寺，访师参禅。由"无"字顿悟，也称"无门和尚"。他将历代禅宗重要公案选辑成《无门关》一书，《颂平常心是道》一诗即选于此书。

颂平常心是道①

春有百花秋有月，
夏有凉风冬有雪。
若无闲事②挂心头，
便是人间好时节。

——（南宋）无门慧开禅师

[注释]

①颂平常心是道：平常心是道家一句禅语，意思是内心平和、透亮，不被外界干扰是一种正确处世的大道理。颂，赞颂、颂扬。②闲事：影响平常心的烦心事、俗事。

[诗意]

春天有盛开的百花，秋天有皎洁的月亮。夏天有习习凉风，冬天有皑皑白雪。若无心事在心上，一年四季都是人间的好时节。

[赏析]

这是一首禅诗。在明白如话的诗句中饱含着丰富的哲理与禅意。作者拿一年四季风景不同，但只要内心平静，不受闲事干扰，就会感到一年四季都是好时节为例，向人们说明快乐来自内心的道理。诗作意在借以上事例揭示保持内心淡泊、宁静的重要性，并进而劝导人们去拥有这样的平常心。

刘克庄（南宋）

刘克庄（1187—1269）：初名灼，字潜夫，号后村居士，莆田（今属福建）人。南宋诗人、词人、诗论家，宋末文坛领袖。曾任工部尚书兼侍读等职。他的诗词独辟蹊径，以诗词反映现实，笔力雄健，风格清轻简淡。《简竹溪二首》《忆秦娥》是他诗词中的名篇。

莺 梭①

掷柳②迁乔③太有情，
交交④时作弄机声⑤。
洛阳三月花如锦，
多少工夫织得成⑥。

——（南宋）刘克庄

[注释]

①莺梭：黄莺像穿梭似的在林间飞鸣。②掷柳：从柳枝上掷下来，形容黄莺从柳枝飞下来的轻捷。③迁乔：迁移到乔木上。迁，迁移，换地点。乔，

中学生课外必读

乔木。④交交：形容黄莺啼叫时的声音。⑤弄机声：指操动织布机时的声音。
⑥织得成：织得出来，织得完。

[诗意]

　　黄莺飞快地从柳枝上飞到乔木上，似乎对林间很有感情，它的啼叫声犹如踏动织布机发出的声响。三月的洛阳百花盛开似锦缎，不知得用多少工夫才能织出来。

[赏析]

　　这是一首咏物写景的佳作。前两句扣题，把飞来飞去的黄莺比喻成梭子，把它的叫声想象成织布机的声响，设喻新颖贴切。后两句写景，由衷地赞叹大自然的神奇力量。说春天织成了妊紫嫣红的彩锦，想象丰富，意境优美。而无论歌咏黄莺还是描绘春景，实际上都是在赞美春天，赞美春天的生机勃勃、欣欣向荣。

吴文英（南宋）

　　吴文英（约1212—约1272）：字君特，号梦窗，四明鄞县（今浙江宁波）人。南宋诗人，终生布衣。为人清高正直，倾心词作，被誉为"词坛大家"。他的词格律严谨，意象密集，讲究炼字，想象丰富，词意跳跃曲折。代表作品有《唐多令·惜别》《风入松》等。

唐多令^①·惜别

何处合成愁？离人心上秋^②。纵芭蕉不雨也飕飕^③。都道晚凉天气好，有明月、怕登楼。

年事^④梦中休，花空烟水流。燕辞归、客尚淹留^⑤。垂柳不萦裙带^⑥住。漫长是、系行舟。

——（南宋）吴文英

[注释]

①唐多令：词牌名。②心上秋："心"加"秋"，即成"愁"字。③飕飕：风吹芭蕉发出的声音。④年事：年岁。⑤燕辞归、客尚淹留：出自曹丕《燕歌行》中的诗句。⑥裙带：指词中的离开之人，即"她"。

[词意]

怎样合成一个"愁"字，就是刚经历了离别之事，人的心上加个秋字。纵然不下雨，风吹芭蕉的飕飕声也让人感到深深的凉意。都说晚凉时的天气最好，有明月相照，我却怕登高楼。岁月中的那些情事似梦一样过去了，也像花开花落，淙淙流水。燕子已经辞别南归，我还在这里停留。柳枝无法缠系住离人，却久久地拴住了我的行舟。

[赏析]

这是一首羁旅怀人诗，十分含蓄、细腻，不落俗套。上阕用"愁"字的组合切入，写"不雨也飕飕"的秋愁及"有明月、怕登楼"的惜别之愁。下阕主要写"年事梦中休"，即一生功业未成的遗憾及"燕辞归、客尚淹留"的人生无奈之愁。词作表现了词人内心复杂的秋思离愁。

乐雷发（南宋）

乐雷发（1210—1271）：字声远，号雪矶，道州宁远（今属湖南）人。南宋文学家、江湖派诗人，43岁被授为"特科状元"。为人耿直，好议论时政，只做了三年官便辞官隐居湖南九嶷山。其诗风骨道劲，有强烈的家国情怀。代表诗作有《秋日行村路》《昭陵渡马伏波庙》等。

秋日行村路

儿童篱落①带斜阳，
豆荚②姜芽③社肉④香。
一路稻花谁是主，
红蜻蛉伴绿螳螂。

——（南宋）乐雷发

[注释]

①篱落：篱笆。②豆荚：豆类的果实。③姜芽：生姜的嫩芽。④社肉：社日用于祭祀土地神的供品如猪、牛、羊之类的。

[诗意]

夕阳西下的傍晚时分，孩子们在篱落边玩耍，农家正在烹烤豆荚、姜芽、社肉，村庄上飘散着诱人的社肉香味。这一路的稻花，谁是它的主人？红的蜻蜓陪伴着绿的螳螂。

[赏析]

此诗写诗人的所见所感。既描绘了篱落、稻花、红蜻蜓、绿螳螂这些农村特有的景物，也描述了儿童嬉戏，村子里豆荚、姜芽、社肉飘香，这种淳朴、温馨、自由自在的田园生活，表达了诗人对农村自然风光和乡间生活的热爱与向往。诗作不假雕饰，清新可爱，画面艳丽，颇多野趣。

僧志南（南宋）

僧志南：生卒年月、籍贯、生平均不详。南宋诗僧，志南是他的法号。流传下来的只有《绝句（古木阴中系短篷）》这一首，但就是凭着这首诗，让其在宋代诗史上留下了名字。宋人赵与虤在《娱书堂诗话》中这样评价他："僧志南能诗……南诗清丽有余，格力闲暇，无蔬笋气……"

绝　句

古木阴中系短篷①，
杖藜②扶我过桥东。
沾衣欲湿杏花雨③，
吹面不寒杨柳风④。

——（南宋）僧志南

[注释]

①短篷：带篷的小船。②杖藜："藜杖"的倒文，即拐杖。藜质地坚硬，可做拐杖。③杏花雨：清明前后，杏花盛开时节的雨。早春的雨。④杨柳风：杨

柳吐绿时的风，这里指早春的风。

[诗意]

　　我在古树的浓荫下，系好带篷的小船，拄着藜木拐杖，慢慢走过桥向东前行。早春的细雨，似乎故意要沾湿我的衣裳，早春的风吹在脸上，我却一点也不感觉到冷。

[赏析]

　　此诗写诗人迎着和风细雨春游的情境和感受，写出了春游的乐趣，是一首绝美的即景小诗。其语言也特别幽默、风趣，如明明是自己拄着拐杖，却戏谑地说是"杖藜扶我"。再比如，他把杏花盛开时候的雨称作"杏花雨"，把杨柳初绿时的风称作"杨柳风"，可谓又形象又概括又新鲜。而"沾衣欲湿""吹面不寒"这些都是对春雨、春风特点的准确概括。

周　密（南宋）

　　周密（1232—1298）：字公谨，号草窗。祖籍济南，后移居吴兴（今浙江湖州）。南宋词人、文学家。任过义乌县令，宋亡后隐居不仕。擅诗词、书画，词作多抒故国之思、亡国之痛，词风与吴文英相近，世人并称"二窗"。代表作有《闻鹊喜·吴山观涛》《野步》等。

闻鹊喜·吴山观涛①

天水碧，染就一江秋色。鳌②戴雪山龙起蛰③，快风吹海立。

数点烟鬟④青滴，一杼⑤霞绡⑥红湿。白鸟明边帆影直，隔江闻夜笛。

——（南宋）周　密

[注释]

①闻鹊喜：词牌名。吴山，山名，在杭州的钱塘江边上。②鳌：传说中海里的大鳖。③蛰：动物冬眠，藏起来不食不动。④鬟：妇女梳的环形的发髻。⑤杼：此作量词。⑥绡：生丝。又指用生丝织的东西。

[词意]

天光水色一片澄碧，染成一江秋天的景色。汹涌澎湃的钱塘江大潮就像巨鳌驮着雪山，又像巨龙从蛰伏中惊起。远处几点像美人头上发髻般的青山青翠欲滴，一杼绡纱似的云霞红得如同被水打湿。天边白鸟分明，帆樯直立，隔江传来夜间的笛声。

[赏析]

此词写词人在钱塘江边观潮时见到的壮丽景象。上片写钱塘江潮涌来前和涌来时的情景，下片写潮过后的景象。依次写了远处的山、天上的云、江上翻飞的鸟等。有静有动，有远有近，有高有低，有声有色，并从白昼写到黄昏，把钱塘江潮的气势和意趣写得形象生动，让人难忘。

文天祥（南宋）

文天祥（1236—1283）：字履善，号文山，吉州庐陵（今江西省吉安市）人。南宋著名政治家、诗人。20 岁中状元，官至右丞相。景炎二年（1277）抗元兵败被俘，宁死不降，47 岁从容就义。他的诗词多为感慨时事，直抒胸臆，风格沉郁悲壮。代表诗作有《正气歌》《过零丁洋》等。

金陵驿①二首（其一）

草合②离宫③转夕晖，孤云飘泊复何依！
山河风景元④无异，城郭人民半已非。
满地芦花和我老，旧家燕子⑤伴谁飞？
从今别却江南路，化作啼鹃带血归。

——（南宋）文天祥

[注释]

①金陵驿：金陵驿站。金陵，即今日南京。②草合：草长满。③离宫：行宫，此指金陵。④元：同"原"。⑤旧家燕子：化用刘禹锡《乌衣巷》"旧时王谢堂上燕，飞入寻常百姓家"诗意。

[诗意]

夕阳西下，破败的行宫长满了野草，无边的孤云随风漂泊，无可依停。山河风景依旧，城中的百姓惨遭奴役、杀戮，今非昔比。满地白茫茫的芦花和我一样老去，旧时的燕子不知和谁一起结伴而飞？如今我告别江南故乡，但愿死后化作啼血的杜鹃，魂归故国。

宋祥兴二年（1279），文天祥被元兵押解北上，在途经金陵夜宿时作诗两首，这是第一首。前两联通过景"无异"人"已非"的对比，抒发了诗人山河依旧、人事全非的感慨与悲愤。颈联表达强烈的亡国之痛。尾联反映了诗人绝不屈膝求生的民族气节。全诗情感悲壮慷慨，气贯长虹。

蒋 捷（南宋）

蒋捷（约 1245—约 1305）：字胜欲，号竹山，阳羡（今江苏宜兴）人。南宋著名词人。咸淳十年（1274）中进士，南宋亡后，隐居不仕，其气节为人敬重。擅长作词，与周密、王沂孙、张炎合称为"宋末四大家"。其词大多表达对故国的怀念，情感悲怆，风格多样，音调谐畅，善于造语。代表作品有《虞美人·听雨》和《满江红·送燕子》等。

虞美人①·听雨

少年听雨歌楼上，红烛昏罗帐。壮年听雨客舟中。江阔云低，断雁②叫西风。

而今听雨僧庐③下，鬓已星星④也，悲欢离合总无情。一任阶前，点滴到天明。

——（南宋）蒋 捷

①虞美人：词牌名。②断雁：失群的孤雁。③僧庐：寺院古庙。④星星：形容白发很多。

[词意]

年少的时候在歌楼上听雨，在红烛映照的罗帐中沉迷。壮年时在旅途的客船上听雨，江水茫茫，暮云低垂，孤雁在西风中哀鸣。而今人到暮年，两鬓已经花白，独自在寺院古庙中听雨。回首人生无情的悲欢离合，还是让阶前的小雨，点点滴滴地落到天亮吧。

[赏析]

此词通过对自己少年、壮年、老年三个不同阶段听雨情景和心情的描述，抒发了人生无常、岁月无情的感受。从歌楼听雨到客舟听雨，再到僧庐听雨，不仅是地点的换移，更见人生际遇的改变。所以最后让作者发出了"悲欢离合总无情"的感慨。结句是作者的无奈之叹，也饱含着难尽的人生心酸。此词用词清丽，情感悲怆。

一剪梅①·舟过吴江②

一片春愁待酒浇。江上舟摇，楼上帘招③。秋娘渡与泰娘桥④，风又飘飘，雨又萧萧⑤。

何日归家洗客袍？银字笙调⑥，心字香⑦烧。流光容易把人抛，红了樱桃，绿了芭蕉。

——（南宋）蒋 捷

[注释]

①一剪梅：词牌名。②吴江：县名，今属江苏。③帘招：招揽客人的酒旗。④秋娘渡、泰娘桥：吴江地名。⑤萧萧：拟声词，雨声。⑥银字笙调：调弄银字笙。调，调弄乐器。银字笙，乐器名。⑦心字香：篆成心字形的香。

怀着一片漂泊的春愁很想借酒消愁。船在江上飘摇，岸上酒楼的帘子在风中招展。旅船经过秋娘渡、泰娘桥时，又是风又是雨，令人烦恼。何时才能回家洗涤这身衣服，结束这漂泊的日子？调弄调弄笙，烧一烧心字香。春光容易流逝，把我们抛在后面。转眼间，樱桃红了，芭蕉绿了，夏天到了。

[赏析]

蒋捷自宋朝亡后隐居在姑苏一带。此词为他乘船经吴江时所作，表现了作者的亡国之痛和漂泊流亡之愁。上片首句点出时令和情绪。此后五句写舟上途中所见。最后用"流光容易把人抛，红了樱桃，绿了芭蕉"三句感叹春光易逝。词作情调清淡，文字纤巧，读来朗朗上口。

梅花引①·荆溪②阻雪

白鸥③问我泊孤舟，是身留④，是心留⑤？心若留时，何事锁眉头？风拍小帘灯晕舞，对闲影，冷清清，忆旧游。

旧游旧游今在否？花外楼，柳下舟。梦也梦也，梦不到，寒水空流。漠漠黄云⑥，湿透木棉裘⑦。都道无人愁似我，今夜雪，有梅花，似我愁。

——（南宋）蒋 捷

[注释]

①梅花引：词牌名。②荆溪：词人蒋捷家乡（江苏宜兴）的一条溪名。③白鸥：一种水鸟。④身留：这里指不情愿的因雪被迫留下来。⑤心留：这里指心甘情愿留下来。⑥漠漠黄云：浓密的阴云。漠漠，浓密。黄云，昏黄的云。⑦木棉裘：即棉衣。

[词意]

白鸥似问我因何孤身夜泊荆溪，是不得已停泊，还是喜欢这里而留在这里？如自己愿意留下的，为何紧锁眉头？夜风吹动帘子，船舱内灯光晃动，对着孤影，更觉冷清，不禁想起昔日与友人一起在这里游玩的情景。昔日一起游玩的故友还在吗？在花丛旁的楼里饮酒，在柳荫下停舟。这美好的时光，如今做梦也梦不到，冰冷的溪水白白流淌。船舱外，阴云密布，雪花飘落，湿透棉袄。都说没有一个人的愁似我这般沉重，今夜大雪中惨白的梅花的愁，应似我的愁。

[赏析]

此词写蒋捷隐居期间，雪夜孤身泊荆溪时的心境。开端借白鸥发问，尔后巧用曲笔，转写舟内之景并引入忆旧，避免了平铺直叙。下阕也用问句开端，先写旧游之欢乐，再折回现实，最后拿雪夜的寒梅自比，以凸显心情之悲凉。词作借雪夜心境表现内心的怀旧之情、亡国之痛。表现手法高明，有清人赞此词为"长短句之长城"。

郑思肖（南宋）

郑思肖（1241—1318）：原名不详，肖是宋朝国姓赵的一部分，故改名思肖，以示对故国的怀念与忠诚。出生于钱塘（今浙江杭州）。秀才出身，当过和靖书院山长，颇有民族气节。诗作常用白描手法，感情深沉，多抒发亡国之恨。代表诗作有《画菊》《咏制置李公茀》等。

画　菊

花开不并①百花丛，
独立疏篱②趣③未穷④。

宁可枝头抱香死⑤，

何曾⑥吹落北风⑦中。

——（南宋）郑思肖

［注释］

①不并（bìng）：不合在一起，不同时。并，同时、一起。②疏篱：稀疏的篱笆。③趣：趣味。④未穷：未尽。⑤抱香死：菊花凋谢后不掉落，枯萎在枝头上，所以说"抱香死"。⑥何曾：哪里、不曾。⑦北风：双关语，一指寒风，亦指元朝的残暴势力。

［诗意］

你的花并不和百花开在一起，而是独自开在稀疏的篱笆边而趣味无穷。你宁愿拥抱着清香枯萎在枝头，何曾有被北风吹落过？

［赏析］

这是诗人为自画的菊花题写的诗。意在借咏菊托物言志，表达决不屈膝于元朝的决心与意志。前两句称赞菊花不俗不媚的品质，后两句改用议论，称颂菊花宁可"枝头抱香死"，也决不让"北风吹落"变节的傲骨与节操。全诗采用拟人手法写菊咏菊，而菊花的品性和精神，恰恰也正是诗人的道德追求。菊花的品性与诗人的精神、节操在此诗中得到了完美的统一。

翁　森（南宋）

翁森：生卒年不详，字秀卿，号一瓢，宋朝仙居（今浙江仙居县）人。生平事迹不详，元朝至元年间（1264—1294）在仙居县城东南创办安洲书院，收徒讲学。他的诗作内容浅近明白，描写细致入微，叙事晓畅，议论精辟，语平淡而旨远。代表作有《四时读书乐》《春暮即事》等。

四时读书乐·春

山光①照槛②水绕廊，舞雩③归咏春风香。

好鸟枝头亦朋友，落花水面皆文章。

蹉跎莫遣韶光④老，人生唯有读书好。

读书之乐乐何如，绿满窗前草不除。

——（南宋）翁　森

[注释]

①山光：即山景，山中的景色。②槛：此处读 jiàn，指栏杆。③舞雩（yú）：雩，古代求雨的祭礼。这种祭祀须由女巫起舞，故称舞雩。④韶光：美好的时光。

[诗意]

阳光照着堂外的栏杆，溪水淙淙，绕过长廊。祭祀归来的人们边走边唱，春天送来花香。枝头美丽的鸟儿是伴我读书的朋友，水面上的落花也是我读的文章。不要让美好时光白白流逝，虚度了青春年华，人生唯有读书最好。读书的乐趣到底怎样呢？就像窗前长满青草却不除，满眼绿油油，心旷神怡，无比快乐。

　　翁森的《四时读书乐》有春、夏、秋、冬四首，分别描述一年四季不同的读书乐趣，这是第一首。诗作表达了希望青少年能以读书为乐，珍惜光阴，好好读书的美好愿望。此诗最大的特色是让读者通过品味春日的读书之乐来劝学，而不是庸俗地拿功名利禄来劝学，格局高，手法新。

唐　琪（元朝）

　　唐琪：生卒年不详，字温如，会稽山阴（今浙江绍兴）人。元末明初诗人。其父唐珏，字玉潜，号菊山，系南宋词人、义士，曾出资建陵寝葬埋宋帝遗骸。唐琪今存诗八首，《题龙阳县青草湖》是其中著名的一首。

题龙阳县①青草湖②

西风吹老洞庭波，
一夜湘君③白发多。
醉后不知天在水④，
满船清梦压星河。

——（元朝）唐　琪

[注释]

　　①龙阳县：即今湖南汉寿。②青草湖：在洞庭湖的东南，与洞庭湖相连，

所以诗人在诗中将青草湖的波浪说成"洞庭波"。该湖因南面有座青草山而得名。③湘君：传说中上古帝王尧的女儿、舜的妃子，死后化为湘水女神。④天在水：天上的银河映在水中。

[诗意]

西风飒飒，涌起满湖波浪，这洞庭水呀似乎衰老了许多，一夜愁思，连湘君也顿时多了不少白发。喝醉后，不知道是天上的银河映在水中，还是载满梦的船儿压在了星河之上。

[赏析]

此诗是唐珙的代表作。前两句写青草湖上萧瑟的秋景，通过一个"老"字，暗示时光的流逝。接着写梦境，梦本无形休，诗人却说清梦满船；梦本无重量，诗人却说压着星河。想象奇特、新颖、浪漫，而透过对梦境的赞美与留恋，恰恰从反面反映出诗人对现实的失望与不满。诗作前后两部分的情、境、意虽各不相同，但诗人所要反映的主旨却高度一致。

元好问（金末元初）

元好问（1190—1257）：字裕之，号遗山，秀容（今山西忻州）人。金末元初文学家，被誉为"一代文宗"。金朝兴定五年（1221）进士，官至尚书省左司员外郎。金朝亡后，无意做官，返回故里，潜心著述。其诗作广泛而深刻地反映了当时国破家亡的现实，被称为"丧乱诗"。词作存世近400首，多为怀古词。代表作有《摸鱼儿·雁丘词》《论诗》等。

论诗三十首（其四）

一语天然①万古新，
豪华②落尽见真淳③。
南窗白日羲皇上④，
未害⑤渊明是晋人⑥。

—— （金末元初）元好问

[注释]

①天然：形容诗句质朴无华，犹如自然天成。②豪华：指华丽的辞藻。③真淳：真实、淳朴。④羲皇上：远古伏羲前的人，传说他们那时的生活无忧无虑。⑤未害：不妨碍。⑥晋人：东晋时期的人。

[诗意]

陶渊明的诗质朴自然，万古常新，摒弃华丽的辞藻，刻意的雕琢，表现出来的是真实和淳朴。他说自己是一个无忧无虑、生活闲适的上古时代人，但不妨碍他仍然是个晋人，用诗来反映现实。

[赏析]

这首诗是专门评论陶渊明诗歌的。前两句称赞陶渊明的诗歌质朴自然，不事修饰，具有永恒的魅力。后两句阐述陶渊明虽然自谓上古之人，但他的诗作却与现实有着紧密的联系。当时的诗坛，逃避现实、矫揉造作之风盛行，所以，诗人褒扬陶渊明的诗风，实际上是在借此表明自己的创作主张，即倡导诗歌写现实，反对诗歌空洞造作，脱离现实。

临江仙①·自洛阳往孟津②道中作

今古北邙山③下路，黄尘老尽英雄。人生长恨水长东。幽怀④谁共语，远目送归鸿。

盖世功名⑤将底用，从前错怨天公。浩歌⑥一曲酒千钟⑦。

男儿行处⑧是，未要论穷通⑨。

——（金末元初）元好问

[注释]

①临江仙：词牌名。②孟津：位于河南省西部。③北邙山：在河南洛阳市北。④幽怀：隐藏在心中的情感。⑤盖世功名：高出当代之上的功绩。⑥浩歌：高歌，放声歌唱。⑦钟：盛酒的器具。⑧行处：做事处世。⑨论穷通：评论、计算穷困、显达。

[词意]

从古至今的北邙山下，埋葬着无数的英雄豪杰。人生常常有遗恨，就像流水常常向东流。心中的怨苦能向谁说呢？只能远远地目送回归的大雁。功名盖世有什么用呢？以前错怨天公吝啬，不给自己功名。还是放声高歌，开怀畅饮吧。男儿做事处世，只问对不对、该不该，不要再去计较是否穷困、显达了。

[赏析]

北邙山自古以来一直是埋葬王侯公卿的地方，此词为元好问途经此山有感而作。词的上片言情，由想到古今无数的英雄好汉长眠于此山而触发"人生长恨水长东"的感慨。下片说理，谈自己的感悟，认为人生短暂，应当顺其自然，不必去计较生活的穷困和政治上的得失。词作既表达了词人渴望建功立业的壮志豪情，又反映了词人不在乎成败得失的人生观。

白 朴（元朝）

白朴（1226—约1306）：字仁甫、太素，号兰谷先生，陕州（今山西河曲）人。元代著名文学家、曲作家、杂剧家，与关汉卿、王实甫（另一说为郑光祖）、马致远并称"元曲四大家"。其父曾在金朝做官，金亡后，白朴不愿做元朝的官，专心著述。散曲大多是叹世、咏景和闺怨之作。代表作有《天净沙·秋》《沉醉东风·渔夫》等。

天净沙①·秋

　　孤村落日残霞②，轻烟③老树寒鸦④，一点飞鸿影下⑤。青山绿水，白草⑥红叶⑦黄花⑧。

　　　　　　　　　　　　　　——（元朝）白 朴

[注释]

　　①天净沙：曲牌名。②残霞：快消散的晚霞。③轻烟：农家的炊烟。④寒鸦：天寒即将归林的乌鸦。⑤飞鸿影下：雁影掠过。飞鸿，在天空中飞行的大雁。⑥白草：枯萎而不凋谢的野草。⑦红叶：枫叶。⑧黄花：菊花。

[曲意]

　　孤零零的村庄，太阳即将下山，满天残霞也即将消散，不远处炊烟袅袅，老树上栖息着几只乌鸦，一只大雁飞快地从空中掠过。再远处，青山绿水，枯萎泛白的野草、火红的枫叶和金黄的野花在风中摇曳。

[赏析]

　　这是一首渲染秋景的绝妙小令。先用孤村、落日、残霞、轻烟、老树，渲染出一种凄凉、孤寂的氛围。然后写远处的青山绿水、白草、红叶、黄花，从而使整个画面明朗而又温暖，虽然有秋景的萧瑟，却没有情绪上的悲凉之感。此元曲意境高远，语言洗练，画面感强，句法别致，结构精巧，后人誉其为"秋思之祖"。

沉醉东风①·渔夫

黄芦②岸白蘋③渡口，绿柳堤红蓼④滩头。虽无刎颈交⑤，却有忘机友⑥，点秋江白鹭沙鸥。傲杀人间万户侯⑦，不识字烟波钓叟⑧。

—— （元朝）白 朴

[注释]

①沉醉东风：曲牌名。②黄芦：黄色的芦苇。③白蘋：生长在浅水中的植物，也叫田字草。④红蓼：一种生长在水边的植物，开白或浅红色的小花。⑤刎颈交：即刎颈之交，生死之交的朋友。⑥忘机友：互相没有心机，可以无所顾忌的朋友。⑦万户侯：汉代设置的最高一级侯爵，此泛指高官显贵。⑧钓叟：垂钓的老头。

[曲意]

黄色芦苇长满江岸，白蘋花开在渡口。堤岸上绿杨婆娑，滩头红蓼随风摇曳。人生虽无生死之交，却有赤诚相待的朋友。数数、逗逗秋江上的白鹭沙鸥，鄙视人世间的达官显贵，这就是他，一个不识字的江上垂钓老翁。

[赏析]

这首小令前两句选取黄芦、白蘋、绿杨、红蓼四种景物，表现渔夫生活环境的美好，起到了渲染地域特色与节令特点的作用。接着用一个"点"字表现渔夫与鸥鹭之间的亲密关系和生活的自由自在。最后用一个"傲"字突出渔夫鄙视权贵，以平淡生活为乐的生活态度。此曲作者旨在借渔夫形象，传达自己寄情山水、甘于淡泊的心声。

徐再思（元朝）

徐再思：生卒年不详（1320年前后去世）。字德可，号甜斋。浙江嘉兴人。元代著名散曲作家，生平事迹不详，做过嘉兴路吏。散曲多以写闲适生活或自然景物及闺中情思为多，结构工巧，清新流畅，善用俗谣俚语，曲风平实。代表作品有《水仙子·夜雨》《朝天子·西湖》等。

水仙子①·夜雨

一声梧叶一声秋，一点芭蕉一点愁，三更归梦三更后。落灯花棋未收，叹新丰孤馆人留②。枕上十年事，江南二老③忧，都到心头。

——（元朝）徐再思

[注释]

①水仙子：曲牌名。②新丰孤馆人留：典出唐初大臣马周的故事。马周年轻时家贫，一次投宿新丰旅舍，店家见其贫穷，不招待其饮食。新丰，地名，旧址在今陕西临潼。③二老：指父母两位老人。

[曲意]

西风吹动梧叶，一声声报告着秋的到来。夜雨打在芭蕉上，犹如点点滴滴的离愁。三更时做了个归家梦，醒来已过三更。感叹我如今像马周一样孤单地滞留在旅馆里。此刻，自己梦一般的十年往事，以及家乡两位老人的忧思，全都涌上了心头。

　　这是一首写作者羁旅愁苦的曲子。头三句用"一声……一声"这样的鼎对形式，交代时间、环境，渲染气氛。四、五两句点出现实处境，最后二句把对往事的回忆和父母对自己的忧心融在一起，更显出思绪的纷繁和愁苦的深重。此曲善用数词，使曲子灵动又有生趣，写出了一个游子的真情实感。

于　谦（明朝）

　　于谦（1398—1457）：字廷益，号书庵，杭州府钱塘县（今杭州上城区）人。明朝军事家、政治家。永乐十九年（1421）中进士，官至少保。诗作多以山水田园、自然景物为主题。诗风自然质朴，清新脱俗。代表诗作有《石灰吟》《观书》等。

观　书

书卷多情似故人①，晨昏忧乐每相亲②。
眼前直下三千字③，胸次④全无一点尘。
活水⑤源流随处满，东风花柳逐时新。
金鞍玉勒⑥寻芳客，未信我庐⑦别有春。

　　　　　　　　　　　　　　——（明朝）于　谦

[注释]

　　①故人：老朋友。②相亲：互相亲近、友爱。③三千字：此形容书读得快、

读得多。④胸次：胸中、心里。⑤活水：化用朱熹"问渠那得清如许，为有源头活水来"之语。⑥金鞍玉勒：用金玉装饰的马笼头。⑦庐：此指书房。

[诗意]

　　书卷似我多年好友，无论清晨、黄昏，忧愁、快乐，始终与我相亲为伴。眼前读过许多书，心中没有半点俗世杂念。只要坚持读书，随处都会有很多新知识，就像东风吹花柳，随时都能换新颜。骑着宝马寻觅春色的富贵子弟，不会相信我的书房里别有春意。

[赏析]

　　于谦所处的明代，社会不尚读书，他有感于此写下本诗。首联用比喻手法形容自己与书的亲密关系。颔联、颈联以自身为例阐述读书的好处。尾联以富贵子弟的所谓寻春反衬自己的书斋之乐。诗作反映了诗人对知识的渴望，表现了诗人爱读书的情怀，志趣高雅，说理形象，教益良多。

杨　慎（明朝）

　　杨慎（1488—1559）：字用修，号升庵，新都（今属四川）人。明朝诗人，与解缙、徐渭合称"明代三才子"。正德六年（1511）状元，授翰林院修撰。后因上疏抗谏被谪戍滇南三十余年，一生极尽坎坷。诗作文质并茂，以思乡、怀归居多。代表作有《临江仙·滚滚长江东逝水》等。

　　　　　　　　　　　　　　　　中学生课外必读

临江仙①·滚滚长江东逝水

滚滚长江东逝水，浪花淘尽②英雄。是非成败转头③空。青山依旧在，几度④夕阳红。

白发渔樵⑤江渚⑥上，惯看秋月春风。一壶浊酒喜相逢。古今多少事，都付笑谈中。

——（明朝）杨 慎

[注释]

①临江仙：词牌名。②浪花淘尽：波浪冲洗尽或波浪荡涤尽的意思。③转头：一转眼。④几度：几次。⑤渔樵：打鱼的人和砍柴的人（一说指隐居的人）。⑥渚：江河中间的小块陆地，此处指江岸边。

[词意]

长江滚滚，向东流去，浪花中逝去了多少英雄。是与非，成与败，一转眼过去了。只有青山依旧，但青山也不知多少次被夕阳抹红。那些白发的渔翁、砍柴的樵夫，在这江边上，已经看惯了秋月春风的美景。有时碰到老朋友就高高兴兴地喝起酒来，古今这些英雄故事，也就成了他们谈笑的话题。

[赏析]

这是一首脍炙人口的咏史词。上阕写词人面对滔滔江水，感叹宇宙永恒，江水依旧，青山依旧，而历代的英雄人物却转瞬即逝的历史现象；下阕写词人从江渚上白发渔樵的抿酒对话，感慨古今的是非恩怨、成败荣辱，最终都不过是人们日后谈笑的话题。词作借景抒情，所表达的既是词人的人生感慨，亦是他的人生感悟。说明词人心胸豁达，淡泊名利，但也反映出词人的历史观、人生观也有消极的一面。词作气魄宏大，主题厚重，词风俊朗，格调高峻，后人把此词誉为"明词之冠"，备受称许。

吴伟业（清朝）

吴伟业（1609—1672）：字骏公，号梅村等。江苏太仓人。明末清初诗人。崇祯四年（1631）进士，任过翰林院编修、国子监祭酒等。他是娄东词派的开创者，擅长七言歌行。诗歌通俗、风趣，剪裁得当，常用比兴、联珠等手法。代表作有《读史杂感》《圆圆曲》等。

圆圆曲①（节选）

鼎湖②当日弃人间，
破敌③收京下玉关④。
恸哭⑤六军⑥俱缟素⑦，
冲冠⑧一怒为红颜⑨。

——（清朝）吴伟业

[注释]

①圆圆曲：圆圆，即陈圆圆（1623—约1681），常州武进（今属江苏）人。本姓邢，名沅，字畹芬。苏州名妓，后被吴三桂纳为妾。晚年做了道士，改名寂静，字玉庵。②鼎湖：典出《史记·封禅书》。后以此喻帝王去世。此指崇祯帝自缢煤山（今北京景山）。③敌：指李自成的农民起义军。④玉关：玉门关。此指山海关。⑤恸（tòng）哭：放声大哭。⑥六军：指吴三桂的军队。⑦缟（gǎo）素：丧服。⑧冲冠：即怒发冲冠。⑨红颜：美女。此指陈圆圆。

[诗意]

君王当年离开人间，将军破敌收复京城让出了山海关。全军痛哭，为君王的死穿上丧服，哪里知道将军一怒，倒戈降清，竟是为了一个女子。

[赏析]

此诗节选的前两句与后两句用对比写法，先写崇祯帝死后，吴三桂勾结清兵，让出山海关，攻占北京。后写名义上为崇祯帝雪仇全军缟素，事实是为红颜的一己私利而不顾民族气节，引狼入室。四句诗高度概括，击中要害，是对吴三桂"红颜流落非吾恋"这一辩解的有力批驳与讽刺。

纳兰性德（清朝）

纳兰性德（1655—1685）：原名成德，后改名为性德，字容若，号饮水，楞伽山人。满洲正黄旗人。清代著名词人。赐进士出身，曾是康熙的一等侍卫，被誉为"清代第一词人"。书法、绘画、音乐亦有很深造诣。其词的最大特色是明白如话，词风情真意切，婉丽清新。代表作品有《浣溪沙·残雪凝辉冷画屏》《浣溪沙·谁念西风独自凉》等。

浣溪沙①·残雪凝辉冷画屏

残雪②凝辉冷画屏③，落梅④横笛已三更，更无人处月胧明⑤。

我是人间惆怅客⑥，知君何事泪纵横⑦，断肠声里忆平生。

——（清朝）纳兰性德

　　①浣溪沙：词牌名。②残雪：尚未融化完的雪。③画屏：绘有彩画的屏风。④落梅：乐曲名。又名《梅花落》，以横笛吹奏。⑤月胧明：月色朦朦胧胧。⑥惆怅客：失意的人。⑦纵横：此形容泪流满面貌。

[词意]

　　残雪凝辉使画屏显得冰冷，横笛吹奏着《落梅》曲，时已三更，无人处的月光更加朦胧。我是人世间失意的过客，不知为何在听说您的遭遇后泪流满面。断肠声里回忆自己的这一生。

[赏析]

　　此词上片写景，着重描述环境。"残雪""冷画屏""落梅""月胧明"，意境清冷，泛着寒意，透出词人的孤独感和内心深处的忧伤。下片抒情。"我是人间惆怅客，知君何事泪纵横"，既有自伤身世的悲愤，又有情感失落的痛苦。词人最后用"断肠声里忆平生"一句收住全篇，而"忆平生"，忆什么，则不语，这反让词意余味无穷。词作景清情真，蕴藉深沉。

浣溪沙·谁念西风独自凉

　　谁念西风独自凉，萧萧黄叶闭疏窗^①，沉思往事立残阳。被酒^②莫惊春睡^③重，赌书^④消得^⑤泼茶香，当时只道是寻常。

——（清朝）纳兰性德

[注释]

　　①疏窗：窗棂或窗格疏朗的窗子。②被酒：醉酒，被酒弄醉。③春睡：春天时的睡眠。④赌书：南宋李清照在《金石录后序》中说她与丈夫赵明诚饭后常在堂中烹茶游戏，以猜某事在某书某页某行决胜负，互比记忆力的高低取乐。猜中者不但不得喝茶，还需将茶倾覆于怀中。诗中的"泼茶香"即指此事。纳兰性德在此是拿此事喻自己与亡妻也有这般的乐事。⑤消得：慢慢享受。

是谁在西风中独自凄凉、感慨、惦念旧事？黄叶萧萧，关了疏窗，我立在残阳中，沉思如梦往事。当年春日酒后酣睡，你怕我被惊醒，小心照料。饭后赌书，常常衣襟沾满茶香，你我享受这幸福的时光，而在当时，却还以为这些事都十分平常。

[赏析]

纳兰性德与妻子卢氏十分恩爱，婚后三年，卢氏不幸去世。此词上阕写词人丧妻后被人忘却的孤单与凄凉。下阕是词人对夫妻甜蜜往事的追忆。上下阕用对比的手法，表现了词人对与亡妻昔日快乐相守日子的怀念。同时，也从中表达了自己以往不知道珍惜那些幸福的悔恨与歉疚。词作叙忆结合，情真意切，幽怨伤感，读后给人凄美的回味。

木兰花①·拟古决绝词柬友

人生若只如初见，何事秋风悲画扇②。等闲③变却故人④心，却道故人心易变。

骊山⑤语罢清宵半，泪雨霖铃终不怨。何如薄幸⑥锦衣郎⑦，比翼连枝当日愿。

——（清朝）纳兰性德

[注释]

①木兰花：词牌名。②"何事"句：汉成帝妃班婕妤被弃，妃作诗以秋扇闲置为喻吐露怨情，后遂以秋扇指代被弃女子。③等闲：轻易、平白无故地。④故人：指诗中的薄情男子。后一个"故人"指情人。⑤"骊山"两句：唐明皇与杨玉环曾在骊山长生殿盟誓"在天愿为比翼鸟，在地愿为连理枝"，但安史之乱中杨玉环被赐死。此后，唐明皇闻雨声、铃声而悲伤，遂作《雨霖铃》曲以寄哀思。⑥薄幸：薄情。⑦锦衣郎：指唐明皇。

人生若都和初识时那样互相欣赏，甜甜蜜蜜，那该多好，可我却遭你抛弃。是你平白无故地变了心，还说情人间是容易变心的。我与你和唐明皇、杨玉环一样起过誓，生死相依，不离不弃。今日却最终决绝，即使这样，我也不生怨意。但你又怎么比得上唐明皇呢？他毕竟还与杨玉环有过比翼鸟、连理枝的誓愿。

[赏析]

这首词是模拟一位被弃女子口吻写的，写女子向薄情男子提出分手，决绝。首句情感复杂，语中还含着女子对两人初识时的留恋，从第二句开始，就反复责备男子不但负情，而且巧言令色，寻找借口为自己开脱。词作中的女子形象鲜明，对爱忠贞执着。词作是女子对薄情男子的悲情控诉，词情哀怨、凄婉、动人。

仓央嘉措（清朝）

仓央嘉措（1683—1706）：原名计美多吉协加衮钦，法名罗桑仁钦仓央嘉措。为第六世达赖喇嘛，是西藏历史上的著名人物，民歌诗人，才华出众。他的诗被译成20多种文字，在世界流传。其诗情感真挚细腻，用语简洁质朴，格调清新不俗。代表诗作有《不负如来不负卿》《见与不见》等。

不负如来不负卿（节选）

曾虑多情损梵行①，
入山又恐别倾城。

世间安得双全法，

不负如来②不负卿③。

——（清朝）仓央嘉措

[注释]

①梵（fàn）行：指佛教的修行。②如来：释迦牟尼的十种称号之一。
③卿：古代用作称呼，此指作者所爱的女子。

[诗意]

曾经顾虑多情会损害我于佛教的修行，如果入山修行又害怕与我相爱的人
告别。问世上哪里有两全其美的办法，既不辜负在如来面前修行，又不辜负我
所爱的人。

[赏析]

此诗原无诗题，诗题是后加的。仓央嘉措世俗家中信奉的宁玛派（红教）
佛教，允许僧徒娶妻生子，而达赖所属的格鲁派（黄教）佛教则严禁娶妻生子。
仓央嘉措成六世达赖后却爱上了一个女子。为此，他心里矛盾、痛苦，因为他
知道修行者如果陷入情网，爱上女子，就有损于佛教修行，有负于佛祖如来。
但如果遵奉佛教的清规戒律，专心修行，又有负于自己所爱的人。此诗就是这
种矛盾心理的反映。

郑　燮（清朝）

郑燮（1693—1766）：字克柔，号板桥，兴化（今属江苏）人。清代著名学者、书画家，是"扬州八怪"的代表人物。乾隆元年（1736）进士，做过几任县令。他的诗、书、画世称"三绝"，尤其擅画兰花、竹子。他的诗清新脱俗，朴质自然。代表作品有《题画竹》《竹石》等。

题画竹

四十年来画竹枝，
日间挥写①夜间思。
冗繁②削尽留清瘦③，
画到生④时是熟⑤时。

——（清朝）郑　燮

[注释]

①挥写：此指用笔画画。②冗（rǒng）繁：多余繁杂。③清瘦：清逸简洁。④生：生疏。⑤熟：熟练。

[诗意]

四十年以来我一直画竹枝，白天用笔作画夜间思考。削去多余、繁杂的枝叶，才能显出竹子清瘦的风景和清新脱俗的神韵。画到生疏的时候恰恰是画技成熟的时候。

[赏析]

郑板桥擅长画竹。这首《题画竹》诗，是他对画竹的心得体会，也是他一生绘画实践的经验总结，充满着辩证的思想，寓含着深刻的道理。一、二两句用直白的语言回顾一生的绘画经历，说明绘画创作只有勤奋、用心和长期坚持不懈的努力才能取得成功。三、四两句以画竹为喻，阐述了艺术创作及整个客观世界中"生"与"熟"的辩证关系，给人以有益的启迪。

潍县署中画竹呈年伯包大中丞括①

衙斋②卧听萧萧竹，
疑是民间疾苦声。
些小③吾曹④州县吏，
一枝一叶总关情。

——（清朝）郑 燮

[注释]

①潍县：今属山东。署，官署。年伯：古代称同榜考取的人为"同年"，称同年的父辈为"年伯"。包大中丞括：中丞，官职。包括，人名，姓包，名括，字银河，钱塘（今浙江杭州市）人。曾任山东布政使等职。②衙斋：官衙中的书斋。③些小：一点儿，形容官职小。④吾曹：我们。

[诗意]

在官衙的书斋中听风吹竹叶的萧萧声，就好像是民间百姓啼饥号寒的呼号声。虽然我们只是小小的州县官史，但老百姓的每一件小事也都牵动着我们的心。

[赏析]

此诗是郑燮任山东潍县知县时写给山东布政使包括的。首句写自己在衙门的书斋中休息，听到风吹竹叶的萧萧声。次句写由这竹叶声引起的联想，说明郑燮人在官衙，心系百姓。三、四两句是郑燮对为官主政的认识，他认为即使官小职微，也应该将老百姓的事情时刻放在心上。诗作比喻形象，联想夸张，内容深刻，反映了诗人关心百姓疾苦的思想境界。

曹雪芹（清朝）

曹雪芹（约 1715—约 1764）：名霑，字梦阮，号雪芹，又号芹圃、芹溪居士。生于江宁（今江苏南京），曾祖母做过康熙乳母，祖父及父辈世袭江宁织造，家族曾显赫一时。后其父获罪下狱，家产被抄，曹家败落。曹雪芹晚年居北京西郊，生活极为艰困。他是长篇古典小说《红楼梦》的作者。诗词作品有《葬花吟》《临江仙·白玉堂前春解舞》等。

咏 菊

无赖①诗魔②昏晓侵，绕篱欹③石自沉音④。
毫端⑤蕴秀⑥临霜⑦写，口齿噙香对月吟。
满纸自怜题素怨⑧，片言谁解诉秋心⑨？
一从陶令⑩评章⑪后，千古高风说到今。

——（清朝）曹雪芹

[注释]

①无赖：此形容诗兴纠缠的行为。②诗魔：称诗兴冲动不平静的心情。③欹：靠着。④沉音：低声吟诵。⑤毫端：笔端。毫，指毛笔。⑥蕴秀：藏着灵秀。⑦临霜：临摹菊花。霜，此指菊花。⑧素怨：平素的愁怨。⑨秋心：二字合成一字，即"愁"字。⑩陶令：即陶渊明。⑪评章：评说。

[诗意]

烦人的诗兴从早到晚侵扰难得安宁，我只得围着篱笆或靠着石头思索低吟。笔端藏着灵气对着菊花描绘，口齿含着菊花的芳香对着月亮吟诗。满纸书写的都是我自己的愁怨，谁能从只言片语中理解我的这些愁怨呢？自从陶令写了评说秋菊的诗之后，菊的高风亮节就被人称颂至今。

[赏析]

　　此诗为林黛玉所吟，见《红楼梦》第三十八回。首联描述林黛玉被诗兴纠缠难以自持的情状。颔联描述临菊写诗，对月吟诵的情景。颈联转而诉说林黛玉内心的愁怨和不被人理解的苦恼。尾联回应咏菊的主题，用陶令的评菊赞颂菊的高风亮节。此诗最大的特点是虽题为《咏菊》，但并未直接状菊，而是把重点放在表现咏菊之人的情感上。

临江仙①·白玉堂前春解舞

　　白玉堂前春解舞②，东风卷得均匀。蜂团蝶阵③乱纷纷。几曾随逝水④？岂必委芳尘⑤？

　　万缕千丝终不改，任他随聚随分。韶华⑥休笑本无根。好风凭借力，送我上青云⑦。

——（清朝）曹雪芹

[注释]

　　①临江仙：词牌名。②"白玉堂"句：白玉堂，指华贵的厅堂，此形容柳絮所处之所的高贵。春解舞，指柳絮被风吹散，似翩翩起舞。③蜂团蝶阵：指成群结队聚集的蜜蜂、蝴蝶。④随逝水：随着流水漂去。⑤委芳尘：指落在泥土中。⑥韶华：美好的时光。⑦青云：喻高的地位。

[词意]

　　柳絮被春风吹得翩翩起舞，舞姿优美，节奏匀称。成群结队的蜂、蝶争先恐后追随着它。它何曾随流水漂去，又岂会落入泥土，自甘轻贱？即使被风吹得万丝千缕也决不改变优雅的姿态，也任凭风吹得时聚时分。春风别笑话它飘拂无根。我要借力春风，直上青云。

此词是曹雪芹为薛宝钗所作，见《红楼梦》第七十回。在此词中，薛宝钗有意为柳絮翻案，故意把柳絮的漫天飞舞说成是翩翩起舞；她称赞柳絮高贵自重，不自轻自贱，即或被风吹得随聚随散，也不能笑它无根无底；还赞扬柳絮志向远大，憧憬着有朝一日，好风能把它送上青云。此词字面上写的是柳絮，表现的其实是薛宝钗自己的内心世界。

袁 枚（清朝）

袁枚（1716—1798）：字子才，号简斋、随园，钱塘（今浙江杭州）人，清代诗人、散文家、文学评论家。乾隆四年（1739）进士，授翰林院庶吉士。曾为溧水等地县令。因厌恶官场，40岁即告归，隐居南京小仓山随园，世称"随园先生"。他写诗主张写性情，抒发真情实感。风格清新淡雅，注重物和人的形象描写。代表作有《所见》《遣兴》等。

遣兴①（其五）

爱好②由来下笔难，
一诗千改始心安。
阿婆还似初笄女③，
头未梳成不许看。

——（清朝）袁 枚

［注释］

①遣兴：用写诗来消遣。②爱好：对某种事物有浓厚的兴趣，此指追求创作艺术价值高的诗作。③初笄（jī）女：刚成年的意思。笄，束发用的簪子。初笄，古代女子成年称及笄。这里喻指未改定的诗作。

［诗意］

我因为十分爱好诗歌，总想写出高质量的作品，所以每次下笔总觉得很难，一首诗往往要反反复复地修改、推敲，心里才会踏实。就像阿婆还是年轻女子时爱美那样，头还未梳好是不会让人看的。

［赏析］

《遣兴》是组诗作品，所选这首表达了作者对诗歌创作的态度和见解。开头两句开宗明义，点出作者严谨、认真的创作主张。后两句用阿婆年轻时梳头作比，进一步说明自己对作品要求一丝不苟，绝不草率。诗人用生活中的事例比喻创作，通俗、生动，更具趣味性。

赵　翼（清朝）

赵翼（1727—1814）：字云崧，号瓯北，阳湖（今江苏常州）人。清代著名史学家、诗人。乾隆二十六年（1761）的探花，官至贵州贵西兵备道。他写诗强调性情，认为重在表达情感，不赞成刻意雕琢。其诗语言通俗流畅，多议论。代表诗作有《野步》《论诗》等。

论　诗（其二）

李杜^①诗篇万口传^②，
至今已觉不新鲜。
江山代有才人出^③，
各领风骚^④数百年。

——（清朝）赵　翼

[注释]

①李杜：指李白、杜甫。②万口传：万口，成千上万的嘴。万，虚指，形容多。传，传诵。③江山代有才人出：江山，引申指国家、社会。代，代代、朝代。才人，有才情的人。④风骚：这里指在史上有成就的"才人"的崇高地位和深远影响。

[诗意]

李白、杜甫的诗篇曾经被成千上万的人传颂，现在读起来感觉已经没有什么新意了。每个朝代都会有才华横溢的人出现，他们都会各自引领诗文的创作潮流几百年。

[赏析]

此诗首两句以李、杜诗歌为例，说明任何诗歌都有局限性，诗歌创作不能唯古是从、因循守旧，而贵在创新。后两句的意思是说每个时代都会有杰出的诗人出现，他们都会在一定的历史时期各自引领一定的诗歌创作潮流。诗人通过这些是要告诉人们，求新求变、推陈出新是诗歌创作的规律，诗歌应随时代不断发展，不能唯古是从，止步不前。

黄景仁（清朝）

黄景仁（1749—1783）：字汉镛，号鹿菲子。常州武进县（今江苏常州市武进区）人。清代诗人。天资聪颖，少有诗名。家贫，一生为谋生四处奔波。33岁被授县丞，未到任即去世。诗词作品不事雕琢，多抒发人生际遇的不平。代表作品有《杂感四首》《别老母》等。

杂　感

仙佛茫茫两未成，只知独夜不平鸣。
风蓬①飘尽悲歌气，泥絮②沾来薄幸名③。
十有九人堪白眼，百无一用是书生。
莫因诗卷愁成谶④，春鸟秋虫自作声。

——（清朝）黄景仁

[注释]
　　①风蓬：蓬草随风飘飞，比喻人四处漂泊。②泥絮：被泥水沾湿的柳絮，比喻不再轻狂。③薄幸名：薄情、负心汉的名声。④谶：预示吉凶的隐语。

[诗意]
　　成仙成佛的梦想茫茫，都未能成功，只能深夜独坐用诗抒发心中的不平。漂泊不定的生活磨尽我悲壮的豪气，我早已不再轻狂，却得个负心汉的坏名声。世上十有九人都只配冷眼去看，最没有用处的是书生。不要担心写愁苦的诗就会应验，春天的鸟秋天的虫总得发出自己的声音。

此诗紧扣"感"字,前三联写人生追求未能实现,被人误解的痛苦。同时,感叹世道不好,并自嘲"百无一用是书生"。尾联拿春鸟秋虫作比,表明自己仍将坚持不平则鸣的处世态度。此诗是诗人内心苦闷、百感交集和愤世嫉俗心情的集中反映。语言直率,情感悲壮,但颇有傲气。

林则徐(清朝)

林则徐(1785—1850):字元抚,晚号俟村老人,福建侯官(今福建福州)人。清朝政治家、思想家、诗人,主持虎门销烟的民族英雄。嘉庆十六年(1811)进士。任过道台、巡抚、钦差大臣等。诗词格律严整,质朴清朗。代表诗作有《赴戍登程口占示家人》等。

赴戍登程口占示家人①

力微任重久神疲,再竭衰庸②定不支。
苟利国家生死以③,岂因祸福避趋之④?
谪居⑤正是君恩厚,养拙⑥刚于戍卒宜⑦。
戏与山妻谈故事,试吟断送老头皮⑧。

——(清朝)林则徐

[注释]

①赴戍登程口占示家人：到贬居的地方去，登程前随口说出来告诫家人。赴戍，意思是到被贬居的地方去。口占，即兴而作，随口说出来。示，给、看。②衰庸：衰老、平庸。③苟利国家：如果有利于国家。苟，如果、假如。此句用典，典出春秋郑国子产。子产遭人诬陷，他说："苟利社稷，死生以之。"意思是说只要有利于国家，哪怕是死生，都可以。④避趋之：避，躲避、回避；趋，迎合、接受；之，指祸福。⑤谪居：官员被贬谪后所住之地。⑥养拙：与"藏拙"意思同。拙，笨，短处。这里有安守本分的意思。⑦戍卒宜：做一名戍卒刚刚合适。⑧"戏与"两句：此诗前作者自注，宋真宗闻隐者杨朴能诗，问："此来有人作诗送卿否？"对曰："臣妻有一首云'更休落魄耽杯酒，且莫猖狂爱吟诗。今日捉将官里去，这回断送老头皮。'""上大笑，放还山。东坡赴诏狱，妻子送出门皆哭。坡顾谓曰：'子独不能如杨处士妻作一首诗送？'妻子大笑，坡乃出。"山妻，对自己妻子的谦称。

[诗意]

我能力弱责任大，久已身心疲惫，衰老之躯、平庸之才再做定难支撑。如果有利于国家生死都可不顾，岂能遇祸就躲避遇福就迎合。贬谪是皇上的厚恩，我正适合做戍卒安守本分。我给老妻讲了杨朴、苏轼的旧事，让她也学着作诗送我。

[赏析]

林则徐为国禁鸦片，却遭人诬陷，被道光皇帝贬谪，于道光二十一年秋发配伊犁戍边，此诗是他临行前，在西安与家人告别时写的。开首两句是安慰家人之语，体现了林则徐为国忍辱负重、不计个人得失的豁达胸襟。第二联借用春秋郑国子产的典故，表达自己为国家利益，决不因祸福趋避的无私心志，磊落坦荡，令人敬佩。这两句亦是全诗思想的精髓，一直为后人所称颂。第三联和首联一样，也是宽慰家人之语，背后自然亦有规避政治风险的考虑。尾联再借典故，巧妙地用幽默、轻松之语与家人告别，结束全诗。诗作诗句对仗，格调苍凉深婉，用语虽平常，却表现出一个政治家荣辱不惊的心态以及为国为民不计生死的高尚情操。

查冬荣（清朝）

查冬荣（1795—？）：字子珍，号辛香，浙江海宁人。清朝诗人、书画家。生平事迹不详。曾任汝阳（今河南汝阳）书院讲席。今存诗词不到十首，但诗歌用语平实，意境清远，诗意含蓄耐品味。

咏罗浮藤杖所作①（节选）

朝斗坛②前山月幽，
师雄③有梦生清愁。
何时杖尔④看南雪⑤，
我与梅花两白头。

————（清朝）查冬荣

[注释]

①咏罗浮藤杖所作：为歌咏罗浮藤杖所作的诗。罗浮藤杖，即由罗浮山藤条制成的手杖（实指禅杖）。神话传说该藤由"葛陂之龙"变化而成。罗浮山，位于今广东博罗县境内，该山是中国古代道教名山。②朝斗坛：道教用于朝拜北斗七位星君的祭坛。③师雄：姓赵，隋朝人。相传师雄露宿松林时遇美女，两人交谈喝酒。第二天酒醒后却未见美女，自己则睡在梅林树下，因而方知昨晚的美女乃梅仙所化。于是，也就有了"师雄遇梅"这一典故。④杖尔：你这根手杖。尔，你。⑤南雪：南方的雪。

[诗意]

祭拜北斗仙君的祭坛前月光幽幽，我在师雄梦梅处感到了一些淡淡的哀愁。

　　　　　　　　　　　　　　中学生课外必读

不知道什么时候，我也可以拄着罗浮拐杖去看南方的雪，然后与梅花一起白头。

[赏析]

　　此诗原有二十二句，节选的是最后四句。前十八句写罗浮藤的由来以及诗人喜得罗浮藤杖的经过。所选的这四句写诗人在师雄梦梅处的感想，表达期待"杖尔看南雪"以及"与梅花两白头"的美好愿望。想象丰富、浪漫。四句诗其实是表达对夫妻爱情的一种景仰，即仰慕夫妻恩爱，白头偕老。

龚自珍（清朝）

　　龚自珍（1792—1841）：字璱人，号定庵，仁和（今浙江杭州）人。清代著名思想家、文学家。道光九年（1829）进士，官至礼部主事。龚自珍是近代启蒙思想的先驱，一生追求变革，关心现实社会的重大问题。他认为文学必须有用，诗作多反映自己的理想与遭遇，形式多样，风格多样。生平诗文存世甚多，代表诗作有《己亥杂诗》《咏史》等。

己亥杂诗①（其五）

浩荡离愁白日斜②，
吟鞭③东指④即天涯。
落红⑤不是无情物，
化作春泥更护花⑥。

　　　　　　　　——（清朝）龚自珍

①己亥杂诗：己亥年写的杂诗。己亥，道光十九年（1839）。②白日斜：指夕阳西下的傍晚。白日，太阳。③吟鞭：一边策马前行一边吟诗。鞭，马鞭。④东指：东方故里。⑤落红：落花，作者自指。龚自珍因被迫辞官回乡，故自比"落红"。⑥花：指一代新人。

[诗意]

时已夕阳西下，这离愁别绪浩荡袭来，马鞭向东一挥出了城门，从此我浪迹天涯。落到地上的花朵，并不是无情无义之物，化作春天泥土，更是为了护着新花。

[赏析]

此诗前两句写作者离开京城，辞官回乡的情形。诗人一直在京做官，这次被迫辞官回乡，途中见夕阳西下，心情自然更加沉重。但后两句笔锋陡转，诗人以落花自比，表示仍愿为培护新花尽心尽力。诗人这种虽离开官场，但依然心系国家、报国之志不变的精神令人赞赏。诗作前两句叙事写景，后两句抒情述志，浑然一体，反映了诗人当时内心复杂的情感。

咏　史

金粉东南十五州①，万重恩怨属名流。
牢盆②狎客③操全算，团扇才人④踞上游⑤。
避席畏闻文字狱，著书都为稻粱谋⑥。
田横⑦五百人安在，难道归来尽列侯？

——（清朝）龚自珍

[注释]

①"金粉"句：金粉，古代妇女的化妆品，此形容浮华、绮丽。东南十五州，泛指我国长江以南的地区。②牢盆：煮盐器具，此指盐商及掌管盐业的官僚。③狎客：指依附权贵的帮闲幕客。④团扇才人：指像东晋王珉一类手摇白

团扇，整日空谈的贵族子弟。⑤踞上游：指占据高位。⑥稻粱谋：语出杜甫"君看随阳雁，各有稻粱谋"。喻指人谋取物质利益。⑦田横：原齐国贵族，秦末反秦自立，后不肯臣服刘邦而自杀。

[诗意]

东南地区的人们过着纸醉金迷的生活，上流社会，恩恩怨怨，钩心斗角。官僚富贾总揽大权，百无一能的贵族子弟占据高位。帮闲文人谈起文字狱就害怕，写文著书仅是为了养家糊口。像田横这样的壮烈之士在哪里呢？难道都当大官、享荣华富贵去了吗？

[赏析]

此诗以东南地区上层社会生活为背景，揭露和鞭挞了清末的种种丑恶现象。首联揭露东南一带社会名流纸醉金迷的生活，暴露了他们精神上的空虚与颓败。颔联写官僚商贾、富家子弟、市侩小人把持政坛。颈联写高压下的文人毫无廉耻。尾联借田横与五百义士杀身取义，感叹不讲气节、毫无廉耻的社会现状。此诗以古鉴今，话语辛辣，具有强烈的批判性。

徐锡麟（清朝）

徐锡麟（1873—1907）：字伯荪，号光汉子，浙江山阴（今绍兴）人，近代资产阶级革命家。早年从教，后立志反清革命，与蔡元培等人组织光复会，反清武装起义失败被捕，慷慨就义。其诗笔力苍劲，诗风硬朗，精练含蓄，具有唐代边塞诗的风格。《出塞》一诗最著名。

出　塞①

军歌应唱大刀环②，誓灭胡奴③出玉关④。
只解⑤沙场为国死，何须马革裹尸⑥还。

——（清朝）徐锡麟

［注释］

①出塞：边塞诗名。②大刀环："环"与"还"音同，古人用作"还乡"的隐语。③胡奴：对清朝统治者的蔑称。④玉关：即玉门关。此借指山海关。⑤解：知道，懂得。⑥马革裹尸：语出东汉名将马援语"男儿要当死于边野，以马革裹尸还葬耳"。意思是英勇杀敌，在战场上牺牲。

［诗意］

战士出征就应当高唱军歌胜利而归，发誓推翻清朝把统治者赶出山海关。战士只知道在战场上为国捐躯，何必考虑身后事，把尸体运回家乡。

［赏析］

1906年，作者从日本回国，北上吉林、辽宁察看抗清形势，感触颇深，此诗即在此背景下写就。清朝统治者是在山海关外发迹，并由山海关入关的，因而诗人开头说要把胡奴赶出山海关。这两句充满了激情，写得颇有气势。"大刀环"表示反清革命必定胜利，这说明作者怀着必胜的信念。最后两句表示作者为国、为信念视死如归，死得其所。诗作充满了英雄豪杰的气概，义薄云天，气壮山河。

中学生课外必读

谭嗣同（清朝）

谭嗣同（1865—1898）：字复生，号壮飞，湖南浏阳人，近代维新派政治家、思想家。创建南学会，办《湘报》，抨击旧政，宣传维新变法图强，后遭到慈禧太后镇压被杀害。他的诗词激情奔放，慷慨豪迈，充满了爱国之情和报国的豪情壮志。代表诗作有《潼关》《狱中题壁》等。

狱中题壁

望门投止思张俭①，忍死须臾待杜根②。
我自横刀③向天笑，去留肝胆两昆仑④。

——（清朝）谭嗣同

[注释]

①望门投止思张俭：门，此指人家。投止，投宿。张俭，东汉人，因弹劾宦官被反污"结党"，遭缉拿。逃亡中，百姓无惧牵连，收留张俭。②忍死须臾待杜根：忍死，装死。须臾，片刻。杜根，东汉人，因事惹恼太后，靠诈死才幸免于难。③横刀：屠刀，意为就义。④两昆仑：形容去留两者的维新变法意志都如昆仑山般坚定不移。

[诗意]

希望友人逃亡中能像张俭那样得到人们的保护，能像杜根那样避过死的劫难。如今面对屠刀，我仰天大笑，无论逃亡，还是面对死亡，我们维新变法的意志都似昆仑山一般坚定不移，绝不改变。

这是谭嗣同被捕就义前写在狱中墙壁上的绝命诗。前二句借张俭、杜根两个典故，祝愿逃往海外的康有为等维新党人都能化危为安，以待日后东山再起。后两句表达自己视死如归的决心，并为自己和战友的意志都能像昆仑山般坚定而自傲。全诗慷慨悲壮，大义凛然，表达了作者愿为理想而献身的坚定决心，亦体现了他与战友之间的生死友谊。

梁启超（清朝）

梁启超（1873—1929）：字卓如，号任公，别号沧江。广东新会人。举人出身。中国近代资产阶级改良运动领袖，毕生致力于民族和国家强盛。知识渊博，著术甚丰。诗词风格大气磅礴，功力不凡。代表作品有《浪淘沙·燕子旧人家》《壮别》等。

读《陆放翁集》四首（其一）①

诗界千年靡靡②风，兵魂③销④尽国魂空。
集中什九⑤从军⑥乐，亘古⑦男儿一放翁。

——（清朝）梁启超

[注释]

①读《陆放翁集》：梁启超的《读〈陆放翁集〉》是一组组诗，共四首，这是第一首。《陆放翁集》即陆游诗集，放翁是陆游的自号。②靡靡：精神颓废、

软弱。③兵魂：军人的斗志、血性。④销：消磨。⑤什九：十分之九。⑥从军：参军。⑦亘古：从古到今，整个古代。

[诗意]

　　数千年的诗坛充斥着颓废的靡靡之风，军人的斗志、血性消磨殆尽，国家失去了意志、活力。放翁诗集中十分之九的诗都把参军报国当作乐事来写，从古到今只有放翁一人才算得上是真正的男儿！

[赏析]

　　此诗写于戊戌变法失败后，梁启超为避清廷追杀出走日本期间。一、二两句概论千年诗风的不振与后果。三、四两句评价陆游的诗作《陆放翁集》。全诗主要通过一、三两句的对比，热情推崇、赞颂陆游诗歌所体现的英雄气概和勇于为国献身的精神与家国情怀。全诗主题深刻，语言精练，笔力千钧，发人深省。